海派文化探索书系

魔都镜像

近代日本人的上海书写（1862—1945）

徐静波 著

上海大学出版社

图书在版编目（CIP）数据

魔都镜像：近代日本人的上海书写：1862—1945 / 徐静波著. —上海：上海大学出版社，2021.10
ISBN 978-7-5671-4293-0

Ⅰ.①魔… Ⅱ.①徐… Ⅲ.①上海－地方史－研究－近代 Ⅳ.①K295.1

中国版本图书馆CIP数据核字(2021)第210532号

责任编辑　黄晓彦
封面设计　缪炎栩
技术编辑　金　鑫　钱宇坤

魔 都 镜 像

近代日本人的上海书写（1862—1945）

徐静波　著

上海大学出版社出版发行

（上海市上大路99号　邮政编码200444）
(http://www.shupress.cn　发行热线021-66135112)

出版人：戴骏豪

*

江苏句容排印厂印刷　各地新华书店经销
开本890×1240 1/32　印张10.5　字数261 000
2021年11月第1版　2021年11月第1次印刷
ISBN 978-7-5671-4293-0/K·243　定价：49.00元

版权所有　侵权必究
如发现本书有印装质量问题请与印刷厂质量科联系
联系电话：0511-87871135

前　　记

　　我的学术兴趣,一直比较多歧。这或许是造成我在哪一个领域都没有什么像样建树的重要原因。但其中有一支脉络大概是比较清晰的,这就是近代以来日本人尤其是日本知识人在中国,尤其是在上海的体验以及他们对于中国尤其是上海的认知。这一兴趣的发生,始于20世纪90年代初期,正式进行学术准备大概在1998年前后,那时在长野大学授课之余,潜心搜集和研读谷崎润一郎、村松梢风等有关中国尤其是上海的文字,分别编译了两个人的相关集子(这些译文直到2018年才在补充修整之后,分别以《秦淮之夜》《中国色彩》和《魔都》的书名由浙江文艺出版社和上海人民出版社出版)。2000年秋冬在爱媛大学教书的时候,又搜集了不少资料,后来写了两篇有关村松梢风的论文,不久被其他稿约分心,陆续撰写和翻译了与这一领域不相干的几本书。取得比较大的突破并有重大收获的,是2010—2011年在神户大学任教时的资料搜集。除了神户大学各学部的图书馆之外,在神户市立图书馆、关西大学图书馆和京都大学图书馆等都得到了意外的收获,做了十几万张的复印件,在旧书店和旧书市上淘到了二十几本近代出版的旧籍。在文献研究的基础上,2013年底由上海人民出版社出版了一本《近代日本文化人与上海(1923—1946)》,不久售罄,2017年又出了同名的新版本。再将范围拓展到上海之外的中国其他地域,利用了一部分旧稿,2020年6月由香港中和出版公司出版了《困惑与感应:近代日本作家的中国图像(1918—1945)》,

此书稍作修整，2021年6月又由社会科学文献出版社以《同域与异乡：近代日本作家笔下的中国图像》的书名出版了简体字本。

但实际上当年费尽辛苦搜集来的文献并未充分使用，十几万张的复印件和二十来本原著的旧书也一直搁在大学研究室的书架上，逐渐蒙尘。两年多前，上海图书馆文献研究中心的张伟研究馆员嘱我利用这些文献写一本近代日本人（并非只是文人）的上海书写，他正在为上海大学出版社主编一套"海派名物典藏"丛书，说可将书稿列在其中。张老师本人是中国近现代史的研究家，又是杰出的收藏家，数十年来搜集了诸多珍贵的文献。我对于收藏，完全是门外汉，多年苦心寻觅文献，只是为了做研究而已，陆续从日本带回来十几万张复印件，以及购得的一些当年的书刊，内容自然都与那一时代的中国有关，但不限于上海，更谈不上名物典藏。于是遵张老师嘱，从搜到的文献中检出部分与上海相关的，积半年之功，完成了此书的写作。书稿经张老师之手送到了上海大学出版社，接手的黄晓彦编辑，将拙稿列在了"海派文化探索书系"中，似乎更为妥帖，对此心存感激。

展现在各位眼前的这本书，我觉得有两点比较有意思。自17世纪初江户幕府施行闭关锁国政策以来，几百年来，日本第一次踏上中国的国土，就是在上海，之后随着上海地位的日益凸显，日本人对于上海的兴趣和关注，也越来越浓厚和强烈。据仓桥幸彦教授的不完全统计，1897—1938年的大约40年间，共出版有关上海的日文书籍132种（包含上海话教科书和杂志的特辑），至于散见于杂志报纸的文章，就更是汗牛充栋了。本书引用和译述的文献，只是其中的一部分，即便如此，也大致可以窥测近代日本人对于上海的认知。令我有些惊讶的是，自1862年到1945年，日本人对于上海的描述随着上海本身的发展已发生了较大的变化，而对于上海甚至对中国的基本认知，其主脉则并无大的不同，准确地说，这是本书引述的文献所体现出来的第一点意思。第二点是，本书所引述的文献，留存了较高的了解上海时代变迁的史料价值，尤其是日清贸易研究所、东亚同文书院等的人员在进行了大量的田野调查之后做出的各类统计和案例描述，以及后来各种"上海案内"的书籍记述的上海各项机构、设施的详情和上海日本侨民生活的实状，可以补足现今上海史尤其是上海社会生活史研究的部分缺憾，且具有明显的作为邻邦日本的他者视线。这也是我自己研读这些文献时较大的收获。

还有一点，对于这些文献中使用的指称中国的词语，这里稍做一点说明。在中华民国建立之前，近代日本人对于中国的指称，有用"清国"的，也有用"中土""支那"的；中华民国建立之后，多用"支那"，也偶有使用"中国"的，这都体现了那一时代的日本人或某个日本人对于中国的态度。关于日本人使用"支那"的经纬，日本历史学家佐藤三郎做过比较详尽的考察，请参阅拙译《近代日中交涉史研究》（上海人民出版社2013年版）的第二章"对日本人称中国为'支那'的考察"。一般而言，二战之前，日本朝野对中国多用"支那"指称，明治中期以后，逐渐带有贬义的色彩；侵华战争期间，在与汪伪政府方面签署的官方文件中，称中国为"中华"或"华"，但在大多数场合，仍用"支那"。二战后因中国方面的强烈反应，日本于1946年6月13日，以外务次官的名义和外务省总务局长的名义分别发布了"有关避免'支那'称呼的通知""有关中华民国称呼的通知"两项文件。根据这两项官方文件，在广播、出版物等中停止使用"支那"一词而改称"中国"，相关机构的名称也做相应变更。

另，本书所引述的日文文献，除极少数原文为汉文（书中均有注明）外，均由笔者直接译自日文原文，译文若有错讹，理应由笔者负责。明治时期的文献，大都留有日语"文语"的痕迹，除原文为明显的口语文外，一般用浅近的文言译出；明治以后的文献，原则上用语文体译出。为便于读者查对原文，在引文后的脚注中表示的日语文献名,均用原文表示。

我自己生于上海,长于上海,对于上海的感性体验,或许不算浅薄,但深感文献的阅读才能获得真切的脉络和底色。限于篇幅,手头的日文文献只用了不到一半,他日若有机会,或再以其他形式呈现。这本小书,以日本人的眼光和描述,写出了半本上海近代史。来自东邻异邦人的视线,毕竟与本土人有异,有些描述相当鲜活,有些实录也许会使今天的我们大感意外,然而这都确确实实是来自现场的记述,比起事后几十年甚至上百年的所谓的史记,要好看得多,或许能为读者带来一点别样的趣味。当然,讹误和偏颇之处,也并非个别。总的感觉是,这些文字,对于我们了解和把握那一时代的上海色相,以及颇为特殊的中日关系,庶几也有些参考。

我的学术或者阅读兴趣的多歧性,这辈子大概是改不了了,没有像样的建树,也是一定的了,但我却毫无悔意。《左传·襄公二十四年》中说:"太上有立德,其次有立功,其次有立言,虽久不废,此之谓不朽。"可是我从年轻时开始,就从无此野望,一生也不以此为追求。人活在世上,若能做一点自己喜欢、于人无害,间或还于人有益的事,在我,大概就是人生的主要意义了。

此书在文献的拍摄上,受到了当时分别在早稻田大学与神户大学做研究的天津师范大学杨延峰老师和东华大学孙若圣老师的热情帮助,没有他们的援手,书里的图片,恐怕多是黑色的复印件的翻拍了,在此向两位老师表示诚挚的感谢。

最后,对责编黄晓彦老师为本书的出版付出的巨大辛劳以及严谨认真的精神,谨表示由衷的感谢和敬意。

徐静波
2021 年 6 月 9 日清晨

目　录

幕末和明治时期（1862—1911）

1862年"千岁丸"随员的上海旅行录 ………… 3
 一、为什么会有"千岁丸"的上海之行 ………… 3
 二、"千岁丸"随员抵达上海初时的印象 ………… 13
 三、在上海感受到的中国 ………… 20
 四、在上海的异国生活体验 ………… 32
 五、上海西洋人的势力对日本人的冲击 ………… 39
 六、近代日本人中国观的初步形成 ………… 44
岸田吟香《吴淞日记》中所描述的上海 ………… 50
 一、岸田吟香其人 ………… 50
 二、关于《吴淞日记》的文本 ………… 53
 三、《吴淞日记》中对上海的记述 ………… 54
明治前半期日本人在上海的游历和书写 ………… 65
《清国通商综览》中的上海港市 ………… 74
《中国经济全书》中的上海人日常生活场景 ………… 90
第一部书题为《上海》的日文著作 ………… 104

大正时期（1912—1925）

德富苏峰与河东碧梧桐笔下的上海 ………… 131
陆续刊行的各色"上海案内"书 ………… 150

日本师生的上海修学行旅记……………………………… 189
村松梢风《魔都》中的上海镜像 ………………………… 205
20世纪20年代左翼日本人的上海叙述…………………… 222
谷崎润一郎与上海新文坛的交往与描述………………… 237
大正时期日本文人的上海印象记………………………… 249

昭和前期(1926—1945)

泽村幸夫的上海人物记…………………………………… 269
"老上海"内山完造描绘的上海市井风俗画 …………… 296

结　语……………………………………………………… 321

幕末和明治时期

(1862—1911)

1862年"千岁丸"随员的上海旅行录

这是日本人的第一次上海书写。

一、为什么会有"千岁丸"的上海之行

日本年号的文久二年(1862)四月二十九日(5月27日,因早年的文献均以旧历记录,本书这一部分有关上海行程的月日,除注明公元外,均为旧历),一艘排水量358吨的三桅帆船驶离长崎,经过8天的海上航行,于五月六日(6月3日)抵达上海。

这应该是近代日本人的第三次海外之行,也是日本人在相隔了大约250余年之后第一次登上中国的土地(极少数的漂流民除外)。隋唐时期,曾有遣隋使和遣唐使多次来到中国,官方的正式交往一直持续至9世纪中后期(894年,日本正式决定中止遣唐使的派遣)。此后断断续续,有民间的商船和僧人来往于两国之间。15世纪初,室町幕府的第三代将军足利义满向明王朝表示希望开通两国的贸易,于是就有了后来断续进行了几十年的得到官方认可的"勘合贸易"。丰臣秀吉时代的日本,于1592年和1597年两次攻打朝鲜,其最终的意图是要经朝鲜半岛侵入中国的领土。于是明王朝应朝鲜的请求,一方面要守护属国朝鲜,另一方面也是为了保卫自己的疆域,两次均出兵朝鲜,与朝鲜一起奋力抗击入侵的日本军队,最后因为丰臣秀吉得暴病死亡,日军退出了朝鲜,但中国与日本的关系却也因此而交恶;再加上在此前后倭寇的骚扰,明

朝屡次实行海禁，因而1600年前后，几乎没有日本商船进入中国港口。这一时期，在英国人、荷兰人甚至中国人的参与下，日本人将海外贸易扩展到了越南、马来半岛、暹罗、吕宋等东南亚区域，一时间红红火火。我在越南中部的岘港市会安见到了至今依然留存的日本桥，即是当年日本商人修建的廊桥，可见当年这里曾有相当的日本人居住。但江户幕府建立以后，尤其是1620年前后，幕府当局为了驱逐和禁绝基督教的影响，施行了越来越严厉的锁国政策，最后仅划定长崎的一部分地区（即荷兰商馆所在地的出岛和中国人居住区的"唐人屋敷"）与中国人和荷兰人做有限的贸易，禁绝荷兰人之外的所有西洋人登陆日本，也不允许日本人到海外去，并禁止制造200吨以上的船只。于是，就开启了长达200多年的"锁国"时代，期间，虽有部分中国商船驶入长崎港，但日本人的身影却在中国土地上消失了。

1854年，美国东印度舰队以7艘军舰的阵势打开了日本的国门，日本不得不与美国签署条约（日文称为"日米和亲条约"），向美国开放了伊豆半岛东南部的下田和虾夷（1869年改称北海道）的箱馆（现在通称函馆，在日语中两者读音一样）两个港口。1858年，迫于列强的压力，日本先后与美国、英国、法国、俄国、荷兰签署了对日本而言是不平等的通商条约，于是西洋势力全面侵入日本列岛。

1860年，为了交换日美间通商条约的批准文书，日本从荷兰购买了一艘配有蒸汽动力的三桅帆船，定名为"咸临丸"，跟随一艘美国轮船进行了史上第一次远洋，也是锁国之后时隔200多年的第一次海外航行，跨越太平洋驶抵旧金山。这是日本人首次接触到近代西洋文明的海外航行（1582—1590年，曾有4名少年搭乘传教士的船只远行到了欧洲，但他们回国后立即遭遇了丰臣秀吉对基督教的打压行动，因而几乎没有留下什么影响），日本的历史教科书上均有记载。1858年幕府与西洋列强签署了通商条约后,也曾想派商船寻求海外贸易之路,于是在箱馆地方官的建议下,1861年的旧历四月至八月,日本派出了一艘商船驶往遥远的黑龙江(俄国称阿穆尔河)出海口的尼古拉耶夫斯克(中国原称庙街,其时此地已为俄国占有)。但这次航行,几乎没有留下什么文献记载,一般日本人也完全不知晓,究竟有何成果,至今仍是不甚了了。

而第三次,就是"千岁丸"的上海之行。那么,日本为什么要派官方的商船来上海呢?

上海在中国本土的重要性,大概始于清政府于康熙二十二年(1683)年掌控了台湾,并于康熙二十四年(1685)解除了海禁,在上海设立了江海关之后。但乾隆二十二年(1757)清政府又在江浙沿海一带设立海禁,上海港随之关闭,其重要性尚未充分显现就立即淹没了。1831年,英国东印度公司为拓展在远东的市场,派传教士探查中国沿海各港口,由此了解到了上海在地理上的优势位置,并于1832年派职员林赛(H. H. Lindsay)率领"阿美士德"(Amherst)号轮船专程到上海对黄浦江水道等进行详细的测量和调查,并汇总成了书面文献呈报给公司,于是在1842年签署的《南京条约》中,英方所要求的五个开埠港口,上海的名字赫然列入其中。1843年,上海正式对外开放,开始了近代化的演进,它在中国以及远东乃至世界上的地位,日益彰显。

但是,日本人在19世纪中叶之前,几乎不知晓上海的存在。16世纪中叶以后,随着大航海时代之后西方势力向东方的扩张,日本人已从或由西方传教士直接带来或经由中国传来的西方人编制的世界地图及全球地理的书志中,开始逐渐了解到外部的世界。1695年,西川如见(1648—1724)依据利玛窦(Matteo Ricci)的《坤舆万国全图》和艾儒略(J. Aleni)的《职方外纪》刊行了两卷本的《华夷通商考》,上卷均为有关中华十八省的中国地志;新井白石(1657—1725)完成于1713年的《采览异言》中依然有相当的篇幅是对中国地理的描述,但里面都未提及上海。这一方面是由于上海其时尚未成为一个通商大邑;另一方面也由于自17世纪开始的锁国时代,遮蔽了日本人对外界的充分认识。幕末时期的日本人开始注意到上海,大概主要源于两个因素:一是鸦片战争的消息通过抵达长崎的中国商人所撰写的《唐风说书》传到了日本,据此出现的由岭田枫江撰写、1849年刊行的《海外新话》中,提及了与此次战争相关的上海;二是1854年尤其是1859年,日本被迫开国以后,大量欧美的商船来到横滨、长崎等开放港口,而这些船只的相当部分是从上海驶来的。于是,幕府也想模仿西方,"以万国互市为富国之本",以海外贸易来振兴日本,前面提到的商船尼古拉耶夫斯克之行,大概就是这样的一次尝试吧。但是,尼古拉耶夫斯克毕竟只是一个地处偏远、人口稀少的北方冻港,并无什么商业价值。于是,这次日本想到了日渐繁荣的上海。我注意到"上海"最初在日文中的表示是サンパイ或サンハイ,罗马字大概可写成Sanpai 或 Sanhai①,而不是后来广泛使用的汉字"上海",这大概是因为这一地名最初是英美人传到日本的,日本人根据英美人的发音写成了假名吧,当时日本人对于上海的知识,大半也是通过西洋人获得的。总之,在"千岁丸"出行之前,日本人已经认识到了上海在通商上的重要性,因而中国首航的目的港,首先选择了上海。

那时日本依然无法独立建造大船,于是就各方筹资,以34000洋银(大约相当于当时日本银的19万两)购买了一艘来往于上海和长崎的名曰"阿米斯蒂斯"(Armistice)号的英国商船,排水量358吨,建造于1855年。上海之行,雇佣了包括船长在内的所有15名英国船员,由他们来负责海上航行。另聘请了一名具有官方身份的荷兰人来担任中介,这是因为当时日本与中国尚无邦交,也

---

① 春日徹《一八六二、幕府千歳丸の上海派遣》,载田中健夫《日本前近代の国家と対外関係》,東京,吉川弘文館,1987年,第561页。

没有任何条约,不宜贸然驶入中国境内,因而名义上"千岁丸"是一艘荷兰商船,悬挂荷兰国旗。之所以请荷兰人出面,也是因为自17世纪以来,荷兰是日本唯一与之交往的西方国家,彼此关系比较笃厚。

出发时,船上共有51名日本人,包括4名幕府派来的中央官员以及7名长崎地方当局的官员和医生,每人各有1—2名随员,此外还有荷兰语翻译1人(应该是之前担任日本当局与长崎荷兰商馆联系的日本翻译);汉语翻译(日文原文是"唐小通词","通词"也写作"通事",日语中发音基本一样)2人,姓名分别是周恒十郎和蔡善太郎,从姓上来看,我怀疑他们是华人在长崎的后裔。17世纪初,因数量颇众的中国商人来到长崎与日本进行贸易,长崎当局便开始设立"唐通事"一职,后分为大、小、见习(日语原文是"稽古")通事三个级别,一开始基本上都由在日本生活了一段时期、掌握了日语的中国人担任,后来这些人在长崎一带定居,部分后人便沿袭了父辈的职业,大部分人一直沿用父姓,也有部分人与日本女子结婚后采用日本姓,或姓仍是中国姓,而名字则用日本名,我估计"千岁丸"上的两名通词,大概就是这一类情形。明治以后,通事或通词制度瓦解,部分人为明治政府所录用,一度担任了明治政府与中国外交谈判的翻译。"千岁丸"上的两名通词,也各有一名随员,可见通词一职还具有一定的地位。顺便说及,自五六世纪中国文献正式传入日本后,日本上层大抵都可阅读古汉语的诗文,不少人还可撰写汉诗汉文,至19世纪时依然如此,但却不会口语,因此若进行口语的谈判或交流,还需通过口译,由官方认定的日汉译员翻译。译员在近代之前被称为通事或通词。这次"千岁丸"上海之行,除官吏、随从、翻译等之外,船上还有多名伙夫和水手。

船上装载的货物,除了相当一部分煤炭之外,主要是一些海产品的干货,诸如干海参、干鲍鱼、干鱿鱼、干的昆布、琼脂等,还有一些麻苎、绢丝等纺织品,售得的资金用来购买中国的商品,另外还筹备了大约三万洋银，一方面用作贸易，另一方面用作日本人在当地的生活费。

幕府如此兴师动众，花费了不少钱财，特意派遣一艘官船前往中国，其目的除了贸易之外，还想借此来了解海外形势。关于中国的实况，毕竟已经过去了两百多年，因而"千岁丸"此行的另一个目的，是以上海为一个现场，对中国的最新动态做一个详尽的调查。可能的话，还计划去香港等地进行调查和贸易，并探讨是否具有与中国签订通商条约的可能性。

根据现存的文献，当年的各级官员和通词等几乎都没有留下什么有价值的文字记录，但是作为随员来到上海的不少中下级武士，倒是对这次海外之行充满了好奇心，自长崎出发开始，便一路撰写了航海日志和日记等，这应该是日本人对上海的第一次书写，多年之后得到陆续刊行。其中有长州藩武士高杉晋作的《游清五录》（具体为《航海日录》《上海淹留日录》《长崎淹留杂录》《内情探索录》《外情探索录》，1916年收入《东行先生遗文》刊行）；中牟田仓之助的《上海行日记》《自长崎至上海航海日记》《上海滞在中杂录》（收入《子爵中牟田仓之助传》，1919年刊行），长崎商人松田屋伴吉的《唐国渡海记》（1926年刊行），纳富介次郎的《上海杂记》；日比野辉宽的《赘肬录》和《没鼻笔语》（1946年刊行），名仓予何人的《海外日录》《中国见闻录》（写本，以手抄本影印的形式收录于1997年由东京ゆまに书房出版的《幕末明治中国见闻录集成》第11卷）。虽然记录者获得的见闻有一定的趋同性，但每个人的视角、经历和政治倾向各有不同，关注点也有些差异，显出了不同的特点。因而，在对这些日本人的上海书写进行论述之前，稍稍花费一点笔墨，对他们的个人经历进行简单的叙述。

在日本，高杉晋作（1839—1867）应该是这批人中最出名的了。我曾去踏访过他的出生地——现在的山口县萩市（旧属长州藩），那里已建成了一个故居纪念馆。他出身于一个上级武士家庭,少有奇志,18岁时在家乡进入吉田松阴开设的"松下村塾"(今天已经恢复了部分当年的旧貌),与后来成了明治政府第一任内阁首相的伊藤博文一起拜在了吉田松阴的门下,之后又去江户、长崎等地游学。幕府比较开放的政策,或者说对西方列强比较软弱的姿态,引起了包括长州藩在内的部分藩主、藩士的不满,渐渐酿成了一场拥戴天皇,主张对外强硬的尊王攘夷运动。受他后来被幕府处死的老师吉田松阴的影响,高杉晋作在政治上倾向于尊王攘夷。此时,幕府有派遣商船前往上海的计划,向各藩招募随员(正式的名称是"从者"),长州藩就决定让高杉晋作参加。于是,23岁的高杉晋作就以幕府官员犬塚鎔三郎"从者"的身份开始了上海之行的旅程。他到了上海不久,即因饮水的污浊而病倒,出门不多,他最感兴趣的是现代枪支和钟表,他颇热衷暗杀行为。他留下的有关上海的记录,不少用汉文撰写,由此可知他具有不错的汉学知识和素养。自上海回国后,他积极投身于尊王攘夷运动,1863年在家乡长州藩组织"奇兵队",向在关门海峡上行驶的美国商船发动攻击,结果招致翌年欧美四国联合舰队的猛烈还击。后来,高杉晋作又在长州藩与幕府的战争中纵横捭阖,出生入死,十分活跃,可就在幕府倒台的前夕,得病去世了。

高杉晋作肖像

中牟田仓之助（1837—1916）是第一批上海书写者中后来官居最高者，明治时期担任了日本海军大学校长、海军军令部长，海军中将。中牟田仓之助出生于佐贺藩（今佐贺县），少时在藩校弘道馆攻读儒学和数学，后来转入兰学寮学习。所谓兰学，是18世纪时在日本兴起的以荷兰语书籍为媒介汲取西方近代科学的一种学问。19世纪中期以后，随着国门打开，西方知识大量涌入，兰学渐趋式微，被更为广泛的"洋学"所替代。1856年，中牟田仓之助19岁的时候，进入创办不久的长崎海军传习所，跟随荷兰人教师学习几何代数等新知识，又刻苦学习英文，他对近代西方文明的先进性有相当的认识。中牟田仓之助到了上海后，主动寻求与当地的英美人交往，凭借他的英文能力，努力以上海为窗口，了解世界大势和各种新知识，是"千岁丸"船员中与西方人接触最多的一个人。来到上海时，他时年25岁。

名仓予何人（1822—1901）原籍是滨松藩（今静冈县滨松市），出生于奥州棚仓（今属福岛县），稍长，数度前往江户游学，1850年前后入幕府创办的学校"昌平黉"学习儒学，又修习兰学，阅读洋书，可以说是一位对东西方的学问都有涉猎的人。之后回归滨松老家教书。在来上海之前，他又对兵法产生兴趣，再度前往江户学习兵法，其实日本那时已经历了两百多年的太平年代，差不多可以说是一个刀枪入库、武士闲散的和平时期。但西方势力的强势进入，激起了朝野的警觉，"海防论"成了人们热衷谈论的话题。因此，名仓予何人在上海十分注意考察与太平军对垒的清军和英法军的兵营、军操和阵营演练等与战事相关的情状。他于1863年底曾随幕府的高官在法国等地游历了四个月，却对西洋文明并无好感。1867年奉幕府之命，率领日本商民再度来到中国，游历了上海和南京。他始终主张以贸易求得国民的富强，与中国联手以抵抗西洋的扩张，并向成立不久的明治政府呈交建白书，建议与中国展开通商贸易,因而为明治当局所注意。1870年,他以"文书正"的职位跟随外务大丞柳原前光前往中国天津,与李鸿章等清朝大臣商议两国通商事宜,其结果是缔结了两国的修好条规,亦即中日之间的第一份正式的官方条约,但据说名仓予何人本人并未参加正式的条约谈判。1888年5月,他应台湾省巡抚刘铭传的邀请,带领了数名日本打井技工到台湾帮助挖掘深水井,之后在台湾府学任教,当年11月辞职归国。此后,日本挑起中日甲午战争,日本国内主张对华强硬的声音甚嚣尘上,这让名仓予何人感到颇为伤心,便在僻远的东京根岸结庐隐居,并赋诗一首:"大风吹起远征春,移居根岸避世尘。野老不知家国事,盛酒一瓢待花辰。"后来在贫病交加中落寞而死。

纳富介次郎(1844—1918)是一行的随员中年纪最轻的,"千岁丸"从长崎启航时,他才18岁。他出生于佐贺的一个皇学家家庭。所谓皇学,就是研究皇室的历史、有关皇室的典章和典籍等,今天的日本,在与皇家渊源深厚的伊势神宫的附近,还有一所皇学馆大学。因而纳富介次郎自幼耳濡目染,跟随父亲学习皇学和书画、诗歌等,还曾去长崎学习过西洋画。踏上上海的土地时,虽然年纪很轻,却已有相当不错的文史和绘画修养,相对而言,他也是一个皇家意识非常浓厚的人。我注意到,其他人留下的上海之行文献中,称日本一般是"吾邦""本朝""日本",对中国人则自称"弊国""弊邦"或"日本",而在纳富介次郎的《上海杂记》中,则每每自称"皇国""皇邦",而这样的称谓,也只是出现在纳富介次郎的杂录中,这与他自幼受到的皇学教育应该有关。不过,纳富介次郎虽然年轻,对上海的观察却是非常细致,记录也颇为详尽,留下了很有价值的文献。纳富介次郎后来在工艺美术教育领域卓有成就,创办了石川县工业学校、富山县工艺学校、香川县工艺学校,并分别担任了创始校长。

日比野辉宽(1838—1912),有关他的履历,据日本学者外山军治在《文久二年上海日记》(1946年出版)的"解读",他出生于美浓国高须藩(今岐阜县南部)的藩士家庭,20岁的时候至名古屋,拜在秦世寿的门下学习,两年后去江户的"绿静塾"游学,应该有较好的古典和汉学修养,这从他的《赘肬录》中可以明显地感觉到。1862年,他作为幕府官员的随员乘坐"千岁丸"来到上海,那年他24岁。从上海回日本后,他继续在绿静塾和泊园书院学习,后来在名古屋的明伦堂担任教授。明治政府成立后,在大藏省(财政部)担任官吏,十余年后辞去官职,移居京都,过着文人雅士的生活。总体而言,他的身上具有文人气质。

峰洁(生卒年暂不可考),出生于大村藩(今为长崎县),是一名地位在中级以上的藩士,可直接谒见藩主,曾修习天文、历学,具有较高的测量技术,在被任命去上海之前,正在主持大村藩自然境况的调查项目,负责编纂《乡村记》。去上海时的身份是医生的随员,在上海期间,他尤为注重对上海及周边的地理环境的调查、考察和记录。

留下了上海书写的,除了上述的随员之外,还有一名来自长崎的商人松田屋伴吉(1831—1880),有关他的资料很少,只知他在长崎筹办了一些商品随船去了上海,他撰写的《唐国渡海日记》,主要关注上海的贸易环境。

通过以上的考察,可知当时在上海留下文字记录的日本人来自各个藩,但大致有几个共同点:一是年龄上大都比较年轻,在20—30岁,对外界事物充满了好奇心和求知欲,愿意且善于进行观察和记录;二是他们大都受过较好的教育,具有良好的汉文阅读和撰写能力,对中国的历史具有一定的知识和素养。他们在上海与当地人的交往,基本上都是通过笔谈,对于上海和中国实况的了解,尤其是有关太平军的消息,除了自己的观察和体验之外,不少来自与中国人的笔谈。

二、"千岁丸"随员抵达上海初时的印象

旧历五月五日(公元6月2日),阴时有雨,"千岁丸"抵达长江口,日比野辉宽在《赘肬录》中记录了自己当时的印象:

已而抬眼望去,可见南方地脉相连,树木苍郁。有河流的标记,高高耸立。江口宽阔约有几百里,两岸渺茫难以分辨。然水色浑浊,并不深。此时船行甚快,已有西洋船在此下锚停泊,唐船在左右行驶。我船向西南方向驶去,进入江面,在此下锚。此地江面宽约十里余。四面皆有舟,其数达数百千。①

六日,晴,日比野辉宽继续写道:

船自锚地行驶十里余,已有亚国(这里指亚美利加:美国——引译者注)商馆,极其美丽广大。馆前有蒸汽船。我船继续向南行驶。左右有村落树木,与我国无异。田亩细麦青青,牛在堤上嬉游,不时可见渔网撒下,其形态与我国的罩网相类似。虽无特别的景象,一眼望去却颇觉雅致。船西南变化多端,且江面宽狭不一。千岁丸已而驶近港口,各国商馆毗连相接,停泊的船只之多,难以言喻。南边桅樯林立,一望无尽。千岁丸在各国船间行驶十里余,在离岸里余处,下锚停泊。满江皆是船,陆上房屋鳞次栉比,何其繁盛!②

---

① 收录于小岛晋治监修《幕末明治中国見聞録集成》第1卷,東京,ゆまに書房,1997年,第61—62页。(注:全书凡再次引用相关文献,仅标注作品名称、卷数、页码等相关信息,以下不再另作说明。本书的译文,除注明原文为汉文外,均由笔者译自原文,译文尽可能保留原文的汉字。因原文是江户末期的日文,接近文言体,这里用浅近的汉语文言体译出。)
② 《幕末明治中国見聞録集成》第1卷,第63—64页。

上ノ船ニテ上海ヘ送ル約ナリ。蒸氣ヒキツネ料洋銀二百元、我国ノ百両価。水夫ノ者六十元、ソノ費スクナカラズ。

六日　晴開闢錯ス。未明ニ投錨シ大洋ニ向フ。西北風ツヨシ。布帆風一盃イテ結ハスル黃ダトシ。水路ノ主人ナホソノ舟千歳丸ニツナギ来ダ帰ラズ。余價激ニ堪ヘザルモノソノ許知セントス。水路ノ非人圓枕ヨリ烟管片ヲ出シ、ソノ管頭ヘ鴉片ヲツメフシテ吃ス。ソノ面色ヲ習ヒニ、日トデロヒラキ愉快ノケモヘキナリ。余駆大暍ミテ勤掻スルニ更ニウゴカズ。譬クシテ水路ノ主人再ビ吃セズ。彼ノ人イカソレ再ビ吃セズ。如何ナレバ鴉片ノ飲莫大ナヨシ。喫、ソノ鴉片ノ非人ノ主ニ勤ズ。一人刀ヲ揮シテ勤掻スルニ、然ルニ贅苦ノヨシ。ソノ仇利ニ二百金餘ノヨシ、朝ニ吃シレバタシ、死スルモオゾレザルヨシ。ラズ、黃黄ダシキヤ。賞ニオソルベシ。嘗ニ死スルコトシ。

七日　晴　風ツヨク舟勤掻ス。夜西北風ツヨク舟勤掻ス。既ニ大洋ニ至ル者アルニ至ル。我緊舩ツミハザルモ。灌荊ヲ俺シ、勤掻中剛ニ立ツテ粉子ヲ遂陰ス。ソノ大米ヲ炊キ周旋ス。人踏塢ヲ習ル。炊火ヲ拮日ノ唯都助ナル者一

日比野輝宽《赘疣录》

而在高杉晋作的《航海日录》中则有这样的描述：

五月五日，天晴（有关天气的记载与日比野及其他人有异——引者注），风顺，船驰如矢。忽至洋子江（原文如此，应为扬子江——引者注）。北南观望，两岸相隔三四里许，四面茫茫草野，更不见山。外国船唐船皆碇泊。樯花如林，本船亦碇泊于此。待明朝川蒸汽船来，而到上海去。五月六日，早朝，川蒸汽船来，引本船。左折溯江，两岸民家风景殆与我邦无异。右岸有米利坚商馆。尝长发贼（指太平军——引者注）与中国人战于此地云。午前渐到上海港，此中国第一繁津港，欧罗波诸邦商船军舰数千艘停泊，樯花林森，欲埋津口。陆上则诸邦商馆粉壁千尺，殆如城阁，其广大严烈，不可以笔纸尽也。午后官吏上陆。至和兰馆，予亦陪从，官吏登楼上，从臣待于楼下，予与清人三两名笔话。官吏与兰

人应接了,乃以清人为介者,徘徊街市,土人如土墙围我辈,其形异故也。每街门悬街名,酒店茶肆,与我邦大同小异,唯恐臭气之甚而已。黄昏归本船甲板上,极目四方,舟子欸乃之声与军舰发炮之音相应,其景如东武火灾之景,实一愉快之地也。入夜,两岸灯影泳水波,光景如画。①

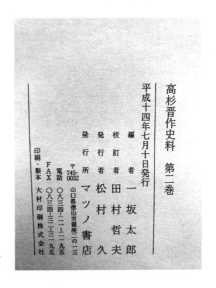

《高杉晋作史料》第2卷,版权页

类似的描述,还可在其他旅行录中读到。名仓予何人的《海外日录》中这样写道:

五月五日,溯洋子江而上,风顺,舟行甚便。南岸颇近,北岸烟雨茫茫,不可尽望。辰时,可见北岸有小洲,犹遥遥数里之外。江流之阔大实在惊人。然大舰巨舶来往之水幅,为英程二里许。过乙时,至吴淞,船泊于此。自洋子江口至吴淞,英程三十余里。唐人英人来。吴淞江面,帆樯林立,两岸时时可见村落,又南岸有长

---

① 原文为汉文,标点为引者所加。《高杉晋作史料》第2卷,東京,マツノ書店,2002年,第84页。

[表紙2]
「遊清五録」
西遊談話

[表紙3]
「遊清五録」

日記

遊清五録序
予承支那行之命乎、告家君曰、児性鈍才疎、不計承此大命、且児無兄弟、今遠遊于海外、然君命一下不可如何也、汝勉強不以我為念、予因決策、発江戸到崎港、陪従幕吏某、遊支那上海港、其間所聞見録為一冊子、謂遊清五録、航海日録、発江戸到崎港、上海掩留録、外情探索録、内情探索録、崎陽雑録、是也、初余発江戸欲謹随過庭之教勉強以奉君命、而不計不幸途中罹病疾、雖遊中病不全瘥、漸不能復平素、加之鈍性稚才、無為家君膝下之驥也、遂至因循怠情、負君父之命、実不堪慨歎也、唯区々雑録欲以備他日之遺忘、豈謂有益於国家乎、壬戌夏、默生春風書於崎港客舎

高杉晋作《游清五录》序

堤凸凹,炮台并列。此处系大江与黄江(应为黄浦江——引译者注)合流处。大江江面宽度究竟有几里,不详。黄江宽度约有三十町(町,当时日本的长度单位,一町约为109米——引译者注)。五月六日,好天气。卯时蒸汽船来,导引官船自吴淞出发,沿黄江向东南驶去。行少许,右岸有米利干(可作美利坚解——引译者注)馆,甚为壮观。两岸有村落田塍,极目望去,不见山。江中华夷船只往来如织。午时,至上海。县城在江水右侧,左侧名曰浦东。自吴淞至上海,据云英程十五六里许。港内商船军舰大小辐凑帆樯之多,不知有几千万。其中英船最多,但中国舟船之多亦无需赘言。右岸西洋诸国商船鳞次栉比,极为壮观,据云为中国诸港中第一繁昌之地。同舟诸士中,有两名前年去过米利干者,谓上海之繁盛,远在华盛顿、纽约之上。午后陪从上陆,至点耶洋行(荷

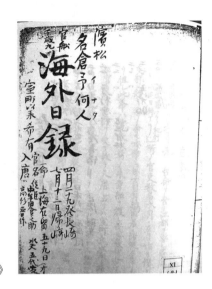

名仓予何人《海外日录》

兰商馆名)。……黄江又名申江,位于吴淞口上游。①

在峰洁的《清国上海见闻录》中有一段对于吴淞的描述:

> 无山,皆是空旷之平野,唯见草木之绿色,西方天水一色,旷无际涯,有一长约五町之洲,横亘在出海口,据云有英里四十里许(或许是崇明岛吧——引译者注)。自此溯江而上,四鼓过,抵达名曰吴淞之地。此处江面宽约二十町,在南方筑有炮台,以设海岸之备。长约十町余,不若我长崎海口之坚固。距水面高约三间处,筑有土堤,间有大炮之备。西方有房屋数千轩,万国商船停泊于江岸,风光如画。②

在纳富介次郎的《上海杂记》中有一段对上海的沿革和概况的叙述,译录如下:

---

① 《幕末明治中国見聞録集成》第11卷,第97—100页。原文为手抄本影印件,标点为引译者所加,辨读或有错误。
② 《幕末明治中国見聞録集成》第11卷,第25页。

上海古时位于禹贡扬州之地,属吴。吴灭后划入越,越灭后入楚。秦时始置郡县,即会稽郡。至元时设松江府,上海隶属该府,至今无改。其地位于海之上方,通往港口之海口处,曰扬子江。此江甚阔大,距左岸之宽度约三十町(町为当时日本长度单位,共约3270米——引译者注),右侧则望无际涯。唯可见三两洲渚而已。但水浅,能行船舰处宽不过一里半(日本里,1里约相当于4公里,下同——引译者注)而已,且水色浑浊呈泥浆色。沿此江前行十里许,左侧为吴淞江(疑为黄浦江之误——引译者注),沿此前行六里许即至上海沪渎城。上海面向黄浦江。①

此段叙述还提到了《上海县志》,显然这是参考了中国文献记载并经作者实地考察后写出的文字,虽然还有些舛误,却是至此日本文献中对上海历史与地理的最初的完整描述。

1862年时,沿黄浦江一代的租界也只是雏形初具,但沿江一带的楼房和江面上桅樯林立、千帆竞发的繁盛气象,还是令开国不久的日本人惊讶不已。这里需要说明两点。第一,最初的两天日本人所见到的上海港,或者说黄浦江西岸的景象,只是当时上海的一面,又或者说主要是由西洋人所创造的上海的一面。就国门打开、港口开放而言,日本要比中国晚得多,日本在1854年的《日美和亲条约》之后才刚刚开放下田和函馆(当时称箱馆)两个港口,两地在日本本土都比较偏远,当时美国驻下田的领事,是暂住在一座寺院里的。与欧美五国签署通商条约之后的1859年,横滨才正式开港(神户是在1867年才开港),因此,那时日本的港市,规模还比较小,洋人还很少,房屋仍是一到两层的木屋;而那时外滩一带,已经出现了三到五层的砖瓦建筑,楼厦的高度,在当时的日本

---

① 收录于《文久二年上海日記》,大阪,全国書房,1946年,第12—13页。

人看来已经相当壮伟了。第二,日本人在进入长江口后,就已闻悉太平军占据了周边,正在进攻上海的消息,日本人后来知晓,黄浦江面上的中国船只,大部分是从邻近的府县到上海的避难船。

另,那时日本人对中国的称呼,还比较混乱,以"唐国""支那""清国"为多。我注意到,在所有"千岁丸"随员留下的记录中,没有一处称中国为"中国",只有在与上海当地的中国人笔谈时,中国人自己有称"中国"的;日本人则完全没有,一般对中国人称中国为"贵邦"。而对于当时的中国人,"千岁丸"上的日本人一般称其为"唐人""支那人""清国人";对上海当地的民众,多称其为"土人",偶尔也有称其为"清人"的。而对西洋人的称呼,也因人而异,对西洋比较疏隔甚至鄙视的,称"夷"或"虏",对西洋人的统称,有称"洋夷"或"洋人"的。称英国人,有称"英夷"或"英人"的,对英国的称呼,多为汉字"英吉利"或日文片假名;对法国的称呼,多为汉字"法兰西"或"佛兰西"及日文片假名;对俄国,有写作汉字"俄罗斯",也有"欧罗斯"和"鲁西亚"(汉字的译名,应该多受中国汉译的影响)的;美国则称为"米利坚"或"米利干""花旗";荷兰的国名,日文汉字多写作"阿兰陀"和"和兰",简称为"兰",荷兰人一般称为"兰人"。而欧洲后起之秀的德国,此时尚未统一,在日本人手记中偶有出现的,被写作片假名ゼルマニヤ,据日本学者田野村忠温的研究,这是江户时期以来 Germania 一词的日文发音,而在传入日本的利玛窦等绘制的《坤舆万国全图》(1602 年)中,当时位于今天德国这部分的区域,被写作"入耳马尼亚",这是 Germania 一词当时的汉译[1]。

---

[1] 田野村忠温《ドイツ国名「独逸」成立の過程とその背景—社会的条件と日本語における音訳語の特異性》。

三、在上海感受到的中国

"千岁丸"一行总共67人,16名西洋人各自登岸,51名日本人包括官员、医生、译员(通词)、随从等经由同船的荷兰人安排,上岸住进了"宏记馆",也称宏记洋行(或许就是点耶洋行,宏记馆或许是洋行的一部分——引译者注)。而少部分的随从、伙夫、水手和长崎商人暂时仍居住在船上,当时沿岸尚无合适的码头,船上人员来往于岸上,要通过小船摆渡。黄浦江上的这类小船,在很长的历史时期,被称为"舢板",在日本人的手记中,被写作"杉板"。在爱知大学教授藤田佳久绘制的1862年时的上海地图上,宏记馆位于荷兰领事馆和法国领事馆之间①。峰洁的《清国上海见闻录》中对宏记馆的具体地点有详细的描述,并极为重要地留下了"永安街"这一街名:

从廊(此词应该是"廓"或"郭"字之误,这里应该是上海县城的城郭——引译者注)内至西北的大桥(应该是外白渡桥的老桥——引译者注)之间,约有十四町(一町约为109米——引译者注),此为英法两国的居留所(这是当时日本人对"租界"的汉字称谓,名仓予何人则写作"夷场"——引译者注),即此境内建有万国商馆高阁,阿兰陀商馆也在此法兰西居留所内,约在老北门东方三町许,在永安街上。我们的旅馆,就借住在紧邻此荷兰馆边的称为宏记的夷人建造的房屋,以作羁旅之所。此处沿江,屋前有道路,宽约八九间或十间(当时日本的长度单位,一间约1.97米——引译者注)。此地自夷人居住以来,新建各类房屋,形成纵横街路,路面宽广,街上亦颇清洁。其面积约与城内相等,据云常年在此居

---

① 藤田佳久《幕末期に上海を訪れた日本人青年藩士たちの行動空間——名倉予何人、中牟田倉之助、高杉晋作—》,载《同文書院紀念報》,2016年第3期。

住的夷人约有一万五千余人。①

　　幸好,经过近160年的变迁,永安街(今称永安路)如今还留存,由此可确切知晓当年宏记馆的所在地。关于宏记馆,有记载是中国人某经营的,也有说是德国(ゼルマニヤ)人经营的,估计某至少是掌柜的,是否为该房屋的所有者,尚无法确定。据多名日本人的记述,此地居住者似均为外来者,无中国人,除日本人之外,尚有各国人士下榻于此,"每堂房租一月洋银一百三十元"(纳富介次郎《上海杂记》),这里的"每堂房",不详是一间还是一套,应该也不低廉。日比野辉宽的《赘疣录》对此有稍详细的记载:"虽是唐人旅馆,却是洋式建造,各国人士在此住宿。我国已预订在此馆旅宿,楼上一区楼下三区,并厨房一区。馆内有唐人十四人。"②这里的"区",也不详是一套还是一间。"千岁丸"的上海书写者,大都居住在宏记馆,他们在上海的活动轨迹,永安街上的宏记馆是始发点和回归点。

　　"千岁丸"随员,作为相隔数百年后第一次踏上中国土地的日本人(不少人在手记中记述说,他们是遣唐使之后访华的第一批官方日本人),来中国之前,对中国并无特别的成见,既非十分仰慕,也无贬抑的姿态。但在上海生活了两个月之后,不少人的中国观,已经偏向负面。他们在上海所接触的中国人,大抵有这样三类,一是上海的官吏和衙门内的差役;二是在宏记馆内结识的具有一定学养的各地中国人;三是街市上遭遇或目睹的中国人。下面分别予以叙述。

　　第一类,道台官衙。旧历五月八日,"千岁丸"一行在荷兰领事的导引下,乘坐轿子自小东门入城去拜会上海道台(正式名称是"分巡苏松太常等地兵备道",地位要高于上海县和松江府),其

---

① 《幕末明治中国見聞録集成》第11卷,第27页。
② 《幕末明治中国見聞録集成》第1卷,第67页。

衙门在大东门内,占地颇广。日比野辉宽在《赘疣录》中非常详尽地记录了这一天的观感,有些长,兹译录如下:

已而至道台。道台乃重官,分巡苏松太常兵备兼管水利事务,位从二位,姓徐,名煦。浙江钱塘县人。养廉年奉银三千两。此外官吏有知县、县丞、教谕、主簿、黄浦司巡检、吴淞江巡检、典吏之类。抑或是我国首次来清国吧,荷兰人成了东道主,与公役同乘轿子(日文汉字为"肩舆")。此轿子小而轻便,故一切皆由轿夫自行奔走。先是通过街市,自小东门入城。城郭与我国大相径庭,有市肆万余。城内街道甚窄,颇为污秽。旁观者簇拥左右,道路几为阻塞,在一旁对我等指指点点,掩面而笑。经过迂曲之街道,经过西辕门东辕门。右方有外门,喇叭声起,此时忽然从地上响起三发炮声。又从远处响起钟声,队列穿过第三道朱门。此门颇广大。左右有官署。轿子前行,至门前下轿。道台已至门前迎接。各致一礼后入内。此地再向前,为石板路或砖路。余辈在道台身后观察其穿着,其衣服与诸士并无大异,唯冠上戴有寸余之珊瑚珠,冠后垂有鸟羽。其毛色浅黑,缀有珠玉。此冠为二位以上标志。清国盖以帽冠的补子辨别官位大小。……此外庭院内,有奇石屹立。余辈进入栏杆内。(清国)官吏设榻(此处的榻,大概是指椅子,日本在近代之前无桌椅之设,一般人对椅子不甚理解——引译者注)。余辈踞坐相语。已而应接结束,在别院有供应。官吏在余辈面前设案,放上茶碗请余辈吃茶。茶碗皆有茶托,且有盖,颇大。揭开茶盖,碗底有许多茶叶(日本人饮茶习俗,自中国传入,明代后传入叶茶,但饮法与中国不同,通常备有茶壶,日语曰"急须",茶叶置壶内注入沸水,另备有茶杯,日语曰"汤饮",茶杯无盖无把,饮茶是茶杯或茶碗内无茶叶——引译者注)。余辈侧目笑饮。已而又每人面前放置一酒杯一双筷,且供应酒肴四碟,酒一瓶。余辈取杯后,官吏倒上酒,品饮少许后,又酌,不觉间倾饮数杯。此酒为梅酒,酒味清淡而有香气,颇适口。酒肴皆果子,其一曰云片糕。

形方寸余,纯白,味尤佳。放置掌上拨弄,一片瞬间成数十片,实乃珍果。此时官吏围在左右,或观看余辈所佩之刀,或抚弄衣物,或对上衣花纹指点议论,或疑或笑。……已而案上又置茶碗,视内中物,起泡沫,有异味。余想此或许是牛酪或羊酪,西土恐不易得。舌端有甜味,却是一滴也不能饮。又端出红茶。最后又供应煎茶(即一般沏泡的绿茶,日文称之煎茶——引译者注)。叶片状若柳叶,呈绿色。已而酒宴结束,撤去酒肴。余在一侧拭目观察官吏之举动。已而酒宴终,菜肴撤。在撤吾辈之残果时,有两三人途中将果物窃入袂中。呜呼,卑野若此,实可叹也!此乃乱贼煽动而致风俗败坏一至如此者乎?抑或其心魂已为珍果所夺乎?已而佩刀出朱门,道台又如前送至门口,各致一礼,坐上轿子。第二门旁又响起喇叭声。轿夫行走益愈加快,街边旁观者数万人。盖城内居民闻悉我国人来访道台,群集观看,盛况难以言表。①

如上文字,可以说是较为客观的描述,也不乏赞美之词,但对上海官吏的举止,颇多贬抑。名仓予何人的《海外日录》中对此也有详细的记述,视角稍有不同,这里再译录一段:

自点耶洋行出,经街坊行约十余町,始至城门(小东门),城门狭隘,才可容轿子通行,入城门,街衢纵横直达,但街路狭窄,与城外不可比。每户结构庄严,路幅不过八九尺。店铺亦狭,有的店面仅一步半(步为当时日本的长度单位,一步约为1.8米——引译者注)。其繁华杂沓,与本朝江户无异。又行十余町,始至台府门。入门,礼炮三发,喇叭声起,自此,再过三道府门,至宫室,本朝官吏及法国、荷兰两国领事列坐正殿,吾辈数名列于廊阶,正殿上悬一匾,曰镜清堂。须臾官吏并法国、荷兰领事移往别厅。道台之衣冠颇庄严,冠顶饰有珊瑚,约寸许,冠后饰有羽毛。既而设置茶果数

---

① 《幕末明治中国見聞録集成》第1卷,第70—72页。

品,又设酒。开始时,为日常茶饮,后又端出杏仁茶、红茶,下酒物有珍果数品。吾辈与道台属员进行笔话。……出道台府门,两旁观者如堵。①

名仓予何人的记述中,几乎没有涉及上海道台官吏的行状,但是在纳富介次郎的《上海杂记》中,却对官吏的举止十分反感:

入厅堂,在此受到接待。吾辈随从在下面等候,相继端出茶果、梅酒、杏仁汤等珍味招待。官吏在另殿有飨宴。然观其中之胥徒抵(指下级官吏——引译者注),举止甚低贱,且弗知礼仪。其状若粗鄙之下仆,公然张望主客座席,嚣张喧嚷。或在接待之厅堂处,有数十人自屏障后窥望。又出至吾辈左旁,抚触我衣物,品价论值,或取下我草履哄笑其制作。彼最感新奇之物,乃我等刀剑也,数度求观,未允,竟擅自取下,欲拔刀出鞘。其粗鄙野卑之状言语难尽。此后又曾两三度来此,见庭前晾有旧衣物,走廊内多置有便桶,更无人清扫。起身欲归时,彼等或窃取盘中所剩果物,或取桌上残酒饮下,实与猫狗无异。②

峰洁在《清国上海见闻录》中也有类似的记载:

归时,道台又送至丙门外。送迎之礼皆甚周全。然其属官有司等琐细野卑之状不忍睹。若问其所为如何,有双目直视我衣服草履者,有伸手抚衣触物询其价者,有交互窃语议其品者。其识见卑贱如此。③

第二类,在上海所交往的具有一定学养的各地中国人。"千岁丸"一行要来访上海,之前消息已广泛传开,甚至有传闻说,日

---

① 《幕末明治中国見聞録集成》第11卷,第101—102页。原文为手抄本影印件,标点为引译者所加,辨读或有错误。
② 《幕末明治中国見聞録集成》第1卷,第21—22页。
③ 《幕末明治中国見聞録集成》第11卷,第31页。

本人是洋人请来帮助守卫上海城、攻打太平军的。及至"千岁丸"抵达后,才知只是一艘做贸易的官船。于是在一行的下榻处宏记馆,不断有中国人来访,除少数来向日本人推销商品外,大都是些有学养的中国人,有居住于本地的,有避太平军之难临时借住在上海的,有些是文人,有些是昔日的官吏,也有销售笔墨书画的商人。彼此言语不通,但文字却是大抵相同的,双方的交流基本上都是借助笔谈。住在宏记馆的日本随员,差不多每个人都与几十个中国人进行过笔谈交流,尤其是日比野辉宽,据其记录,有名有姓的几乎就有百余人。这些人,大都给日本人留下了较好的印象。

纳富介次郎在《上海杂记》中这样写道:

> 土人对在此地狎居数年之西洋人,仍颇为疏隔,而对初渡上海之我辈,则甚为亲切,宛若旧知。此自有笔谈可通彼此之意之故。我辈登岸之初,即有观者如云,童儿辈最感狎亲,携手跟随而来,此可谓倭汉人心自然相通之故也。①

日比野辉宽的旧历五月十五日日录,有这样的记载:

> (有姓施名熊号渭南的中国人来)问其何人,答曰写诗作文者。余此次初识文人,与之笔语,有文才,颇有兴。施熊写诗赠余,余亦赠其诗。……已而又有两人来,问其姓名,"松江府学优生顾麟,今春避乱来沪""南汇县廪膳生顾蒿"……互相赠诗,甚有兴。问其住处,曰南马路万隆酱园街,约明日再会。②

翌日他与纳富介次郎同去酱园街访顾氏兄弟,彼此相谈甚欢,且见到了他们的漂亮妹妹,于是日比野辉宽欣然作诗一首:"沪上有秀色,不须朱粉施。肤白昆山玉,脸红芙蓉姿。画扇半掩面,含

---

① 《幕末明治中国见闻录集成》第1卷,第18页。
② 《幕末明治中国见闻录集成》第1卷,第80页。

笑傍绣帷。呜呼美而艳,更使疗吾饥。"①

旧历二十二日,担任官职的钱伸彝坐着轿子来访,"此人人品颇不令人生厌,学力颇为宏富,且对《诗经》详悉。余询问学校制例,受益匪浅。伸彝在扇面上书写《诗经》之卓绝,赠余。午时一时归去后又来,借着笔语之兴高声话语,令人绝倒"②。翌日又有周士锦来访,对因饮水不洁而患病的日比野辉宽说:"看兄之颜色已大好,病愈否?周士锦近日屡屡来慰问,感激其厚情,告知病已痊愈。……周士锦不愧为濂溪先生(即北宋大儒周敦颐——引译者注)二十八世孙,登秀才科,觉其人品文采皆卓越。"③

日比野辉宽还在六月二十九日条中记述了在城内散步之后,"有学生三人来。余因暑热,甚疲惫,故坚辞,拟另约再会。然接触之下,始知彼学生、武弁、画工、医生皆非上海人。乃江南、江左、淮南或渭水一带人,闻我国人在沪上之消息,自远地慕名而来"④。

名仓予何人在《中国见闻录》中也表示了对于饱读诗书的中国官员的好感:

余一人独行,每每不经介绍即去访官员之家,彼亦不怪,且无危惧之心,即与余以笔谈交流,此谓中国之风,至为宽厚。⑤

在这些日本人眼中,中国中层阶级及以上的人士,还比较注重礼仪,"两人相逢见面,必相互作揖,云请请,盖俗语也"⑥。

与具有学养的文人以及退职官员的交往,使这些日本人普遍感到中国在相当程度上还是一个文化蕴藉颇为深厚的国家,这些读书人大都待人温厚,知书达理。在得知日本人即将归国时,纷纷

---

① 《幕末明治中国見聞録集成》第1卷,第81页。
② 《幕末明治中国見聞録集成》第1卷,第114页。
③ 《幕末明治中国見聞録集成》第1卷,第115页。
④ 《幕末明治中国見聞録集成》第1卷,第124页。
⑤ 《幕末明治中国見聞録集成》第11卷,第172页。
⑥ 《幕末明治中国見聞録集成》第11卷,第210页。

来赠礼道别,"千岁丸"扬帆起航之日,又到宏记馆来送别。经舢板摆渡登上"千岁丸"后,日比野辉宽在船上回首宏记馆,见楼台上有诸多中国友人挥手相送,心中不禁涌起依依惜别之情:"归帆忽自向东海,沪上再游知几时?"①

这些日本人之所以能与上海的中国人建立起情谊,汉字汉文相通或者说中国文化对日本的长期浸润是一个基本前提,使彼此在文化上感到亲切而不隔膜。

但中国读书人的现状也不能令这些有志向的日本年轻人感到满意。因西洋人在东方扩展势力,名仓予何人比较留意兵家之事,每逢中国人来访,就向他们打听中国目前研究兵家有何出色者,但多人回答,均是目前没有著名者。他又去访书坊,问近来有无好的兵家书籍,也答曰没有,甚至有人建议说,若要了解中国兵法,只需阅读《三国》即可。后来终于经介绍,得以参观了城外李抚军的兵营,观摩了中国士兵的阵营操练。这也使得名仓感到中国文人只是注重诗书,在意科举功名,而对于实际的兵学、海防,知晓甚少。峰洁对此评论说:"唐土文学之盛,四方莫有及者,然近世之弊,只专注文具,实用甚稀。且其所以学者,其志专在考取科举功名而已。"②

第三类,市井的上海人以及当时上海的情状,每每使这些时隔两百多年初次抵达中国的日本人感到失望。上文引录的日本人眼中的官衙情景,就是比较典型的一幕。下面再译述几个具体的场景。

由于当年的这些日本人依然穿着江户时代的衣物,虽是东亚人的面孔,但其装扮举止,与晚清的中国人大相径庭,引来了上海市民的强烈好奇心,因而他们出门在街上行走,几乎每次都引得路

---

① 《幕末明治中国見聞錄集成》第1卷,第130页。
② 《幕末明治中国見聞錄集成》第11卷,第29页。

人的围观。到达上海的第二天,日比野辉宽坐舢板自"千岁丸"在今日外滩的南侧登陆,先至宏记馆,再出外去街市闲逛,结果,"围观者如堵,若停止脚步,则周遭人群立即聚集过来,围成数匝,一步亦难以前行,天气炎热不堪"①。高杉晋作也有相同的记录:"徘徊街市,土人尾予辈来,土人臭气蒸人。"②名仓予何人某日在宏记馆门前站立,"唐人群集来看余"③。

日比野辉宽在《赘疣录》中还记录了这样一个细节,五月七日早上,他在"千岁丸"上看到有一艘舢板在风浪中破碎瓦解,于是周边有五六艘舢板赶过来,其中有一艘救助落水的船夫,其余则纷纷争抢瓦解的船板,"此时我国人烟袋掉入水中,舢板迅速过来将其夺走,实在令人可憎。每个国家港口附近的风气都不佳,甚至轻薄,然自眼前之景象,余可知(中国)风俗乱象之一端"④。如此景象,让这些日本人颇感不快,觉得文化浩荡的泱泱大国,不应如此,由此降低了他们对中国的敬意。

当时吸食鸦片的恶习,也已浸染至上海。纳富介次郎在《上海杂记》中记述说:

清人云,鸦片烟味甚美。然其予人之害亦甚,往往危及人命。然人为何依然如此嗜好?据云若遇心气不爽,或闲寂无聊倦怠劳顿时,吸食鸦片能使精神瞬间焕发。是故人们终于不能废弃。⑤

他并在七月五日一条中记录了鸦片渗透的情形及其毒害的实例:

离上海港而移泊至吴淞江尾。与前次相同,其间由蒸汽江艇

---

① 《幕末明治中国見聞錄集成》第1卷,第67页。
② 原文为汉文,《遊清五録》,《高杉晋作史料》第2卷,第86页。
③ 《幕末明治中国見聞錄集成》第11卷,第103页。
④ 《幕末明治中国見聞錄集成》第1卷,第67页。
⑤ 《幕末明治中国見聞錄集成》第1卷,第31页。

牵引。又雇一水路向导。据云雇金八十元。该土人年约三十岁许,能通英语,故在未启动前,中牟田仓之助询其曰,尔操此业每月可有几次?答曰两、三次或四、五次。又询曰,有父母妻子否?答曰无。又问曰,若如此,尔博弈乎?抑或溺于酒色乎?何以得此大金而衣衫褴褛、身衰体弱?答曰,我别无所好,所嗜唯鸦片烟耳,故得金虽厚,用于鸦片烟犹叹不足。众人闻此皆弗信,纵令烟价不菲,吃烟所费几何?须臾此人来吾辈之居所,自一精美箱盒中取出鸦片烟具,平卧吃烟凡半刻。众人皆奇之,在一旁观看。已而烟雾满座,其味殊可恶,因加制止。而其竟弗听,眸神驰荡,显昏睡状。恐时久损命,仓之助持刀厉声大喝,怒颜相向,彼方收纳烟具匆忙而出。余尝闻清人言,官军屡屡战败,以军中皆吃鸦片烟之故也。敌军逼近时,尚卧于烟床而弗知,仍吃烟不止。且吃烟已上瘾,烟瘾来时,纵令在战斗中亦需吃烟。余闻此言犹半疑不信,今观此人情状,始识此言不虚。可怜也哉,又可戒也!①

可以说,除了部分文人外,在"千岁丸"日本人的眼中,当时上海的中国人,其形象多倾向于负面。而这负面的印象,很多还来自当时上海的实况。晚清的中国,各种衰像已经显露,再加之此时恰好遭遇太平军攻打江南,数次逼近上海,附近乡绅富人乃至一般民众纷纷逃至上海,兵燹频仍,战乱迭起,因而城内芜杂,郊外荒败。城外的租界,道路还算宽阔,街面也算整洁,但是一踏入上海老县城,又是另一番面貌:

上海位于中国南部海隅僻地,为英夷所掠夺,津港虽繁盛,皆因缘于众多之外国人商馆,城外城里亦多外国人商馆,由此繁盛。观中国人之居所,多贫象,其肮脏不洁难以言状,或一年之中皆居

---

① 《幕末明治中国见闻录集成》第1卷,第32—33页。

船中,唯富有者在外国人商馆内谋事并居住其中。①

　　上海市坊通路之污秽难以言说。小衢间径尤甚,尘粪堆积,无处插足,亦无人清扫。或曰,出市街即为旷野,荒草没路,唯棺椁纵横,或将死尸以草席包裹,四处乱扔。炎暑之时,臭气熏鼻。清国之乱象,由此可知。②

　　上海中,粪芥满路,泥土埋足,臭气冲鼻,其污秽难以言状。③

　　每街门悬街名,酒店茶肆,与我邦大同小异,唯恐臭气之甚而已。④

从四周逃避到上海的难民,更加深了这些日本人对中国的负面印象:

　　大凡为避贼乱而逃至此地之难民,居无定所,或伫于路旁或栖于船内,风餐露宿,饥渴交困,今日不知明日,其命危如悬丝,其衰状令人不堪怜悯。据悉难民多来自苏州,共约十余万人,且官府亦爱莫能助,饿死者日增。⑤

　　与名仓等在市内散策至郊外,见多有茅棚篷屋,泥地上仅有粗席摊铺。余询路人,是何人居此陋屋?路人答曰,乃避贼乱而自远地逃难至此之穷苦者,且忍饥受饿者不在少数。不胜悯伤。⑥

　　为避贼乱而逃遁至此者,多栖于小舟内,或在地上支一陋篷以避风雨,而另有半数人则踽行于街巷。故城区较之平日更为污秽。见此惨状,诚可怜也。⑦

另一个使日本人对上海产生负面印象的,是上海的饮水不洁。

---

① 高杉晋作《外情探索録》,载《高杉晋作史料》第2卷,第120页。
② 納富介次郎《上海雑記》,载《文久二年上海日記》,第15页。
③ 《幕末明治中国見聞録集成》第11卷,第28页。
④ 原文为汉文,《高杉晋作史料》第2卷,第84页。
⑤ 《幕末明治中国見聞録集成》第1卷,第25页。
⑥ 《幕末明治中国見聞録集成》第1卷,第81—82页。
⑦ 中牟田倉之助《上海雑録》,载《中牟田倉之助伝》,第232页。

日本本土,因多山且森林覆盖率高,水流大抵短而湍急,几无泥沙淤积,河流多清澈。来到上海后,让他们最感困苦的,便是饮水问题。纳富介次郎在《上海杂记》中有这样的记述:

> 此次上海之行,最感艰苦且难以忍受的,是浊水。……黄浦原本即是(长江)末流,再加之充满黄泥,地势平坦,江尾即便涨潮退潮时,江流亦淀滞平缓,加之土人将死去之犬马豚羊之类,以及所有污秽之物皆投弃江中,漂浮于岸边。江上亦多有死尸漂浮。此时霍乱盛行,难民等无法充分疗养,或多因饥饿难耐而去世,甚至无法安葬,因而弃于江中。此类惨象目睹无数。再加之数万船舶之粪尿不洁之物。据云上海城内仅有五六口井,井水亦污染不浅。众人饮水皆取自江中。大多用大瓶自江中汲水,再用石膏或明矾置于其内,不久即可获得清水。宏记旅馆因紧邻黄浦江,亦仿效此法旦夕饮用此水。余辈不习饮用此等恶水,故无人不患病,尤其是我辈曾患麻疹者,愈加不堪。尤其是炎暑之时,硕太郎、传次郎、纹藏三人终于死去。余亦一度病笃,幸得同国中牟田氏亲切照拂,安心调养,总算留存一命。①

上海第一座自来水公司,是在1875年由洋商格罗姆(F. A. Groom)等创建,因而"千岁丸"来上海时,上海尚无经现代科技工艺净化的自来水。上述的这些记载,对于黄埔江面的描述或许有些夸大,但大抵是事实。因而峰洁这样写道:"据云城中仅有三四口井。因此众人皆汲取江水饮用。然江水严重浑浊,不可直接引用。因而用明矾使浊泥污物沉淀,尔后渐渐可饮。此为我国人在此居留的第一难涩。"②饮水的障碍显然减弱了大多数日本人对上海的好感度。

---

① 《幕末明治中国見聞録集成》第1卷,第15—16页。
② 《幕末明治中国見聞録集成》第11卷,第28页。

由上述的上海书写大致可知,虽然在人种上、在人文上,日本人对中国人尤其是有学养的文人,体察到了亲近感,但总体上,已经洗去了对文化母国的敬仰之情。

四、在上海的异国生活体验

我个人曾研究过一点日本人的食生活史,因而对于19世纪60年代初来到上海的日本人的日常生活体验颇有兴趣。

"千岁丸"的日本人,几乎都被饮水的不洁所击倒,长长短短都曾在床榻上病卧过一段日子,但只要身体许可,他们总是尽可能地去街上、去郊外、去兵营等地走动,观察、体验并一一记录。

峰洁对于上海夏日的作物有一些记述:"土地都是泥土,无砂石,感觉土地颇为疲瘦,田地主要种植棉花、豆类、茄子、木瓜、西瓜、甜瓜类,及其他蔬菜类,也与我国无异。然而观察田地的样子,耕作颇为粗疏,不除草。荒地颇多。"①耕作粗疏、杂草多,恐怕是战乱带来的结果吧。

日比野辉宽在旧历六月七日记述道:

> 约定天亮后绕城郭走一圈。出旅馆向左折。唐人做东道主。走过江岸,经过潮州会馆前,过小桥。此间干物、蔬菜最多。有我国产的干海参、干鲍、鱼翅类,肆店皆有匾额,写着某某号某某号。路甚窄,臭气甚烈,掩鼻而过。已而路右侧有庙,匾上写着天后圣母,乃水神。此间米行、棉行甚多。且有油炸物店,将鸡鸭等整个油炸,颇美味。在城内迂曲徘徊之后,出城,至城西南。每每遇兵卒,衣物背面和正面或白或赤,呈圆形,写着亲兵或淮勇或楚勇。其容貌并不健强。已而至田圃,为避乱临时在此居住者颇多。田

---

① 《幕末明治中国見聞錄集成》第11卷,第18页。

亩之种植物,与我国无异。黄瓜、茄子、玉米、夏季萝卜、冬瓜、大豆、豇豆、紫苏、藜等较多。①

对于当时上海的酒,日本人似乎评价一般。日比野辉宽在五月二十日的《赘疣录》中写道:

> 未前顾麟、顾蒿书写诗文来。其诗尤妙。已而笔语,予煎茶(日本用沸水冲泡的叶茶,明末由中国传来——引译者注),彼大为赞赏,吃啮数碗。又予干果,又吃食。予酒,才倾饮一杯。余问其故,顾麟辞曰:"贵邦之酒味甚美,唯恐醉。"盖清国之酒,其味甚薄。②

上海一带,原先多饮黄酒,即绍兴酒,属酿造酒,品质优劣不一。我自幼时起,即跟随大人饮黄酒,都是从邻近的店家买来的散装酒,滋味尚可,而过年时随父亲回宁波乡下的祖籍地,那里的黄酒,滋味要比上海寡淡不少,酒精度也低。日比野辉宽等人所饮的,应该也是黄酒。之后日本人来上海,也随本地人的叫法,称黄酒为"老酒"。迄今上海人对于酒类,仍泛称"老酒"。不过在所有的"千岁丸"一行的记录文献中,未见有日本人饮白酒的体验。

不过,日比野辉宽在上海尝到了其时日本还没有的葡萄酒:"晡时(傍晚时分)吃蒲萄酒。味淡而酸,其色赤黑。且吃蜜饯。一为蒲萄,一似柿子。味尤甘佳。"③名仓予何人也有类似的体验:"至法兰西馆,有酒桌之飨,其酒有黄、黑两种,均有酸味,不适口。"④那时的日本人对葡萄酒似乎尚无好感。

在五月十八日还有这样的记述:

> 岸边泊船首尾相接,绵延不绝。多为四五间长(一间约六尺,

---

① 《幕末明治中国见闻录集成》第1卷,第94页。
② 《幕末明治中国见闻录集成》第1卷,第85页。
③ 《幕末明治中国见闻录集成》第1卷,第112页。
④ 《幕末明治中国见闻录集成》第11卷,第104页。

折合1.82米长），船篷颇大。一艘船内男女媪儿数人各自做事。有船居之趣。问行人，为何有这么多船，这么多人？行人云，皆避乱来此地者。余闻此，不胜哀怜。已而自江岸向右折，见鱼肆相连，见所售之鱼，多为腌制物、干鱼。鲜鱼有鳖、泥鳅、鲤鱼、鲈鱼等，与我国无异。泥鳅长约七八寸，色淡赤。余笔语曰："欲购鲜鱼。"贩鱼者却是目不识丁。①

纳富介次郎的《上海杂记》中，也有类似的记述："在上海值得赞赏的，是夏日的冰。路旁等也有不少蓄冰，在碗内放入冰和水，再拌上砂糖一起出售，乃止渴妙物。上海街坊所售之鱼，多为腌渍物，偶尔可见鲜鱼，皆为河鱼，无海鱼。唯鲜活的河鳗颇多，价最廉。"②上海虽距舟山渔场不远，但在冷冻冷藏技术和现代物流诞生之前，完全没有冷藏链，加之夏日酷暑，途中耽搁一两日即会腐臭，因此那一时代，夏季鲜海鱼极少。

日比野辉宽在上海第一次尝到了荔枝后这样写道："饱尝了荔枝。其果肉洁白，甘液尤多。感到有些酸味。一枝上有数颗连缀。此为杨贵妃之嗜好物。曾置驿站，快送至千里之外的长安。实在是珍果。"他并赋诗一首："万里游西土，初看荔枝丹。筠笼三百颗，一枝几团团。割壳白肉露，恰似水晶丸。含口甘液滴，啮了一点酸。更忆妃子笑，健马送长安。今日须饱吃，归来焉得餐。"③这倒是真的，对于产于热带的荔枝，那时的日本人只是在中国文献中读到过，实物在日本几乎没有，在上海是初尝。

在《赘疣录》六月四日条中，日比野辉宽记述了这样一次体验："天初明，渔夫带来吴淞江鳗鱼，购买后自割自烹，互相饱食。吴淞江水虽浊，滋味却极为美味，在木曾川（木曾川为日本流经长野、岐

---

① 《幕末明治中国見聞錄集成》第1卷，第82页。
② 《幕末明治中国見聞錄集成》第1卷，第40—41页。
③ 《幕末明治中国見聞錄集成》第1卷，第93—94页。

阜、爱知、三重四县而流入伊势湾的一条河流,上游多溪谷,所产河鳗以味美而闻名遐迩,中游一带景色优美,被誉为日本的莱茵河——引译者注)之上。余辈出帆后首次尝活鱼,令人垂涎。"并赋诗一首:"自割又自炙,饱吃松江鳗。膏密齿间滑,香浓鼻头酸。张翰嗜鲈鲙,何不试之餐。若使知此味,转向江南叹。"①日比野辉宽还是具有相当的中国文史学养,知晓晋人张翰因思吴中莼菜鲈鱼之美而毅然辞官回归故里的文典。日比野辉宽或许尚未品尝过松江四鳃鲈的鲜嫩,但他觉得吴淞江的河鳗已是第一等的美味了。

在名仓予何人的《海外日录》中也有对吃河鳗的记录:"黄昏归宏记馆,当夜吃鳗饮酒,鳗味甚美,且其价廉。"②

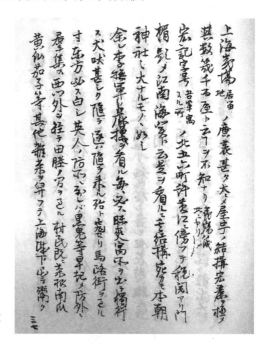

名仓予何人《海外日录》正文

---

① 《幕末明治中国見聞録集成》第1卷,第80—81页。
② 《幕末明治中国見聞録集成》第11卷,第124页。原文为手抄影印本。

这里稍作说明。日本自8世纪初开始，因历代信佛的天皇屡次下达禁令，禁止食用肉食，因而至19世纪70年代止，整个社会基本上禁止肉食，无家畜养殖。"千岁丸"一行的日本人在本土时，基本上也没有肉食，日常副食只是蔬菜（包括酱菜）、豆腐（约15世纪前后自中国传入）、鲜鱼和干鱼（以后者居多）等。至上海后，自己的饮食，餐桌上依然很少肉食，但对店肆内售卖的鸡鸭肉食等，却并无反感，反而赞为美味，而事实上，这些日本人到了上海，也与中国人一样食肉。《赘疣录》五月十六日条中有这样的记载："晴。炎热如蒸，汗流浃背。盖自出帆以来，只是吃些干物，觉体况日下。午时购牛肉数斤吃。"①他对牛肉的滋味没有评价，但长期没有接触肉食的日本人，对于肉食似乎也没有任何反感和不适的感觉。

　　日比野辉宽在六月三日那天记录了去访顾氏兄弟，在那里受到了午饭的招待："余观其食物，与我国无异。案（在当时日本人的文字中，未出现'桌子'的汉字——引译者注）上有肴一碟，蔬菜一碟，距于榻（当时日本人的文字中，也未见'椅子'一词，其时日本人一般尚无桌椅，用餐喝茶只是席地而坐，后来出现矮桌。19世纪末，桌椅逐渐出现和使用——引译者注）上吃饭。茶碗（日本人至今仍称饭碗为茶碗——引译者注）颇大，筷子为象牙制，颇长。仆人站在一旁吃饭。已而我放下碗筷，即送来手巾和热水，每人擦脸。盖食后必擦脸。余察觉到，父母兄弟子孙吃饭，男女不同席，女子在内室吃饭，区别甚严。"②

　　六月八日，日比野辉宽到城内街上闲走，"有一色纯白圆形之物。其大约方二尺，细视，乃豆腐。其质甚为细密，切成寸余，一块价四钱。又往结发屋，背后悬书画挂轴四幅。在之前结发，动作娴

---

① 《幕末明治中国見聞錄集成》第1卷，第80页。
② 《幕末明治中国見聞錄集成》第1卷，第89页。

熟灵巧。剪刀很大。最后抚摩双肩,而其价钱为三十五钱。已而细察左右肆店,与我国大同小异。其相异之处,唯其店面悬有家号之匾额(日本则在门前挂一表示店家名称的布帘,谓之'暖簾'——引译者注)。屋内并无地板,左右设有木架,排列着货物。地上铺有石板或砖,或泥地。且每家均挂有关羽画像以作祭供。另有一处与日本大异,是女子不进店家。唯古董店内珍器甚多,细看,各不相同。玉、蜡石、珊瑚类尤多"①。

纳富介次郎还有进一步的描述:

酒店旁必有茶店,人们过了酒店,出来后必定要去茶店吃茶(日文的汉字中使用的是"吃茶",镰仓时代(中国南宋时期)的僧人荣西自浙江一带正式将茶传入日本时,为广播饮茶的功效,专门用汉文写了一本《吃茶养生记》,由此"吃茶"的说法一直传承至今——引译者注)。酒店内挂有"随意小酌"的字样很醒目。清人好吸(日文汉字是"吃"——引译者注)鼻烟,平素随身携带一小瓶,将烟草碾成粉末装入其中,用指尖稍稍蘸一点吸入鼻中。余亦曾尝试,颇有风味。还未闻有本朝人吸食鼻烟,乃是西洋出产。②

"千岁丸"一行还注意到了中国女子的裹小脚。纳富介次郎在《上海杂记》中写道:

清国妇女之风,以养育娇弱为贵。故即便富贵家女子,据云自幼便不让其脚长大。即便已年长,其脚亦如四五岁小儿。常年深居闺房,不轻易外出。偶尔去他处,必定坐轿。至若婢女之属,则多在街上行走。然亦是小脚,步行若不自由。又,女子无论贵贱,必垂有金银之环,手指上亦如此,多戴有金银珠玉之环。妇女子不

---

① 《幕末明治中国見聞録集成》第1卷,第69页。
② 《幕末明治中国見聞録集成》第1卷,第31页。

在外如厕,皆在闺房中置一虎子,其形如桶,有铁制提梁。①

"虎子"一词,应是中国传入日本,状若虎形,是汉末以来的便溺器的一种,李贤引注《汉官仪》:"侍中分掌乘舆服物,下至亵器虎子之属。"纳富介次郎笔下的"虎子","其形如桶,有铁制提梁",这显然就是所谓上海的"马桶"了。

而日比野辉宽在《赘疣录》中则直接使用了"马桶"两个汉字。某日他在城内书肆里访书,突然腹痛欲泻,求助一少年,少年带他去了"厕场",一空旷地,一面有墙,三面无遮挡:"少年持纸在一旁等我。男女可透过墙隙互相窥视。……盖清国人多住楼上,故在马桶排溺。此马桶旦暮在黄浦(江)中洗,由此可知江水之污秽。"②

一行的旅行录中,也有一些关于上海城内佛寺和道观的记述。

五月二十八日。降雨。辰时独行,自新北门入。至南门内名曰云庵的梵刹,方丈见余颇喜,设茶果汤面以飨,笔话相谈。方丈导余观偏侧之堂,其结构颇宏壮,有僧徒六十余人,然其山门甚矮小。僧人剃发光头,与本邦同,觉其衣裳小有不同。正堂内安置药师佛。龛上题有"佛光普照"四字。外堂置有周仓持大槌之木像。问此寺之宗门,答曰临济宗。午时出本寺,至西门内,访关帝庙之道士,恰遇道士演奏仙乐,分列左右,有击金者,有击鼓者,又有弹奏琵琶者。③

在日比野辉宽的著述中,还有一段对于上海青楼街的描述。某日下午他与另一日本人到街上闲逛,至"马路街"(这一词语在日本人的记述中曾频繁出现,偶尔会写作"大马路",或许就是后来的南京路),遇到一名本地人,欲做东道主,"余跟在其后迂回徘徊。至一茅屋看古笛,与尺八相似,而孔甚小,其声音清朗。已而至一厦屋前,极为壮大美丽。楼上栏杆以丹青之漆描画,其色灿灿。

---

① 《幕末明治中国見聞録集成》第1卷,第30页。
② 《幕末明治中国見聞録集成》第1卷,第83页。
③ 《幕末明治中国見聞録集成》第11卷,第117—118页。原文为手抄本影印件,标点为引译者所加,辨读或有错误。

二八美人身倚栏杆,手挥团扇,姿容绝美。楼下户口颇多,入户内,有十二三少女立于帷外,姿容各不相同。窥视帷中,有一美人正对镜梳妆。余问导引者,此非青楼耶?导引者笑云,然。余迅速走出户外,导引者绝倒。余细察楼宇,有三十间余,其饰甚华丽"①。

这些记载,出自1862年的日本人之手,可贵之处,不仅在于纪实,有一定的史料价值,更重要的是出于外来人的观察和描述,有另一种视角,写出了当时中国与日本文化和习俗的异同,对于东亚社会生活史的研究,也甚有裨益。

在部分日本人的上海杂录中,还颇为详尽地记述了上海的历史沿革和地理位置,这些大都是参考了《上海县志》《松江府志》等中国文献后撰写而成,也有对上海县城的城墙、城壕和城门较为详细的考察和记录,以现存的中文文献来比照,大抵都符合历史事实,限于篇幅,这里就不一一译述了。

五、上海西洋人的势力对日本人的冲击

随着上海的开埠,以及19世纪中后期逐渐成为了一个远东大港市之后,在整个近代,上海其实是日本人观察世界的一个窗口,也是近代日本在探寻本国历史进程中的一个重要参照系。1862年的"千岁丸"之行,是近代日本人第一次登陆中国,自然也是首次来到上海。上海在1843年开埠之后,尤其随着英租界、美租界(英、美租界后合并为公共租界)和法租界的开设,西洋文明伴随着武力强势进入上海,以英美法为主体的西洋人开始在上海扩张势力。1862年"千岁丸"抵达上海时,黄浦江西岸、上海县城的北侧,即今天的外滩一带,通过租借条约,已经成了西洋人的居住和管辖范围,"千岁丸"一行所居住的宏记馆左右两侧,即是法国领事馆和荷兰领事馆(均兼做商馆)。其时恰逢太平军向上海发动

---

① 《幕末明治中国見聞録集成》第1卷,第123页。

第二次进攻,已占领了苏州和松江,逼近上海,上海当局无力单独抵御太平军的进攻,便请求英法租界当局出面干预。起初上海的英法当局无意直接卷入清军与太平军之间的战争,但此时英法等西洋国家在上海已形成了自己的利益,担心太平军进入后会失去已有的地盘和权益,开始时是暗中支持由美国人华尔(F. T. Ward)领导的雇佣军"洋枪队"与太平军作战;后来由于形势紧迫,便应允与清军共同防御。1862年2月,英法在上海的驻军决定联手共同抗击太平军,共投入约1550人的兵力,装备现代枪炮,并有海军支持。"千岁丸"一行抵达上海时,正是双方激战正酣的时刻。

日本虽然在1858年与西方五国签署了通商条约,开放了横滨(最初称神奈川)、长崎等港口与欧美人通商,1859年西洋人渐次进入,但活动的范围有限,也无军队直接介入日本社会。但"千岁丸"一行在上海目睹的洋人飞扬跋扈和中国人的退让低下景象,让他们甚为惊愕。

高杉晋作在《上海淹留日录》中写道:

中国人尽为外国人之使役。英法之人步行街市,清人皆避旁让道。实上海之地虽属中国,谓英法属地,又可也。①

此去到孔圣庙,庙堂有二,期间空地种草木,结宏颇备,然贼变以来英人居之,变为阵营,庙堂中兵卒枕铳炮卧,观之实不堪慨感也。英人为中国防贼,故中国迁圣孔子像他处,使英人居此云。②

这一状况,在日比野辉宽的《赘肬录》中也得到了印证:

在城区徘徊后访圣庙。步里余,不辨路,乃又向西徘徊至英人馆前。其西北有圣庙。余大疑。英人持短枪守圣庙。……余过儒学门前举目而视,不胜感慨。堂堂圣庙,竟成英人居所,不闻学堂咿唔之声,惟闻军号操兵之音。嗟呼,世变何堪!李鸿章率数万兵访贼于野外。此乃驱狐养虎,何等失策!"

---

① 原文为汉文,《高杉晋作史料》第2卷,第87页。
② 原文为汉文,《高杉晋作史料》第2卷,第89页。

并作诗一首曰:"瘴气蕃烟天地昏,大成殿里虎狼蹲。男儿决呲不堪感,叱咤李鸿万马屯。"①

纳富介次郎的《上海杂记》中记述了这样的情形:

据某人曰,一日在城内徘徊,日暮时分欲归旅馆。此时城门已经关闭,无人来往。法(国)人等见吾为日本人,即开门让通行,土人等见此亦欲乘机通过,不予准许。此时一官人坐轿自外进来,不听法(国)人制止而欲通过,法(国)人大怒,持杖对其连击,使其退回。呜呼,清国之衰弱竟至于此! 能不令人感叹! (据云七处城门,均由英法二夷守卫,晨晚五字闭门)②

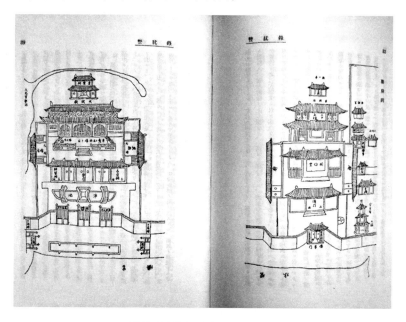

日比野辉宽《赘疣录》中所绘制的孔庙图

---

① 《幕末明治中国見聞録集成》第1卷,第100页。
② 《幕末明治中国見聞録集成》第1卷,第39页。

1862年的日本,大部分地方上的武士对西洋普遍存在着反感,因而有所谓尊王攘夷运动的兴起。"千岁丸"一行中,除了中牟田仓之助等曾在长崎接触过洋学的极少数人之外,大都对西洋人怀有强弱不一的抗拒感:

> 早起下楼,拭面,法(国)人站立于余身旁,口中有声,若在言语。其容貌甚怪异,秃头法衣,其面似鬼。此时张棣香来,余问其此为何人?棣香云,此为法兰西传耶稣教之僧人,在此楼内住宿。余闻此愕然,怒发直竖,双目眦睚,感慨勃勃,仰天长叹!①

日比野辉宽还记述了自己在宏记馆看到西洋人舞会时的感觉:"夜在前馆,传来胡乐和舞踏之声。余在墙隙窥看,其姿容面色,犹如猢狲,实可叱咤。"②

日本在16世纪末的丰臣秀吉时代,为了防止基督教搅乱日本的政治秩序,开始采取了一系列的禁教政策,以至于在1596年底发生了杀害包括日本人在内的26名基督徒的事件。德川家族创建江户幕府之后,禁教措施越发严厉,不仅是传教士,连西班牙、葡萄牙的商人也被赶出列岛,最后又对岛原地区以基督徒为主体的反政府动乱进行严厉镇压,可以说彻底禁绝了基督教在日本的传播和影响。1862年时,西方势力已在日本登陆,但对基督教的封禁政策尚未改变,大多数日本人看见基督教的传教士或教堂,仍然有如临大敌的感觉。上述引录的文字,就说明了这一点。日比野辉宽继续写道:

> 清国已废除对耶稣教的禁止,上海有耶稣堂三所。长毛贼的兴起,与明末倡导大义揭竿而起者不同。唯以邪教来惑溺愚众,遂酿成大乱,灾难波及十省。然为何不禁耶稣教?……(清国)外有

---

① 《幕末明治中国見聞錄集成》第1卷,第74页。
② 《幕末明治中国見聞錄集成》第1卷,第117页。

洋夷猖獗，内有匪贼煽乱，灾害并至。①

纳富介次郎的《上海杂记》中则有这样的记述，某日两名中国书生来宏记馆访问，自己病卧在床，同室的友人与他们笔谈：

> 贵邦行天主耶稣教否？答曰，古时此教曾传来，后我朝视此若仇敌。故至今仍然禁教。书生云，先生尚未见过圣经吧？我等现将圣经带来。言罢即欲呈上此书。我友取过书来翻阅，见是耶稣邪教书，勃然大怒，抛掷一边，双方为之争论，遂将其推出户外。……噫，清国读书人，既已尊奉耶稣教，况一般愚民者乎！②

"千岁丸"的日本人，还考察了上海海关的情形。纳富介次郎记述道：

> 上海海关，为英人所司掌，收取进入黄浦（江）船舶的船税。问为何如此，答曰，二十年前此地初辟为开放港，万国商客云集于此，虽贸易繁盛，洋商欺清人柔弱，不遵清国制令，恣意妄为，无奈之际，清国请英人来收纳海关税。然而前年在天津战争中，清国为英军所败，为签署合约，决定向英国缴纳庞大的赔偿金。自此以后，以上海之税银充作赔偿金，年年为英人所占取。③

西洋势力在上海如此之强盛和猖獗，令"千岁丸"一行感到十分震惊，也大大出乎他们的意料。首先他们看到了西方文明在当时的先进性，黄浦江西岸，帆樯林立，楼厦邻接，租界区域，相对的宽阔、整洁，他们所参观的英军阵营内的阿姆斯特朗大炮，射准的精确、射程的长远，都使他们不敢小觑西方列强。但同时，英法势力对于上海的主宰、霸道和蛮横，也让他们深感丧失主权之后一个

---

① 《幕末明治中国見聞録集成》第1卷，第74—75页。
② 《幕末明治中国見聞録集成》第1卷，第27—28页。
③ 《幕末明治中国見聞録集成》第1卷，第39页。

国家的屈辱和不幸,他们很清楚:"英法等诸国,虽助清国,却是唯利是图之辈,并无真正之仁心,故见当地难民惨状,不啻不予救助,时而还加以凌辱,毫无哀怜之情。"①

日比野辉宽的认识似乎更加深刻:

洋夷(对中国)垂涎已久,彼不惜踏万里波涛而来,岂是为了些许蝇头小利?察其计谋,初以交易和亲之名,租地建屋造城郭,继以钱财怀柔民众,再以虚喝恐吓民众,以邪教鸦片涂塞民众之耳目,摇荡其心旌。这些伎俩已在施行。以此为术,逐渐蚕食其土地,吞并其国家。②

在上海的所见所闻,进一步加深了他们中相当一部分人对于西方列强的警戒之心,甚至是反感和憎恶。继1862年8月萨摩藩武士在神奈川(今横滨)的附近刺杀英国人的生麦事件引发的1863年6月的萨英战争之后,自上海回国的高杉晋作等人积极组建奇兵队,与长州藩的武装一起,在马关主动炮击经过关门海峡的美国商船,企图迫使西方势力退出日本,结果导致了翌年西方四国联合舰队的猛烈反击,马关的炮台等被全部摧毁。这两场战争,均以日本惨败而告终,从此反对西方的日本部分地方势力,不得不改弦更张,原先"尊王攘夷"的大旗上,"攘夷"这两个字被抹去了,日本人开始被迫放低身段,身姿从抵抗转向了师从,奠定了日本近代发展轨迹的基调。这是后话。但是上海之行的印象,对这一行人而言,却是刻骨铭心的。

六、近代日本人中国观的初步形成

在近代之前的江户时代的大部分时期,日本人对中国的认识

---

① 《幕末明治中国見聞錄集成》第11卷,第32页。
② 《幕末明治中国見聞錄集成》第1卷,第109页。

是有些模糊的。1620年前后,日本开始实施严厉的锁国政策,除了早期还曾有朱舜水(1600—1682)和隐元和尚(1592—1673)等极少数有影响的中国人登陆日本,以及有限的中国商船得以进入长崎港指定的区域之外,两百多年中,两国间的人员往来几乎处于完全断绝的状态。不过,18世纪以后兰学开始兴起,西方人通过大航海时代所获得的全球地理知识已经为大部分知识阶层所了解,日本由此获悉中国虽是大国,但并非天下的中心。鸦片战争中国战败的消息,以各种途径,断断续续地传到了日本,原本比较高的中国形象(江户时代,朱子学被列为幕府的官学,儒学的经典为中上层社会普遍阅读),在日本人心目中开始逐渐低落。1857年刊行的《万国一览》,按国家的强弱分别将俄国和英国排在了东西最上位的"大关",而"满清十八省"则被排在了比较下面的表示行将退役的"年寄"一列。但是中国的实况究竟如何,日本人依然是有些云里雾里。"千岁丸"一行在上海的体验和所见所闻,是近代日本人第一次触摸到了一个鲜活的中国,近代日本人的中国观,也就在这一时期初步形成了。

这是一种怎样的中国观呢?简而言之,在这些日本人的眼中,历史上的中国虽然创造出了灿烂的文化,但现实的中国却是千孔百疮,整个社会开始衰败和堕落,数千年的文脉虽然还没有中断,读书人却只是汲汲于科举功名,拘泥于书本纸堆,对于实际的"兵学""海防",对于新知实学,大抵并无兴趣;而一般的民众,则因内乱外患而流离失所,生活困顿,甚至饿殍遍野,陈尸郊外。至少在上海,洋人借着太平军乱,趁势崛起,几乎把控了上海的大半个局面。

清国之病,不独患于心腹,已现于面目而呈于四肢,一指一肤无不疼痛。是故以上海一地而推及十八省,其大概可知也。且观今日之上海形势,内迫于长毛,外受制于洋人,仅局限于城内,而不能施展手足。县城前虽有数千商船云集,景象繁盛,然本国却无法征收税金,利益悉数落入法兰西、英吉利两国囊中。且城门守军不足,守城军务竟赖英法两国。……学堂亦成英人之军营,圣像不知散乱何处,杳无影迹,形势实已衰颓,令人扼腕叹息。①

峰洁甚至狂妄地表示：

兵书云,兵贵于精而不在众。然今之清人,徒以其众多之兵而自夸,却弗知已显衰弱之耻。今至上海兵营而观其状,见其兵卒皆敝衣垢面,徒跣露头,羸弱无力,皆状若乞丐,未见一勇士。若如此,则我一人可敌其五人。若率一万骑兵征彼,则可横扫清国。②

高杉晋作的感觉与峰洁也比较相近：

晓天与中牟田到西门外观中国人练兵。……铳炮尽中国制,而不甚精巧,兵法与器械皆无西洋,唯阵屋用西洋。……中国兵术不能及西洋铳队之坚强可知也。③

这些日本人对当时从上海窥察到的中国,常常使用的一个词是"衰象",在了解了上海海关的情形之后写道："呜呼,清国之衰弱竟至于此,怎不令人悲叹!"④

经过近两个月的察访,高杉晋作在《外情探索录》的"上海总论"里,归纳了自己对上海的认识：

上海位于中国南部海隅僻地,为英夷所掠夺,津港虽繁盛,皆因缘于众多之外国人商馆,城外城里亦多外国人商馆,由此繁盛。观中国人之居所,多贫象,其肮脏不洁难以言状,或一年之中皆居船中,唯富有者在外国人商馆内谋事并居住其中。⑤

---

① 《幕末明治中国見聞錄集成》第11卷,第30页。
② 《幕末明治中国見聞錄集成》第11卷,第30页。
③ 原文为汉文,《高杉晋作史料》第2卷,第90页。
④ 《幕末明治中国見聞錄集成》第1卷,第39页。
⑤ 《高杉晋作史料》第2卷,第120页。

这段文字差不多也是"千岁丸"一行的日本人对上海的通识。"千岁丸"一行有关上海和中国的记述，虽然大都在多年以后才付梓出版，在当时已以各种手抄本的形式广泛流传，这些人回国后，也一定会在各种场合向一般日本人传达他们在上海的见闻和体验，并且会将他们通过上海而形成的对中国的认识传递给各个阶层的日本人，对此后，尤其是明治以后日本人的中国观的形成，无疑产生了一定的影响。后来又有不少日本人通过各种途径，尤其是1875年横滨与上海的定期航班开通以后，不同背景的日本人纷纷来到了上海以及其他地方，这些见闻和体验叠加之后，并通过书籍和报刊传递给了日本的一般民众，最终在朝野逐渐形成了近代日本人对中国的认知，而其端倪，就是"千岁丸"一行所开启的。

此后的1864年3月至5月（元治元年二月至四月），幕府又派遣官府商船"健顺丸"航行上海，目的依然是贸易和实地调查。这次航行留下的记录仅有一份幕吏的上海视察复命书《黄浦志》，从文献的种类以及文字的量而言，远逊于"千岁丸"之行，但依然留下了有关上海的珍贵记述：

二月二十九日（旧历，下同），（部分人）下榻于旅亭（原注：即阿斯托尔宾馆。引译者注：英文名为Astor House Hotel，中译礼查饭店，后改名浦江饭店，现为上海证券交易博物馆），此上海第一旅亭。其西有新大桥（后被拆除，1907年在原址建现今的外白渡桥——引译者注），乃西人所设，须投钱十五文方可过桥。……三月朔日，有旅亭小童，约五六岁，导引我等至街头，途中若遇中国人，小童斥骂，皆纷纷避走。中国人竟如此恐惧西人。……三日，至道台馆舍，馆设在城内，抵达后应宝寺（原注：即道台）亲自出迎，引入客室，对话间小吏站立左右，喋喋杂谈，似不知礼。……九日，城内散步，城内街道狭窄，难容两人并行。人家重密，苍生数百，杂沓踩躏。……廿一日，在中国人街散步，道路观者如云，道路

47

英国番兵以鞭笞驱散,已而又云集,犹如蚊蚋之趋于残肴。……四月一日,观中国剧场(原注:剧场名回美园),与我国歌舞戏略同。场中点五色灯火,客座又点红蜡烛,或五人,或十人,登场,或悲,或骂,或哭,或怒,其形状实令人绝倒,然其衣裳器物颇美丽。①

在日记体的《黄浦志》之后,还附有一份"见闻书",对上海有简略的概述。现译述其大要如下:

上海江(应为黄浦江——引者)与洋子江(应写作扬子江)源流相异,在吴淞(原文汉字为"胡桑村",但据其汉字旁所注的读音假名,应读作 Wu-song,故翻译为"吴淞"——引译者注)合流。吴淞有法国人阵营及炮台。上海乃外国船辐辏之地,多外国居留人,当今停泊的外国大船百余艘,常滞留于此,六七年前不过五六十艘左右,年年船数大增。上海港于西历一八五零年左右外国人开始来此居住,一八五二年开始渐趋隆盛。奉行(幕府的官名——引者)称道台,管辖一州一府,居住于上海城中,此上为抚台,州府十个为一省,由总督管治。上海城有外濠,积瓦垒土筑成城廓,八方有门可通行,城廓内广约四五町(1 町约 100 公亩——引者),内有繁盛街市,有法国军营,常驻兵卒,道路皆狭隘。城外中国商店亦鳞次栉比,其中大商有十四五家。房屋皆为两层,楼下为商店,楼上居住。其中三层楼房亦有七八家,此为妓楼茶店料理店。②

此外还有较为详尽的有关通货、物产、关税等的介绍,这些有关上海的记叙虽有少许舛误,但较之"千岁丸"一行的记述,有较

---

① 此报告的手稿本藏于东京帝国图书馆(现演变为国会图书馆),后被语言学家、文献学家新村出所发现,将其整理并稍加注释刊发于长崎高等商业学校编辑出版的《商業與經濟》第五年第二册(1925 年 2 月)上,另取名为《元治元年に於ける幕吏の上海視察記》,本书的引文载该杂志,第 133—142 页。
② 《商業與經濟》第五年第二册(1925 年 2 月)上,第 149—150 页。

大的补足,在某些领域也更为详尽,对上海的认识,似也更加全面。

以后在幕府时代,还有1865年4—5月的"北京号"(英国邮船)和1867年2—3月的"恒河号"(英国轮船)的两次上海之行,但人员规模要小得多,只是派使者搭船来上海购买船只武器,之后似乎没有留下什么重要的文献,至少笔者迄今尚未发现,也不详一行对于上海的认识如何。

岸田吟香《吴淞日记》中所描述的上海

一、岸田吟香其人

岸田吟香(1833—1905)大概是最早在上海有过长期居住经历的日本人,他同时也可谓是近代日本的一个弄潮儿,昭和前期的日本舆论界对他的评价是:"福泽谕吉向国人介绍了西洋的概况,力主打破旧传统和旧事物,而岸田吟香则是消化了西洋的事物直接将其移植到我国的功臣。"① 同时,他也是早期与中国关系最为深切的近代日本人之一,自1866年至1889年,断断续续在上海居住了将近5年,是这一时期在中国居住最久的日本人之一,他的一部《吴淞日记》,可谓是近代日本民间人士对上海最早的记录。

岸田吟香出生于冈山县的乡村,自幼头脑聪颖,胸怀抱负,4岁可背诵唐诗选,5岁跟从家乡宝寿寺的住持习字,14岁出外学习汉学和剑道,1852年19岁的他前往当时的政治中心江户(今东京),一度曾入日本最高的学府、以朱子学为正学的昌平黉继续深造,也曾拜在大阪著名的绪方洪庵门下(福泽谕吉也曾在此求过学)学过"兰学",但一路在事业上屡遭颠仆,曾当过青楼的掌柜。

1863年,因患眼疾而结识居住在横滨的美国传教士、医学出身的赫本(J. C. Hepbern, 1815—1911),这对岸田吟香的人生而言

---

① 对支功劳者伝記編纂会《対支回顧録(下)》,東京,東亞同文会,1936年,第2页。

是一个重要的转折点。赫本给岸田吟香的感觉是"道德高尚、蔼然有君子之风,令我深感敬慕"①。而赫本对岸田吟香的印象是"他书法甚佳,汉学又好,是一个很风趣的人"②。赫本不仅治愈了岸田吟香的眼疾,而且两人甚为投缘。岸田吟香在赫本的宅邸认识了曾在美国待过多年的贸易商人浜田彦藏(1837—1897),便跟从他学习英文。1864年5月,岸田吟香与浜田彦藏一起创办了日本最早的民间报纸《新闻纸》(后改为《海外新闻》),岸田吟香也因此被认为是日本民间报纸的创始人之一,岸田吟香此后的人生,有相当一部分与报业相关。

其时赫本正在编纂和英·英和辞书,觉得精通语言音韵、有良好的汉学素养、又熟悉日本各阶层生活的岸田吟香是最佳的助手,便请岸田吟香一起参与。当时日本还没有假名的活字印刷技术,赫本计划去西洋文明进入比日本早的上海印制。他请岸田吟香一同前往上海。于是在庆应二年(1866)9月10日,岸田吟香与赫本夫妇一起坐船从横滨出发,15日抵达上海。词典的印制业务交给了美国长老会经营的美华书馆。岸田吟香等人来到上海时,书馆设在小东门外。岸田吟香在上海居住了将近8个月,翌年5月回到日本。幕府末年在中国有如此长时期居住体验的日本人是十分鲜见的。

由于江户时代的长期闭关锁国政策,当时日本国内完全没有轮船制造技术和设备,岸田吟香看到了轮船对今后日本的重要性,于是在明治元年(1868)启程去上海购买轮船,待了两个月后,空手而归。不过,他已经在上海感觉到了国际贸易的新气象,于当年5月向明治政府提出贸易兴国的意见书,尤其强调与邻邦的中国特别是上海展开贸易。期间他还尝试了制冰和销售、石油开采、古

---

① 岸田吟香《精錡水功驗書》,東京,樂善堂,1875年。
② 《大阪每日新聞》,1908年11月21日。

岸田吟香在上海经营的乐善堂

董杂货铺的开设等生意,均未获得成功。1874年4月,日本政府以琉球渔民遭到台湾土著居民的残杀为借口,出兵台湾,岸田吟香作为《东京日日新闻》的记者前往台湾,发回了许多随军报道,一时名声大噪,并因此而担任过该报的总编辑。1875年5月,岸田吟香与明治时期著名的启蒙思想家中村正直等一起组织了具有慈善性质的"乐善会",并利用自己从赫本那儿学到的知识,成功地研制出了治疗眼疾的"精锜水",通过报纸书刊对外宣传,还在东京银座开设了以销售"精锜水"为主的"乐善堂"。1880年,岸田吟香第三次来到上海,在当时公共租界内的工部局对面的河南路上开设了"乐善堂支店",以后来往于上海和日本两地,在上海总共居住了约5年。

二、关于《吴淞日记》的文本

《吴淞日记》是岸田吟香第一次来上海的时候,即 1866 年 9 月至 1867 年 5 月期间,在上海的寓所内所写的日记。据其自云,居住在"虹口汤先生家里",具体住址不详,根据日记所载的自住所至老城的行经路线,似在今吴淞路长治路附近。吴淞路辟筑于 1856 年,岸田吟香抵沪时已有此路,他将日记取名为"吴淞日记",应该与所居住的吴淞路有关。日记原本有几册,暂不可考,现在留存的有第二册至第六册,第一册已经亡佚。原稿是手写稿,岸田吟香生前未有刊行。目前笔者所见到的是第二册、第三册和第五册、第六册,经日本学者圆地与四松(1895—1972)整理,分别发表在《社会及国家》杂志的第 185 号至第 200 号(1931 年 8 月至 1932 年 11 月)上。第二册的起讫日期为庆应二年(同治五年)丙寅十二月朔日至三十日(1867 年 1 月 6 日至 2 月 4 日),第三册的起讫日期为庆应三年(同治六年)丁卯正月元日至二月五日(1867 年 2 月 5 日至 3 月 10 日),第五册的起讫日期为同年三月一日至廿九日(4 月 5 日至 5 月 3 日),第六册的起讫日期为同年四月一日至三日(5 月 4 日至 6 日)。

日记用毛笔书写,其总封面用日语假名写有"唐土产",并钤有"吟次"的印章,里侧的每一页均写有"吴淞日记"。不过作者的署名有些不同,第一册在右侧书有"墨江岸樱著","墨江"是江户河流隅田川的别称,岸田吟香名号由来的妓馆即开设在那一带,作家永井荷风于 1937 年发表的长篇小说《墨东绮谭》中的"墨东",即有隅田川东岸的意思。"岸"应该取自其姓"岸田",但岸田吟香在上海期间对中国人称其姓名为"岸吟香"或"岸国华"甚至是"岸樱",书画的落款也常用"岸樱"。"墨江岸樱"的整体意思也许可理解为墨江岸边的樱花吧。自第三册开始右侧的"墨江岸樱著"改为"东洋先生著",这大概是因为上海的中国人一般称日本人为"东洋人",因而也称岸田吟香为"东洋先生"的缘故吧。左下部位的落款为"吟香题"。

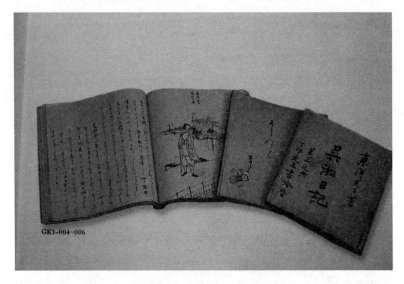

岸田吟香《吴淞日记》

因岸田吟香擅长书画,日记内往往会有几幅自画的水墨画,比如在第二册内有"吟香先生寓馆房子内之图",屋内有中国式寝床、桌椅、几案、案上的供花以及一幅花卉挂轴。

日记用日语口语体记录,多用假名,少有汉字,且悉用当时的假名表示法,颇不易辨读。外国国名及人名、地名亦用平假名(明治中期开始一般都用片假名),间或也有笔谈的汉文夹于其中。就研究近代早期日本人对上海和中国的认识而言,这部日记是一部相当珍贵的文献。

三、《吴淞日记》中对上海的记述

岸田吟香在上海的第一次逗留时间自 1866 年 9 月 15 日至 1867 年 5 月 1 日,共 7 个半月。这一时期长期居住在上海的日本人,几乎没有。日本1630年前后开始实行的锁国政策解体之后,最早来到上海(或者说中国)的日本人是1862年的官船"千岁丸"一行,留下了《游清五录》《上海杂记》等最早的一批文献(这些文献的刊行也是在几十年之后)。相对而言,这些文献官方考察的痕迹更深。而岸田吟香的《吴淞日记》,则纯然是民间人士的私人日记,相比较而言,内容也更为真实。因日记第一册已经散佚,登陆之初他对上海的印象如何已不可知。据岸田吟香在日记中的手绘图,住处为江南常见的两层楼的粉墙黛瓦建筑,有一院子,植有树木若干,有竹篱与外界相隔,屋外不远处即是郊野。第二册的日记,起自1867年的农历元旦,此前经历不详。从第二册开始的日记来看,岸田吟香交友甚广,有姓名记载的约有四十几人,七成为中国人,三成为来上海的日本人,中国人中多为文人墨客,间或也有商人。他对当地的中国人自称:"卑姓岸,名樱,字国华,别号吟香。"①中国人对其大抵称"国华先生""吟香先生"。彼此交往,因言语不通,除即时的动作手势外,主要通过笔谈。江户乃至明治中期受过教育的日本人,大抵可以阅读和书写汉文。

  《吴淞日记》中对上海的记述,大致有在当时上海人的衣食生活、上海人的新年和婚嫁习俗、以城隍庙为中心的老城区景象、中国戏曲、中国的文字学问等几个方面,从岸田吟香的记述中,可以察见一个正处于变动期的日本文化人对中国的认识和评价。以下的引文,均出自日文原文,原文用接近口语体的日文撰写,译文也用现代文体。

1. 上海人的衣食生活

  岸田吟香在上海看到了一个令他有些惊讶的现象,那就是妇

---

① 《吴淞日记》第五册(中),载东京《社会及国家》杂志第198期,第98页。以下引文仅标示日记第几册。

女的缠足:"女子最重要的脚有些奇怪。总的来说,女子的脚从小就被绑起来不让它长大。城里的女子都是行走有障碍的人。农家的妇女好像不是这样。女子走路都是有点弓着腰,脚一点点向前伸出去,看上去很疼的,样子很难看。农家的妇女好像不缠足。"[①]西方的传教士,出于人道的视角,对中国女子的缠足,早有批判,缠足的陋习,也从未被日本人接受,岸田吟香的记述,也明显的含有批判之意。其时正值隆冬,"不管是男的还是女的,都穿着厚厚的棉衣,看上去臃肿厚重。女的很多都把手揣在怀里,我觉得很不雅"。有中国人看他的衣服里面没有棉花,就反复地摸着他的和服问道"冷吗",还在纸上写道"东洋棉花无有否",岸田吟香赶紧答道"有有",还有人表示此前所见的日本人都穿着和英国人一样的衣服,"阁下独大领阔袖,弟所未见",于是疑惑地问道:"未知阁下所披是贵国之服否?"[②]由此可知中日两国因中国的海禁和日本的锁国政策,除一小部分中国商人被允准在长崎一隅做贸易外,彼此人员来往隔绝数百年,互相的隔膜不可谓不深。

在饮食方面,岸田吟香专门请了一名中国厨子,除了有时对日本食物表现出怀念外,他还比较喜欢中国饮食。日本自8世纪以后,因历代信佛的天皇颁布禁令,大部分日本人已与肉食无缘,但岸田吟香等在海外的日本人对肉食似乎毫无抵触,他常被中国人邀至家中参加宴饮,旧历三月十七日晚,中国友人带他到老城内的"新新楼"吃饭,"相当不错的酒楼。外观看上去也不起眼,但二楼十分宽敞,我们被带到里侧南面的房间。……上菜的顺序与别处也大致相同。开始时台子上放着堆得很高的水果和各色小菜,把盏喝酒后,不断上来了鱼、鸡、猪肉等各种菜肴,最后上的是没有馅

---

① 《吴淞日记》第三册(上)。
② 《吴淞日记》第二册(中)。

儿的馒头,用手取来夹上煮熟的猪肉一起吃"①。

从上述的叙述来看,他对中国的饮食显然颇为享受。

《吴淞日记》第五册

2. 上海人的新年和婚嫁习俗

岸田吟香初来中国,恰好在上海度过了新年。1887年的旧历正月元日上午,岸田吟香先到小东门外的美华书馆,那里已经集聚了二十来位熟人,开始了年初的酒宴,随后又与中国友人去访友,吃了酒饭后又一同去游城隍庙。

不管走到哪里,都是一片爆竹声,喧嚣不已。大家将笔管粗细的竹子切成一寸五分长短,往里填塞焰硝,口边装上引线,外面用红纸包裹起来。可以一个个燃放,也有的将一百或两百个整齐地码放在箱子里。一起燃放的话,就会连续爆响。……今天是正月元日,家家户户都休息了,但也有几家开着门,在做着生意。看见

---

① 《吴淞日记》第五册(上)。

几处正在卖年画,显然这也是新年的畅销货。不时地可看到从关着的门户的圆洞口伸出一个黄铜做的吹响器(应是唢呐吧),样子像糖果店的喇叭,声音很怪,像是鹤的叫声。此外,有的人家只是在不知所以地敲锣打鼓、击掌。每户人家都传出了开心的笑声,好像是在饮酒吧。只是没见到有日本那样的弹着三味线、吟咏诗歌的人家。不过不时也可见到姑娘们一边弹着琵琶、三弦,一边开心地交谈着。新年的拜年仪式,大家都是拿着自己的名片在走家串户,在红纸上写上自己的名字,手里拿着一百来张,递上这样的红纸,彼此鞠躬作揖,口里说着恭喜恭喜。进入人家屋内,可见和日本的案几一样的器具,在圆盘内盛放着橘子、栗子、柿子干、豆子、桂圆、橄榄、瓜子、慈姑等,整齐漂亮地排放着。另外在台子上也会摆放三样左右,入座后就会敬茶,拿起橘子等请你吃。另外,还有供品,也就是年糕。在中国也有不少制作年糕的店铺,跟日本一样,可见到捣年糕的景象。年糕就像日本的糕团一般。①

新年燃放爆竹,是东瀛所没有的,过年的景象也大不相同,但用年糕作祭供,倒是共同的习俗,多半是中国传入的吧。

旧历十二月十六日,一位中国友人结亲,岸田吟香也参与了此事。

早上来了十四五个乐人演奏音乐,既显得有些好玩,又有些滑稽,还相当吵闹,让人不知所以。乐曲和唱曲都相当冗长。新娘子乘坐的轿子相当漂亮。新娘子头上所戴的凤冠,也是既漂亮,又滑稽,妙物也。新娘子的装扮也是既漂亮又滑稽。其他女子的扮相,也是既漂亮又滑稽。新娘子的伴娘以及妆奁,也显得有些奇怪。此外,结婚的礼仪和酒宴,也是既美味,又好笑,奇妙的,怪怪的,很

---

① 《吴淞日记》第三册(上)。

好玩。①

岸田吟香也被邀去吃了几回喜酒,有一次是午饭:

一个大房间里放着三张台子,一张台子坐着四五个人在喝酒。一开始台子上放上了做成蜜饯的梅子枣子,西瓜子,剥了皮的橘子,杏仁,花生,苹果羹。开始喝酒时,就换上了不同的菜肴,都装在大碗中,有全鸭,汤羹类很多。每个人面前都放了筷子和调羹,各自夹取食物。但喝酒时,还有一个繁琐的做法,或者是礼节吧,都用自己的筷子为别人夹菜,直接放在台子上,而且还都用自己的筷子,应该是不礼貌的,但大家都把这看作是礼貌。②

传统日本人的用餐,都是分食制,中国人的餐饮之法,难免令他觉得隔阂。岸田吟香经历的婚宴,自然是上海中户人家以上的场面,与日本婚礼的庄严甚至肃穆的气氛相比,他感到中国这边的婚庆场景比较喧阗吵闹,且中国的婚嫁习俗他还是初次经历,自然觉得颇为好玩和滑稽,甚至还感到有些怪异。由此可知,时至19世纪中叶,中日两国虽然共同使用汉字,汉文也大致可通,可彼此的文化内涵其实已经发生了相当的变异。

3. 以城隍庙为中心的上海老城区景象

令人稍稍有些惊讶的是,《吴淞日记》中极少提及外国势力或西洋文明的存在。日记中展现的,基本上都是中国人的世界。岸田吟香几乎天天自苏州河北面到上海老城来,从位于现在四川南路人民路口的新北门进入老城。他常去光顾的,不是书画铺,就是曹素功一类的笔墨庄,间或也去骨董铺或杂货店。日记中记录了岸田吟香与中国友人一同在大年初一游城隍庙的感觉:

---

① 《吴淞日记》第二册(中)。
② 《吴淞日记》第二册(中)。

此庙只有每月正朔两日对外开放。门上有额,篆书也。写着什么不记得了。进门向左,有一个用各种青白色的太湖石垒起来的假山,有池水。我们从假山下迂回穿行,颇有趣。已而穿过小桥,从竹丛处向右拐,有一个十多米的长廊,墙上画有松江图,应是相当高明的山水画家的作品。穿过一个小门,可见到处都是石碑,应该时常有人来做拓本,都黑黑的了。又走出一个门,向右行,去攀登假山。山都是用太湖石垒筑起来的。山上有一亭,上有匾额,两边有楹联,桌前有两个凳子。游人甚众。亭前有一石,敲击时会发出钟一般的响声,俗称钟山石。我用手杖击打,发出铮铮的声音,而再敲打别的石头,则闷闷的没有回声。……下山后,来到庙后面,又进一门,仰视,又见一山,以江户来比喻的话,就像浅草的真土山。乃是假山。下有一池塘。过桥登的一座山筑法甚妙,迂曲向上,登上山顶,在此小憩,向四周眺望,景色甚佳,可望见城外的山林江水(应是望江亭)。……出门又来到庙后,然后穿过时常穿行的弯弯曲曲的桥(应是九曲桥),至湖心亭,登楼吃茶。我甚爱此茶楼,可一眺周边的远景。且此地的茶器、椅子、台子等器具也相当不俗。悬灯尤为精致。屋内的书画也颇可一观。字是谁写的已不记得,画是竹孙的墨竹。匾上书有隶书的"湖心亭"三字,忘记谁写的了。墙上挂有山水古画,应是元人的作品吧。两边的楹联上写着:"四面峰回路转,是西湖或是南湖。一亭明月清风,在水上如在天上。"①

　　这大概是日本人对城隍庙一带最早的详细描述了("千岁丸"一行也有对上海老城的记述,但几乎未涉及城隍庙和豫园)。1862年6月至7月间"千岁丸"一行訾议甚多的上海老城的污浊杂乱,在岸田吟香的记述中也没有显现,大概那是太平军进攻时的一时景象;

---

① 《吴淞日记》第三册(上)。

岸田吟香来上海时,战火已平息,战乱也消弭了吧。岸田吟香的记述,只是客观的描写,但可清晰地感觉到他对这里风物的欣赏。

4. 在上海所体现的中国的文字学问

虽然岸田吟香本人在中国的诗文书画上造诣很深,也因此而受到周边中国人的赞叹和尊敬,但其实已经接触过西学、读过《博物新编》和《地球略说》等新书、且受到江户后期佐久间象山(1811—1864)等人实学思想影响的岸田吟香,已对沉湎于吟诗作文或考据之学的中国旧式学问颇为不满,甚至对于汉字也颇多批判。他觉得要写给中国人看,那自然只能写汉字,但日本人之间用汉字写汉文,却完全没有必要,因为日本人还要倒过来训读,费时费力,且对促进脑力开发,毫无帮助。日本人应该多用假名(所以《吴淞日记》尽量少用汉字)。中国的《康熙字典》,收录的汉字多达数万字,而发音就那么一些,同音字不知有多少。"倒是日本的文字,才五十个字,加上浊音,也就七十个字,几乎可以表达天地间所有的事物。日本的文字要方便多了。区区五十个字就囊括了所有的事物,这要比中国人聪明多了。中国的文字字数又多,又难写,实在是迂腐得很。"而且,"中国的那些学者,那些家伙所写出来的东西,大抵都是些没用的书籍。有实用价值的东西,不到十分之一。……所谓汉学,你只要仔细想一下,就会明白大多都是白费心血。也就是说,中国的学问大都是些废物。那些自古以来被奉若神明的,不管是唐代的李白、杜甫,还是宋代的苏东坡等,一辈子都没有写出什么实际有用的东西就死了。……更不用说近来的那些中国先生,他们所写的东西,没有一样是有用的"。像《剪灯新话》《聊斋志异》《耳食录》《山海经》《搜神记》等,都是些神仙鬼怪的故事,这一类的小说,"作为消遣,也不妨可以一读,但不必劳心费神去创作"①。

---

① 以上引文均见《吴淞日记》第二册(上)。

岸田吟香对中国文字学问的批判，主要是从实学即实际的使用价值的角度出发的，他还没有对中国思想尤其是儒家思想本身进行批判；而后汲取了西洋近代思想的福泽谕吉（1835—1901），则以儒家思想为批判的靶的，来企图全面否定落后于近代文明的中国。由此可知，这样的思想，在幕末和明治前期的日本，其实已经形成了一个绵长的脉络。

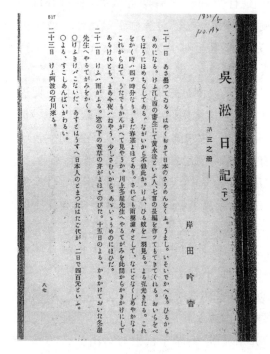

发表在1932年日本《社会及国家》杂志上的《吴淞日记》

5. 对中国旧习俗的反感和批判

《吴淞日记》中还随处可见对中国有些陋习的反感。在1867年三月二十二日的日记中，他将对中国反感的现象归结为如下几项："在中国觉得最不可理解是女子缠足，其次是男子头上留长辫，其次是抽鸦片,其次是鞋子的前头往上翘,其次是留长指甲。"[1]他还对在庙中见到的烧纸钱现象进行了抨击:"这种纸钱是很荒唐的东西。中国实在也是个荒唐的国家。烧纸钱这种荒唐事,恐怕会长久持续下去。……这种纸钱好像卖的不错,到处都有卖。"[2]有些中国人住所的粗陋也使他感到惊讶和反感。有一个名曰怀卿的画师,寄居在三皇庙后面的一间小室,"脏得出奇,床帐也好,被褥也好,都已经污垢满布,也不叠好。床下有个夜壶。门上破损的地方,就胡乱挂一块麻布遮挡一下。无论画画得多好,住的地方那么脏还是令人讨厌"[3]。岸田吟香自己的居所,一直打扫得很干净,日记中时常可见清扫的记录。

　　受西洋近代知识的启蒙,幕末的日本人对中国其实已经摆脱或改变了仰视的姿态。在上海实地居住了七个月的岸田吟香,在归国前夕,对中国的评价也越来越负面:"中国的食物不佳,人民不懂礼节,臭气,脏乱,实在令人无语。还是早点回去。若是英国的伦敦,法国的巴黎,美国的纽约,一定会干净整洁吧。当然我也并非很讨厌中国,但对中国真的已经厌倦了。确实,常被称之为中国,上国已经排不上了,不过也不至于是下国吧。听说非洲、天竺(印度)、马达加斯加、澳大利亚等是下国。之前曾我(岸田吟香的日本友人——引译者注)曾到天竺待了很长一段时间,说了那里很多的风俗,那真的是下国呢。"[4]这段话差不多是岸田吟香对上海七个月体验的一个总结。

　　不过,岸田吟香是一个很世故的人,他在1867年年初与张斯桂(后来出任中国驻日本公使馆的第一任副使)笔谈时,张对自己的国家用了"中国"一词,岸田吟香问道:"中国是贵国之别名否?"

---

[1] 《吴淞日记》第五册(下)。
[2] 《吴淞日记》第五册(上)。
[3] 《吴淞日记》第三册(下)。
[4] 《吴淞日记》第五册(中)。

张答道:"是对外说耳。"岸田吟香对应道:"然则贵国自称之语耳,似未可对外国人说。"张喝茶而不答。岸田吟香继续写道:"亦曾闻一说于泰西人,曰凡地球上所有之国,分作三等,有上国,有下国。若贵国,版图广大,文物尽备,宜作上国。而自居中等,盖似谦虚自守也。"[1]而在他的内心,中国也实在只是个"中国"而已,这与《万国一览》中的认识大抵一致。

既有汉诗文良好造诣,又初识西洋文明的岸田吟香,在上海初次居住的七个月中,一方面感受到了源于同文(汉字汉文)的一点亲切和温暖,另一方面却也敏锐觉察到了中国与日本在近代渐行渐远的距离,他以日本文化和西洋文明为参照系,在《吴淞日记》中表现出了对中国文明平视和俯视多于仰视的姿态,而这一姿态正是尔后日本人对近代中国的基本姿态。从"千岁丸"一行留下的文献和《吴淞日记》中可以获知,近代日本人对现实中国的这一姿态,并非始于甲午一战,在江户中期至少在近代早期的岸田吟香等人身上,可以清晰地察见到其基本的脉络。

自初访至1889年,岸田吟香总共来过上海八次,在上海共居住了五年左右,是近代日本亚洲主义思想的倡导者和亚洲主义实践的推动者。岸田吟香对华言行的复杂性,正说明了亚洲主义本身的复杂性。

---

[1] 《吴淞日记》第二册(上),原文为汉文。

明治前半期日本人在上海的游历和书写

这里的明治前半期,主要指19世纪70年代至80年代。

1868年明治新政府建立以后,积极推行"殖产兴业""富国强兵"的政策,力图将触角伸向海外。1875年2月,在此前已有英国和美国开设航线的情形下,明治政府下令三菱汽船会社开设了上海至横滨间的定期航路,一年多之后,其以低廉的票价击垮了英美两家轮船公司,垄断了日本各港口至上海的航线,来往于各地与上海的日本人也因此逐年增加,并出现了在上海定居的日本人。据公共租界工部局的调查统计,1870年在公共租界内居住的日本人有7人,1875年增至45人,1880年又增至168人,1885年猛增至595人①。有关上海的信息,也以各种方式传递到了日本。

对于这一时期的日本人而言,上海的两个意义正在逐渐凸显。一是日本国内主张中日联手振兴东亚的兴亚派,试图以上海作为前沿阵地,扩展日本在中国的影响力;二是上海作为重要商港的价值正在被日本人所认识,试图以上海作为主要的通商口岸,通过贸易来增强日本的国力。

1884年8月,早期具有自由民权思想的九州改进党主要人物日下部正一(1851—1913)等决定在上海设立一所东洋学馆,这是日本有史以来在海外设立的第一所学校,其设立的目的,在其"趣

---

① 据 Annual Repot of the Shanghai Municipal Council(《上海工部局年报》),1925年,第176页。

旨书"中有如下的表述：

> 欲保全我国永久独立之体面，须细加考量东洋政策之得失与否。盖东洋之神髓，在于清国之头上，其与我国之关系，可谓辅车相依，唇齿相保。……然如此邻近之清国，所闻可谓寥寥，此洵一大欠缺。我辈首先须通晓清国之政治人情风俗言语，方可知活动神髓手足之妙。由此，在此设置一大学校，培养大成有为人士，以达长江一浮千里进、力挽东洋之衰运之理想。①

这所学校后来设立在上海虹口乍浦路第23号馆。至于为什么要选择在上海建立这样一所学校，在"趣旨书"中作了如此的解释：

> 清国上海，乃东洋之咽喉，金穀辐辏之所，人才荟萃之地，与我国并非远隔，一棹易至。在此置校舍，江湖同感之士来此学习，是乃真正报国之本。②

经过20余年不算很密切的交往，日本人对上海已有了如此的认识。

后来抵达上海办学的大内义映等获悉，上海本地人对"东洋"的理解只是指日本，并无日语中的东亚之意，于是在同年11月初，将"东洋学馆"名称改为"东亚学校"，不久又改为"亚细亚学馆"，开设的课程主要有"清学"（中国语文和古典）、"英学"（英语和数学）和世界历史等。其所开设的课程，也很可看出上海在日本人心目中的独特性，不只是在上海学习了解中国，还试图借助上海这一西洋的窗口，来掌握英文和现代理化知识。后因经营困难等种种原因，一年之后的1885年9月，学校被迫关闭。

这一时期来上海的日本人中，以汉学家著称的冈千仞（1833—1914）用汉文撰写的《观光纪游》无疑是值得留意的文献。

---

① 《東洋学館趣旨書》，收录于《東洋学館設立一件》，东京外交资料馆所藏。
② 《東洋学館趣旨書》，收录于《東洋学館設立一件》。

冈千仞《观光纪游》

冈千仞出生于仙台藩，7岁入藩校养贤堂学习，成为舍长，20岁时前往江户，在幕府创办的最高学府昌平簧学习儒学，师从佐藤一斋等大儒，奠定了厚实的汉学修养。但他同时也留意新学问，读了福泽谕吉撰写的《英国议事院谈》后，建议开设仙台藩议事局。明治政府成立后，被任命为太政官修史局协修、东京书籍馆干事，负责汉籍的整理。后在1881年辞去官职，在老家芝爱宕下的原仙台藩邸开设了汉学塾"绥猷堂"，培育英才，后来成为明治后期著名小说家的尾崎红叶、诗人北村透谷以及著名的社会主义者片山潜等都曾拜在他的门下。他于1884年6月5日抵达上海，在上海盘桓将近两个月，留下了《航沪日记》和《沪上日记》，此外还游历了苏杭、京津、粤港一带，共历时近一年。

冈千仞虽是习修汉文儒学出身，却具有世界眼光，留意海外风云,曾与人合作编译了《美利坚志》和《法兰西志》,因此他对上海的观察,比较深刻犀利,感悟也胜常人一筹。他对中国的称谓,多称"中土",称中国人为"中人",不用"支那"或"支那人",也不用"清国"或"清国人"。对于西洋诸国,他从未使用"夷"或"虏",一般称"西洋""西人"等,完全洗去了"千岁丸"时代日本人对西洋的鄙视和厌恶,相反,文辞中充满了景仰和赞美。他在《航沪日记》的小引中说:"上海为古沪渎,……今多单称曰沪。道光廿二年始许欧人纳租居市。西连长江,负苏杭,东南控闽越,万舰旁午,百货辐辏,为东洋各埠第一。"①

冈千仞游历上海时,与高杉晋作等的上海之行已相距20余年,太平军之乱早已平息,租界建设可谓日新月异,华埠市面也较前繁荣:

> 出观市街。分为三界,曰法租界、英租界、米租界。每界三国置警署,逻卒巡街警察。沿岸大路,各国公署、轮船公司、欧米银行、会议堂、海关税务署,架楼三四层,宏丽无比。街柱接二线,一为电信线,一为电灯线。瓦斯灯、自来水道,皆铁为之。马车洋制,人车东制。有一轮车,载二人自后推之。大道五条,称马路。中土市街,不容马车,唯租界康衢四通,可行马车,故有此称。市街间大路,概皆中土商店,隆栋曲梲,丹碧焕发,百货标榜,灿烂炫目。人马络绎,昼夜喧阗。②

在1884年冈千仞的记述中,已明确出现了"租界"一词。"千岁丸"一行的旅行录中,似乎那时"租界"一词尚未诞生,或是尚未广泛使用,对这一区域的称谓并无固定,有称"居留所",有称"夷

---

① 《観光紀游》,原文为汉文,无现代标点,1892年再版于东京,以复刻本的形式收录于小島晋治监修《幕末明治中国見聞録集成》第20卷,ゆまに書房,1998年,第23页。
② 《観光紀游》,收录于《幕末明治中国見聞録集成》第20卷,第30—31页。

场"。但此时,"租界"一词已为日本人所接受,并在后来引入了日文词汇中,主要指中国的外国租界,因日本本土并无租界,在日本很少使用。

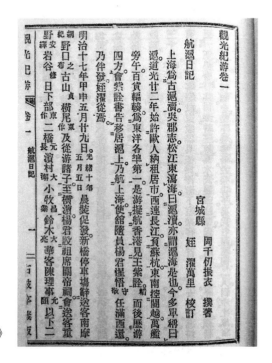

冈千仞《航沪日记》

租界虽然繁华,而上海旧城内的景象似乎并无根本的改观:

观城内。从小东门而入,市廛杂沓,街衢狭隘,秽气郁攸,恶臭扑鼻。得城隍庙,门画人物,庙列塑像,香火熏灼。庙背东园,广数十亩,池水环流。一楼曰湖心亭,石桥盘曲,曰九曲桥。池上列肆,鬻书画笔墨、古器物,稍有雅致。唯不栽一卉木,无些幽趣。①

这里所说的"庙背东园",应该是今天通称的"豫园"吧。

---

① 《观光纪游》,收录于《幕末明治中国见闻录集成》第20卷,第34页。

冈千仞1884年来上海时,外滩公园已经建成,《沪上日记》中有如下记述:

> 夜与二宫信步公园,园为洋人游步而设者。大江当前,坡陀迤丽,花卉斑斓,为胜游之地。门置警卒,以中人垢污,大损园观,禁入观。是夜洋人奏乐……①

与冈千仞交往的居住在上海的文人或官吏,虽也长于诗文,不乏才气纵横者,但多有吸食鸦片的陋习,且对外部世界,大多迷糊懵懂,科举一途,扼杀了士人的真才实学,冈千仞对此痛惜不已。

井上陈政《禹域通纂》

以上引述的,多为日本人来上海的踏访记或考察录,直观的描述比较多。1888年出现了一部由日本大藏省刊行、井上陈政(1862—1900)撰写的《禹域通纂》,这可以说是近代日本研究中国的第一部综合性专著。出生于江户的井上陈政,少年时只是大藏

---

① 《観光紀游》,收录于《幕末明治中国見聞録集成》第20卷,第115—116页。

省造币局制版部的一名幼年三等技生,后在局内开设的教育机构——幼年技生学场中崭露头角,考试成绩屡屡获得满分,频频受到奖赏,尤其是其出色的汉学水准更获大力赞赏。1878年10月,他获得了"汉学专门修业"的调令,让他进入中国驻日本公使馆驻地跟从何如璋公使、参赞黄遵宪等潜心修习汉学和语言,历时四年。这是他人生的一个转折点,也是他与中国正式结缘的一个始发站。1882年3月,首任中国驻日本公使的何如璋期满归国,陈政随其来中国游学。他在中国前后总共6年,不仅阅读各类典籍书志,且南起广东,北至直隶北京,东起上海江苏,西及山西陕西,足迹遍布大半个中国,时时注意以典籍稽考实地的勘踏,以实地的考察来修正典籍的记载,最后撰写成煌煌两大卷《禹域通纂》,上卷正文1220页,下卷正文774页,附录353页,总共2347页。从卷帙上来说,《禹域通纂》远远超过了1890年刊行的黄遵宪的《日本国志》。该书对于上海的记述篇幅不算多,除了在兵器制造部分对江南机器制造局等有所涉猎外,有关上海的文字主要出现在"通商各口概说"部分,择要译述如下:

上海属江苏省松江府上海县治,位于吴淞江与申江合流处,东经一百二十度二十八分,北纬三十一度十四分。依据一千八百四十二年江宁条约通市,港内水深数寻至十寻以上。船舶直接停靠埠头,货物搬运等尤为方便。港地分为三个租界,港南为上海县城,县城以北为法租界,租界南面以河沟为界,北部至吴淞江为英租界,吴淞江以北港岸一带为美租界。其中英租界地域房屋壮丽,商贾辐辏,居港内之首。其次为法租界,多巨商仓库等。美租界早年颇为荒芜,近来屋宇渐次鳞比,呈繁庶之状。本港位居中国南北之要冲,乃全国货物辐辏之区,贸易繁盛,洵亚洲之冠。故欧美巨商及清国殷商均汇聚于此,驰骋市场。船舶有各轮船公司,所有船舶均可进行沿海运输,进出船舶日益增多。港内人口清民十四万七千余人,居留外国人三千有余,本邦人(此处指日本人——引译者注)七百人许。一八八五年进出口总计五千零二十六万二千九百三十八两。①

这也许是至此为止日本文献中出现的对上海尤其是上海港口功能所作出的最为完整的描述,意味着在1880年代中后期,日本对上海的关注,已经更加集中于它在贸易运输上的国际化地位。书中对现今一般称苏州河的吴淞江做了如下的叙述:

该江古名笠泽,又曰松陵江。为昔时著名之河流,源于太湖,流经吴江县城东南,与庞山湖汇合后又流向东南,流经淀山湖后入松江府境内,与诸水交汇后入上海县境,流向东南,与黄浦交汇。

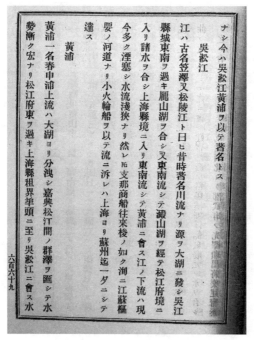

《禹域通纂》关于吴淞江的叙述

---

① 《禹域通纂》下卷,東京,日本大藏省,1888年,第623页。

72

江之下游,现今多湮塞,水流浅狭。然中国商船往来如梭,洵江苏枢要之河道也。小火轮船充塞江流中,自上海至苏州,一夕可达。①

该书将黄浦江和吴淞江(苏州河)列入江苏省水路来介绍,因为那时在行政上,上海仍只是江苏省松江府属下的一个县而已。上述文字的上半部分,大抵是参考了中国的方志文献,而下半部分,应该是井上陈政自己的观察所得。

---

① 《禹域通纂》下卷,第669页。

《清国通商综览》中的上海港市

1884—1885年的中法战争和1894—1895年的中日甲午战争,中国均以战败而告终,日本国内对中国的蔑视倾向也由此日益抬头。

福泽谕吉根据西方的文明论对中国的儒学开始发难,批评传统的儒学道德价值已经对社会向更高的文明程度演进构成了羁绊。同时以有西方留学背景的"明六社"成员为主体的导入西方近代思想的启蒙运动的展开,直接促成了此后自由民权运动的兴起,以"鹿鸣馆"为代表的社会上层对西洋文明的膜拜,都导致了社会主流阶层对中国的逐渐冷落。

但是,对于当时的日本而言,中国依然是西边的一个庞大存在,朝鲜半岛和越南北部基本上依然在中国的势力范围内,它若要向外伸展,必然会触及中国。同时在文化渊源上,日本毕竟与中国有着两千余年的历史维系,基于地理和文化上的某种认同和对于西方强势的危机意识,日清提携的思想也始终没有泯灭。在这样的背景下,1870年7月底日本派遣外务权大丞柳原前光一行出访中国,主动向李鸿章提出希望签订和亲条约,翌年《清日修好条约》签署,两国正式建立邦交。

1874年日本武力干涉台湾获得了成功之后,向中国本土扩张的倾向便日益强烈。明治十二年(1879),刚刚升任参谋本部管西局长的桂太郎(1847—1913,后曾三度出任日本首相),提出向中国派遣陆军留学生的建议。所谓留学生的使命,主要是两项,一是在中国本土学习口语体中文(明治时期受过传统教育的日本人一般皆可阅读并撰写汉文),二是时机成熟便深入中国各地调查山川形胜和人文社会的实情,同时探察中国的军事情形。日后,桂太郎在给本部长的报告中有如下表述:

> 清国乃我一大邻邦,自缔交以来,彼我人民往复,日益频繁,关系亦日渐扩大。是以兵略上亦当细密涉猎。故在去年明治十二年,为侦探兵备地理,详审政志,曾有向该国派遣军官之建议。彼等奉派遣之命,至该国后,往各地巡回,察地形,探人情,以备他日应机。①

第一批被派往中国的青年军官共有 11 人,军衔多为少尉和中尉,分别派往汉口、天津、北京、广州、厦门,同时还有一名监督联络官驻守上海,在中国共待了 3 年,分别深入派驻地邻近的内地作巡回调查。如担任监督官的志永直在改驻汉口期间,曾深入四川进行了 4 个月的调查旅行,日后撰成报告书《蜀道指掌》。这些各地的调查报告,后来被汇编成集供军部的高层参阅。同年又募集军内和民间人士 12 人,作为陆军省的留学生被派往北京学习语言,在留 4 年,日后成为日本最早的一批现代中文的教员之一。

在认识到了西方先进的同时,又深刻感受到了西方霸悍的近代日本人,一方面企图联手亚洲尤其是东亚的中国来共同抵御或抗衡西方势力的侵入,一方面又力图仿效西方来削弱和打杀中国在东亚地区的传统影响力并进而改造、控制中国,从而为日本在本地区的崛起和扩张谋得足够的地理空间。无论出于哪一种动机,都需要日本人对现实的中国有一个更为全面的把握。于是,在军部派遣的所谓留学生的调查报告和各路访华人士所撰写的旅行记的基础上,诞生了上文提及的《禹域通纂》;而在甲午战争之前和

---

① 東亞同文会《对支回顧録(下)》"桂太郎伝",東亞同文会,1936 年,第 214 页。

之后,又诞生了两部卷帙浩繁的综合性研究著作《清国通商综览》和《中国经济全书》。

日清贸易研究所《清国通商综览》

有意思的是,这两部书的编纂和出版地,都是在上海,而且对上海都有非常详尽的介绍和记述。那么,这两部书怎么会在上海编纂和出版的呢?

《清国通商综览》的编纂者是清国上海日清贸易研究所(地址是清国上海英租界涌泉路第10号),出版年月日是明治二十五年(1891)8月29日,印刷所为东京国文社,发卖所为东京丸善商社书店。

《清国通商综览》的成书过程有些复杂。据《山洲根津先生传》的记载,该书的编纂担当者是后来担任东亚同文书院首任院长的根津一(1860—1926),而发起编纂和实际的组织者为日清贸易研究所所长荒尾精(1859—1896),参与先期资料收集编纂的有集聚在汉口乐善堂周边的松田满雄、广田安太等十余人。

荒尾精,1859年出生于名古屋的一个下级武士家庭,后便被鹿儿岛出生的时任警察署警部的菅井诚美所收养,少年时跟随芳野金陵学习汉籍,对中国开始产生兴趣。1878年,他进入陆军教导团,两年后又被选拔进入陆军士官学校步兵科学习,在此地他结识了后来与他成为莫逆之交的根津一。

根津一,1860年出生于山梨县,自幼跟随当汉方医的伯父读书习字,1876年至横滨,入横滨师范学校读书,翌年入陆军教导团炮兵第一大队,1879年进入士官学校,短期服役之后于1885年进入陆军大学校学习,并升任炮兵中尉。

1883年士官学校毕业后,荒尾精作为步兵第十三联队附被派往九州南部的熊本驻屯,结识了在熊本镇台教中文的御幡雅文(1859—1912)。御幡雅文少年时即跟从长崎华侨郑永宁学习汉语,1879年作为陆军留学生被派往北京留学,四年后回国,不仅精通汉诗汉文,且北京官话也十分流利,对于中国的现状甚为熟稔。荒尾精与其共住一处,旦夕跟从其学习中文,进步甚快,并从中获悉许多中国情况,同时研读王阳明的《传习录》等,以知行合一的精神来激励自己。由此荒尾精期望到中国去一展身手的意愿越加强烈,他在给东京友人的信函中再次表露了这样的心迹:

禹域距此仅一衣带水。然现今此身犹如笼中之鸟,无法高飞,唯四百余州时时在余梦中萦绕。呜呼,余辞别东京已有两度星霜。东亚大势时时刻刻愈益严峻。何日可得一展宏志!余宁可决然掷弃官职而乘槎西渡。①

1886年3月,荒尾精以现役军人的身份被派往中国,实际的使命是在中国做实地调查,收集情报。荒尾精首先坐船航行至上海,会晤了在上海开设了销售眼药水和杂物书刊的店铺"乐善堂"的店主岸田吟香。岸田吟香可谓是日本国门打开后最早来中国的

---

① 《对支回顾录(下)》,第464页。

日本人之一,在上海长期居住,1880年3月,在上海英租界河南路开设了以销售自制的眼药水为主的店铺"乐善堂"支店(总店在东京银座),以此营生。荒尾精抵达中国后之所以立即造访岸田吟香,一方面是在思想上比较同道,另一方面也希冀获得他的指点和援助。经商议,荒尾精决定前往位于长江中游、扼守南北要道的武汉发展事业。岸田吟香允准他在武汉开设"乐善堂"支店,商品物资他都会供给。于是荒尾精在汉口江岸的街上开设了"乐善堂",名义上是经商,实际的工作却是调查情报。

荒尾精通过各种途径将活跃于上海、天津一带的所谓"大陆浪人""海外志士"召集到了武汉,成员主要有宗方小太郎等20余人;以后又以武汉为本部,分别在北京、湖南、四川设立了支部,每个支部分派三到四个成员。这一组织的宗旨是"为世界人类的利益,第一要务为改造中国"①。为此,荒尾精拟定了可视作组织细则和工作纲领的"心得书",总则有七条,并将各成员的工作分为外员和内员,内员主要从事内务和调查报告的编纂整理,外员则前往各地做实地勘探调查,其足迹东北抵达满洲、渤海沿岸,西北至陕甘内蒙乃至新疆伊犁,往南则涉足两广云贵,至于两湖两江等地则更是其调查的重点。这些成员穿戴当时中国人的服饰衣冠,貌似行脚商人,除舟船之外,更多的是徒步跋涉,往往风餐露宿,备尝艰难。调查的对象,为各地的山川形势、关塞要冲、风土气候、人情风俗、农工商的现状、水路物资的多寡、金融运输交通的大要等,如是者三年,积累了大量的第一手资料,以用于日后日本对中国的所谓"改造"。

在中国待了三年后,荒尾精于1889年4月回到了日本,向当局递交了洋洋数万字的《复命书》,详述中国的现状和日本对中国的对策。以荒尾精在中国三年的体验和观察,他觉得当前比较有

---

① 黑龙会《東亞先覚志士記伝(上)》,第346页。

实践意义的是大规模地展开中日之间的贸易,以贸易促进彼此之间的经济,并进而带动彼此(当然首先是日本)国力的强盛,这方面,欧美早已先行一步,在中国获得了巨大的利益,日本不能痛失渔利。于是他上下多方奔走,设法在上海设立兼具研究和教学功能的日清贸易研究所。1890年9月3日,荒尾精率领学生及研究所教职员等共200人左右乘坐横滨丸轮船从横滨出发前往上海,在上海英租界大马路泥城桥附近租赁民房用作研究所的场地;9月开学,荒尾精自任所长,开设的课程有"清语学(汉语)""英语学""商业地理""中国商业史""簿记学""经济学""法律学"等。为筹措资金,荒尾精一时返回日本,请在武汉"乐善堂"的根津一来代理所长一职。该机构在风雨苍黄中维持了将近四年,于甲午战争爆发的1894年8月解散,这批实习生集体乘坐英国轮船返回日本。荒尾精与根津一鼓动他们与军部合作,为国效劳,于是他们在真正从事日中贸易之前,纷纷参军入伍,以在中国习得的汉语和相关知识,为日本军队攻打中国服务。

此外,荒尾精与根津一合作的最大成果,便是编纂和出版了《清国通商综览》。所使用的材料,绝大部分来自武汉"乐善堂"成员三年的实地勘察报告,也有一部分为研究所师生在上海收集补充所得的资料。全书共三大册,总计2324页。内容涵盖了中国当时的地理概况、历史、政治运作体系、各地的产出和风俗、交通运输、金融、货币、度量衡等,极为庞杂而丰富,今日看来,依然留存了许多非常宝贵的第一手资料,是继《禹域通纂》之后一部近代日本早期完成的研究介绍中国最为详尽的大著。

在此书的卷首,编者有一篇颇为冗长的绪言,道明了编纂此书的目的:

> 我国乃东洋一孤岛,其土地不可谓广,民众不可谓多,然幸得环海舟楫之利,应利用此利培养财本,扩张国权。……清国与我相距不远,仅一苇带水之隔,且其人情风俗与我颇相似,嗜好生活亦

神户大学图书馆收藏的《清国通商综览》

相近,比起欧美的相距遥远风俗相异,与清国贸易之难易,不可同日而语。……我国与清国交通以来,多移植彼国之制度文物,遂成我国治平之具,尔来千有余年。……(近年)我国人视清国为东洋之半开化国,对其轻蔑侮慢,曰固陋陈腐不足兴。……然我国视为文明之师之欧美诸国,早已猬集于我视为固陋之邻国,人舰巨舶辐辏于所有之港湾,往来频繁,货物丰富,其况之盛已远超我等预想之外。①

编者的意思很明白,就是想通过与中国做贸易来蓄积培植日本的财富,在中国扩张日本的国权,不应落于欧美之后。然而,若要与中国做贸易,则必须培育相关的人才,对中国的历史与现状尤

---

① 《清国通商综览》第一编,日清贸易研究所,1892年,第1—5页。

《清国通商综览》中用汉文撰写的《跋》

其是现状要有一个清晰的了解,这一了解不是依靠历史的记载,也不是碎片化的道听途说,而是基于实地探查和文献研究的结果,于是便向世人推出了这么一部巨著。

此书在上海编纂并出版,因而对上海着墨尤力。

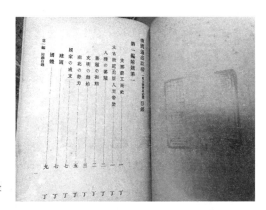

《清国通商综览》部分目录

《清国通商综览》中,有关上海的记述出现在第一编第三章廿五港中,但相比较其他港口,对上海的记述要详尽得多,共占有46页,这里译述相关部分,以管窥其一斑:

(上海)地势极为平坦,四望茫茫,无连天山冈,唯浊流纵横,颇煞风景。人口加上城内几达六十余万,百货辐辏,规模宏壮,港湾良好,帆樯林立,实为东洋第一贸易场。①

县城位于浦江西岸,周围三里(日本里,约等于3927米——引译者注),郭门有七,曰大东、小东、小南、大南、西门、老北、新北。大东、小东及新北三门内,为城内大街,颇为繁华,然皆狭隘污秽。道台衙门在大东门内,知县衙门在小东门内。上海之贸易,悉在外人居留地内,县城之买卖,仅止于若干杂货零售而已。②

书中对租界记述尤为详尽,对于租借的称谓,有时称居留地,有时称租界,译文保留原文的汉字。这里花些篇幅作大段的译述:

居留地在县城东北郭外,分别为英法美三租界。英租界,其区域南自洋泾浜河,北至吴淞江畔,东以黄浦江为境,西至与吴淞、洋泾两河相连之防御沟(咸丰三年为防御长发贼而修筑此沟)。其广袤约有一英方里,距县城城墙约半英里,为上海居留地中最繁华之区域,街市东西南北相通,其东西大街有六条,自北向南,分别是北京路、南京路(一名大马路)、九江路(一名二马路)、汉口路(一名三马路)、福州路(一名四马路)、广东路(一名五马路)。其中南京路尤为繁盛,与郊外跑马场、徐家汇等相通,行人摩肩接踵。南北大街亦有六条,自东向西,为四川路、江西路、河南路(日文原文误作"河原路"——引译者注)、福建路、浙江路、广西路。其他小路纵横,街市整然,往来便利。房屋构造颇为壮丽。然据云与欧美相比,仍只在三等都市之下。

法租界在城墙与英国居留地之间,位于洋泾浜至小东门城壕之一英里之间,其区域内东西相通之大街,仅有法公馆马路一条,南北相通有六条街,均以架设在洋泾浜上的六座桥与英租界之六大路及江岸路(应该就是后来的外滩了吧——引译者注)相连接。

---

① 《清国通商综览》第一编,第73页。
② 《清国通商综览》第一编,第73—74页。

《清国通商综览》内页

美租界沿吴淞江北岸,称虹口,与英租界之东西相接壤。

其区划大要如上。外国人租界所在的土地,均在黄浦江左岸,三界相合,长约有四英里。英法两租界,空间悉数已建房屋,无余地;美租界亦是日日皆有房屋新建,空地殆被填满。又对岸浦东地带,沿岸土地亦大抵为外国人借用,设置仓库、栈桥等。

黄浦江在城市及居留地前流淌,大船巨轮常有四五十艘,帆樯林立,江面几为其所遮蔽。

……此地亦不乏通往郊外之马车道。有英租界通向西方郊外的道路曰涌泉路,道路两侧皆为外国人别墅,家家皆辟有数亩园地,培植花木,绿树苍苍,清气氤氲,内外人来此游园解闷者日夜不绝。……居留地已自初时之沼泽草莽之地,一变而为楼厦栉比,高耸云霄,道路清洁,车马络绎,设有电线、电话、电灯、瓦斯灯、自来水道,地上地下纵横交错,房屋构造皆壮丽。①

有关上海的书写中,特别写到了黄浦江边的公园,即后人称之为外滩公园或黄浦公园的,但那时曾被称为圆明园:

> 公园于一八六八年建于黄浦、吴淞两水交汇之江畔低洼处,填土造地,位于英租界英国领事馆之前,两面临江,风景绝佳,炎夏酷暑之时,亦常有凉风,每至夏季,自夕阳西斜时分起,避暑纳凉者络绎不绝。公园规模虽不甚大,然园内遍植各种花卉,四季竞美。园中央有一座音乐堂,近年经改建,每年五月至十月末,乐队演奏音乐,以此为居留人民提供娱乐。三伏季节,男女老幼结队而来,几无立锥之地。此园仿照北京圆明园建造,因而称圆明园,其经费由一般居留民负担,无论贵贱,皆可进入。唯中国人未出经费,因而不准入园游玩,引起不少议论。遂于昨年十二月,在苏州河畔另辟一处公园,主要供中国人游览。然其位置与规模及园内风光,皆较前者为劣。②

此书的编纂者是1890年9月来到上海的,书的出版在翌年的8月,对于上海的描述,大都是亲历的体验和调查,再加上部分本地和租界的文献记录,因此相对比较可靠。这里对外滩公园的记述,明确提到了不准中国人入内,理由是中国人未出建园的经费。

此书还专门记叙了当时的徐家汇及上海主要的公共建筑:

> 在郊外的徐家汇,又有罗马教的法堂,著名的天文堂、学校、育儿院、动物园等皆在此教堂附近,全中国沿海的风候测知之秩序,皆由此天文台总理。此外名列前茅之建筑尚有英租界内的上海俱乐部、规矩堂、英租界的地方公会馆。在公园的后方又有演剧场,内可坐六百人。其他尚有类如我国鹿鸣馆之建筑,又有日耳曼俱

---

① 《清国通商综览》第一编,第74—81页。
② 《清国通商综览》第一编,第79—80页。

乐部、上海图书馆、博物馆等。①

公园后方的剧院，应该是1874年由英国侨民重建于今虎丘路上的兰心戏院吧。书中提到的上海图书馆，或许是指建在徐家汇天主教堂北侧的上海天主教耶稣会所建的图书室吧。所谓博物馆，应该是1847年由英国皇家亚洲文会北华支会在昔日的英租界、今天的虎丘路上建造的亚洲文会大楼内的博物院吧，这条路因而在当时被称为博物院路，大楼内除了会堂、博物院之外，还有图书馆，书中所说的图书馆，也有可能是指楼内的图书馆。而书中提到的鹿鸣馆，则是指1883年，经由当时日本的外务卿（有大臣之谓的内阁制是两年后的1885年诞生的，那时的外务大臣还称为外务卿）井上馨提议，由明治政府聘用、1877年来到东京的英国建筑家孔德（J. Conder）在今天的东京都千代田区内幸町一丁目设计建造的一座洋楼，取中国《诗经》中的"呦呦鹿鸣"一句而命名为鹿鸣馆。鹿鸣馆当时在日本被视为"文明开化"的象征性建筑，是日本官方和上流阶层举行西式酒宴和舞会的地方，后来遭到保守势力的非议，1889年出售给了民间，改为"华族会馆"，总之，是当时东京非常著名的一幢洋楼。由上述的叙述来看，在1891年时，现今上海市中心点的人民广场（即那时的跑马场），还是郊外呢。

在对此书中有关上海部分的研读中，我注意到了书中对上海老县城的描述，相当简略，且负面色彩较浓，而不惜花了大量的篇幅来详细介绍租界的情状，明显是带着赞赏的笔调。甚至可以说，《清国通商综览》中所叙写的上海，几乎已经把中国人的上海撇在了一边，似乎上海只成了一个租界的上海，一个由西洋人主宰的上海。而在这个上海里，道路四通八达，街市整洁有序，楼厦鳞次栉比，公园鸟语花香，有教堂、图书馆、博物馆、现代剧院等。尽管撰

---

① 《清国通商综览》第一编，第81页。

写者的立场基本上是亚洲主义的,是主张联手中国等东亚国家共同抵御西方进入的,但在内心其实是高度认同西方文明的。19世纪90年代初,日本已基本完成了向近代国家的转型,模仿西方初步制定了宪法,开设了国会,已经由日本人为主导,大致建立起了全国的铁路网和较为健全的现代教育体系、产业体系。然而就城市建设而言,当时东京等地还比较落后,两三层的砖瓦建筑,已是摩登的象征了,租界上海的新貌,无疑让这些日本人感到兴奋和赞叹。书中对于租界上海的描述,其实是对西洋文明的礼赞,而非对中国的歌颂,虽然租界依然在中国的土地上,租界的生活者,大部分也是中国人。

此外,出于通商全书的特点,该书还对上海租界区域的年财政收支、土地税、轮船公司、银行、货币、码头设施、市内交通、海关税、进出口物品的种类和金额、港口的年吞吐量等都有一定篇幅的介绍。书中有一个对于当时居住在上海的外国人的人数统计,是这些日本人自己进行的书面档案的确认和实地调查的结果,截止日期是1890年6月24日,相对还是比较严谨的,也比较有价值,兹分述如下。

洋泾浜以北的租界,为3828人,其中英租界内1421人,美租界内1973人,浦东及租界之外428人,法租界380人。就国别而言,居住在英美两个租界,也就是公共租界内的外国人,英国人是1662人,美国人是350人,德国(原文是日耳曼国)人275人,丹麦人76人,日本人403人,菲律宾(原文是马尼拉)人72人,葡萄牙人584人,西班牙人229人,法国人263人,印度人98人,未有邦交关系国家的人253人,总共4264人[1]。

截止日期的1890年6月24日时,日清贸易研究所的200余人尚未抵达上海,加上他们的话,那么至1890年9月,居住在上海

---

[1]《清国通商综览》第一编,第88页。

的日本人应该是600余人。

同时期居住在上述租界内的中国人人数,包括停泊在租界区域的船上人口,约为20.7万人。租界内的人口数,应该是借助了工部局、法租界当局的统计资料。而在上述区域之外的中国人,因上海本地当局并无定时的人口统计,暂不可知,或许在15万人左右,这样的话,1890年时居住在上海租界和华界的市区总人口大约有近40万人。

令日本人或各国来的侨民甚为头疼的饮水问题,1891年时,上海已有了重大的进展,该书对此也有非常详尽的记述。大要是,1880年英租界当局决定在上海开设净水厂,先在伦敦募集资金10万英镑,设立上海自来水公司,在1883年竣工并初步供水,经过汲水、沉淀、过滤等诸道工序,终于摆脱了直接饮用黄浦江水的不洁状态。在距自来水厂三英里的英租界江西路上建造高度为129尺的贮水楼,通过高度的压力向租界各处输送洁净的自来水。后经李鸿章提议,又通过原来从事自江面直接取水打水者和挑水夫,用车辆或挑水桶向租界之外的中国居民供应洁净水。由此,大致解决了长期困扰外国侨民和本地居民的饮水问题。

书中还写到了当时上海三大西洋式旅馆,一为位于虹口大桥(原为木桥,1907年拆除重建,即今日的外白渡桥)旁的阿斯特旅馆(Astor House Hotel,又称Richards' Hotel and Restaurant)。中国人一般称其为礼查饭店,初建于1846年,木结构,1907年时为扩建新的苏州河大桥而拆除;重建后的礼查饭店,之后改名为浦江饭店,2018年改为上海证券博物馆。日本人编纂出版《清国通商综览》时是1892年,该旅馆应该还是木结构的老房子。二为中央旅馆(Central Hotel),在英租界。三是法兰西旅馆,在法租界。书中评论说,其建筑之宏大,设施之完备,"东洋各港无出其右"[1],当时

---

[1] 《清国通商综览》第一编,第100页。

的日本还没有这样的现代化旅馆。此外,其时上海的日本旅馆有三家,为东和洋行、矢野旅馆、常盘舍。

此外,该书对上海的报刊也做了叙述,但似乎有点乱。书中提及上海的报纸有两份,一为《字林沪报》(一般应该称为《字林西报》,英文是 North China Daily News,前身是《北华捷报》North China Herald),一为《上海申报》(一般称《申报》)。这两份报纸最初都是英国人创办的,前者是英文报纸,后者为中文报纸,后来《申报》由中国人收购经营。该书评论说:"比起《申报》来,《字林沪报》中国人阅读较少,但其言论识见较高,报道准确,而《申报》文章比较讲究,注重文辞修饰锤炼,适合中国人阅读,每天的发行量超过一万份,价格是《申报》每张一分,《沪报》八厘。"

这部卷帙浩繁的《清国通商综览》出版不久,中日之间即爆发了空前规模的甲午战争,而主导这部大著的核心人物荒尾精也在

《清国通商综览》版权页

战争结束不久后病逝，该书之后有否产生过重大的影响，尚待研究，好像没有再版和重印。我是2010年在神户大学任教的时候，在经济经营研究所图书馆内寻觅到了这部皇皇大著——明治二十五年(1892)8月29日的初版本，它蜷缩在昏暗的灯光下积满了尘埃的旧书架上，显然是很久没有人翻阅了。神户大学的前身之一，是创建于1902年的神户高等商业学校，这部名曰《清国通商综览》的著作，应该也是这所学校的旧藏，而图书馆的屋宇，也是20世纪初建造的留有明治遗风的西洋建筑。1945年上半年，美军曾对日本稍有规模的城市进行了普遍的大空袭，神户也深受其害，好在这所学校建在六甲山上，远离市区，因而幸免于难，图书馆内保存了大批明治和大正时期的出版物，《清国通商综览》就是其中之一，得以进入我的视线，也是我的幸运。今后若有机会，可以对此书进行专门的研究，这里就只能论述至此了。

《中国经济全书》中的上海人日常生活场景

　　与通商综览相比,明治四十年(1907)4月30日发行的《中国经济全书》,更具有实地调查报告汇编的特点,这是在东亚同文书院上百名师生历时十余年的各地调查的基础上编撰而成的百科全书式的大著。说到这本书的编纂,这里要稍稍论及东亚同文书院。

　　甲午一战中国失败之后,中国的衰敝更加显露,西方列强趁机进一步对中国蚕食,俄国以"三国干涉"迫使日本归还辽东半岛,与清王朝签署秘密条约,获得了在中国东北的铁路建设权,继而又以租借25年的形式,占据了辽东半岛的旅顺和大连,英国则趁机以租借99年的形式占据了整个九龙半岛,法国租借了广州湾,德国也在1898年以租借的名义获得了对青岛及周边的主导权,英国继而又以租借的形式在威海卫一带建立起了自己的势力范围。面对列强的纷纷出手而导致中国陷于越来越严重的分崩离析状态,日本国内出现了两种舆论,一是日本也应该立即加入列强的队伍参与对中国的分割,以迅速获取日本的国家利益;另一是主张遏制列强对中国的侵蚀,"保全中国",与中国联手,或者是通过日本对中国的"帮助"和改造来共同振兴东亚。从尔后日本在东亚的举动来看,所谓"保全中国",当时主要是针对俄国对东亚的南侵,其实质是防止列强在中国势力的进一步扩大,为日后日本在中国建立自己的势力范围留下地盘。于是在这一时期,相继出现了两个组织,一曰同文会,强调日本与中国"同文同种",唇齿相依,帮助清政府抵御列强的进一步扩张；另一是东亚会，主张联手流亡日本的康有为、梁启超等积极参与对中国的改造甚至暗中支持孙中山的革命。东亚会的主导者、贵族出身的近卫笃麿积极倡导与中国联手来共同振兴东亚，1898年6月出版《日清同盟论》，主张与中国合作。1898年11月，同文会与东亚会在东京神田淡路町万世俱乐部举行合并大会，改组为"东亚同文会"，推举近卫笃麿为会长，经讨论调和，决定了该会的四点纲领："保全中国；帮助中国和朝鲜的改善；对中国和朝鲜的时事展开研讨和实施；唤起国民舆论。"[1]梁启超等成了该会的"会友"。

东亚同文会的具体举措之一，就是开办学校，以培养掌握汉语（而不是汉文）、熟悉中国国情尤其是经贸领域的日本人，同时培育协同振兴东亚的中国人。这一思路，实际上是沿袭了荒尾精、根津一的思想和实践。东亚同文会首先在1899年创办了东京同文书院，主要接纳来自中国的留学生，此时中国学生留日热潮才刚刚兴起。同时东亚同文会考虑在中国设立一所学校，近卫笃麿与两江总督刘坤一私交颇好，办学的设想得到了刘坤一的大力赞同，而两江总督府在南京，一开始考虑把学校设在南京，于是1900年5月，南京同文书院揭牌。但东亚同文会的领袖旋即意识到该机构在南京难以展开，加之北京发生了义和团事变，八国联军攻打北京，朝廷仓皇出逃陕西，日本担心租界之外的中国局势不稳，遂于1901年4月在上海开设了东亚同文书院，南京的书院也并入其内，并请曾经代理过上海日清贸易研究所所长的根津一出任院长（此时荒尾精已经病逝），根津一同时又兼任东亚同文会的干事长。根津一起草了《东亚同文书院创立要领》，表示创办学校的目的在于"为了中国的富强、为了巩固日支两国合作的基础，而培养满足这一

---

[1] 小崎昌业《「本学の前身」東亜同文書院大学》，载《愛知大学史研究》创刊号，2007年，第68页。

要求的日支两国的人才"①。根津一担任院长将近20年。

学生的生源一开始来自各个县（在行政上相当于中国的省）的选拔和资助,第一批为70人,不久就有自费生加入,人员增至100人左右。学院一开始由外务省管辖,校址在上海高昌庙桂墅里,1917年迁入徐家汇虹桥路上的新校舍,1939年4月,升格为东亚同文书院大学,隶属于文部省。1937年淞沪抗战爆发后,短期曾迁至长崎,旋即又回到上海。1945年8月日本战败后,东亚同文书院关闭,此后在丰桥创建的爱知大学,继承了东亚同文书院一部分的余脉。东亚同文书院是一个比较复杂的存在,日本方面一直在强调它为日中友好、促进日中交流和沟通作出的贡献,这一面确实是存在的,比如第五期毕业生石射猪太郎（1887—1954）,后来在出任驻吉林总领事和外务省东亚局局长期间,一直反对日本对中国的武力扩张政策。不过,实际上这只是一个侧面,在中日关系波诡云谲的年代,这一面有时候甚至是比较微弱的。自学校创办直至关闭,总共培养了约五千名的毕业生,活跃于政界、商界、教育界和传媒界等各个领域,在大多数场合,他们基本上是日本政府对华政策的合作者甚至是推动者。而其编纂出版的各种中国研究的文献,也被日本当局用于对华进行扩张甚至战争的重要参考资源。

不可忽视的是,东亚同文书院同时也是日本在海外研究中国问题的一个重镇,创办不久,就组织师生去中国各地进行考察旅行,实际上是一种现场调查,后来又创设"中国研究部",出版《中国研究》杂志。另外,在师生旅行调查的基础上,编撰了多种文献汇编,《中国经济全书》就是其中之一,后来还有18卷本的《中国省别全志》等。

1907年以后陆续出版的12卷本的《中国经济全书》（编纂者

---

① 《「本学の前身」東亜同文書院大学》,载《爱知大学史研究》创刊号,第70页。

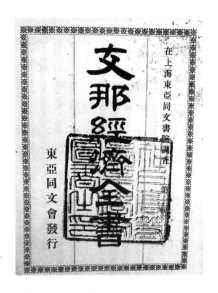

《中国经济全书》

署名为东亚同文会),卷帙更为浩繁,差不多是一部有关清末中国的百科全书,其编纂的目的,自然是为了让日本朝野了解中国的真实状况,拓展在中国的影响力,为两国(当然首先是日本)带来经济利益。全书的序言写道:

  中国贸易的宽广前景,可谓世人皆知。然而迄今尚未见到两国间的重大成绩,这是什么原因呢?实在是因为中国经济状况太过复杂,虽是多年的实际从业者,也很难了解其全貌。为此,本会设在上海的东亚同文书院,成立之初便立志要编纂一本大书,将其真相条分缕析地撰写出来,以供世人知晓。①

  此书的编撰地也是在上海,毫无疑问,有关上海的内容,最为详尽,占了很大的篇幅。对于上海的书写,散见于各个篇章中。如第一辑第二编第二章,记述了上海租界的土地租借和田地房屋的

---

① 東亞同文会《支那經濟全書》,東亞同文会,1907 年,第 1 页。此书全书均无标点,句读为引译者所加。

制度;第三编"劳动者"中,记述了上海劳动者的来源、种类、劳动时间、就业年龄、工资及支付方式、劳动者的风俗习惯等,细致而详尽;在第五编"物价"中详细列举了20世纪初期上海的物价表;在第六编"人民生活程度"的第三章中,详细叙述了上海的商人、买办和上流阶层的生活状态。第二辑第一编第二章中介绍了上海的商业习惯;在第三编"买办"的第五章中,详细列出了上海各行各业的买办和外国商人的收入,以及上海的海关制度、厘金税和落地税、上海通往各地的航路、商业会馆和公所等,不仅反映了这一时期日本人对上海很高的理解度,甚至也是今天研究近代上海演变的极具价值的重要文献。限于篇幅,本书仅对上海社会、物价、劳动者和买办阶级的生活状态进行部分的译述。

令人稍稍有些惊讶的是,在1907年或之前,日本人就已注意到了上海存在着"江北人"这样一个社会群体:"上海有一个阶级谓之江北人,土人皆鄙视。即扬子江以北、扬州、高邮、通州、镇江等地来上海谋生者,在上海从事低档的营生(原文是"贱业"——引译者注),诸如皮匠、苦力、小车夫、人力车夫、掏粪工、捡拾纸屑废物的、做蒸糕小买卖的等皆在此列,虽职业不同,生活状态也不尽相同,但生活程度并无大的差异。"①然后书中按照职业对他们进行了比较详细的叙述,这里译述"人力车夫"这一部分。人力车最初是明治中期的日本人发明的,大约在19世纪末传入中国,在北方被称为"洋车",1920年前后在上海开始被普遍称为"黄包车",但此时这一词语似乎尚未出现:

人力车夫。上海的东洋车夫(人力车夫)的人数,足有八千以上(1892年出版的《清国通商大全》中记载为2730辆——引译者注)。他们居住的地方,在城外流经黄浦江岸西门旁的泥河里二

---

① 《支那経済全書》第一辑第六编第三章,第388页。

条及沿城墙狭窄地带的小屋,以及零零散散居住在美租界西北部,租界内和城内很少,因为租界之地人烟稠密,租金极贵,仅可容膝之地尚要三四元,是他们这些低档营生者所难以承受的。所谓城内,是清国诸都城中规模最小的沪城,道路狭隘,且铺设的石板凹凸不平,毕竟不便于人力车的通行,因而他们不得不居住在城区之外的地方。他们中的很多人,也是江北人,很多居住在船上;在陆上的人,其住房多为平房,形成了部落团体。室内阴郁,多湿气,多为泥地,污秽肮脏,其生活状况,与前文叙述的小车夫大抵相似,不再赘述。这里稍稍述及船上生活者。几经风霜雨雪,原先木船的船板大抵都古旧破损,遭遇大风浪时,每每被波涛击毁,沉入水底,于是便编制一些竹筏,上面搭建棚顶以避风雨。木船或竹筏的位置容易随着潮涨潮落而改变,因而多为碇泊在一处,不再移动。此等船上生活者,很多是越过长江,经苏州来到上海的,家眷均住在船上。船上生活的样态,大致可将船分为三部分,一部分是厨房,有几个砂锅放置在自己搭建的灶台上,每每可见锅内在煮着什么。有几双筷子竖放在筷笼里。锅碗瓢盆和作为燃料的枯枝杂放在一边,妻子在烟熏火燎的灶台边大声叫唤着什么。其次是卧室,褴褛的被褥终日不叠。余下的一处充作起居间,可见一个小小的佛龛,家人多在卧室。

一家的收入全都依赖于丈夫赚来的车资。少的时候两三角,多的时候六七角。雨天拉车的人很少,夜晚与日本的车夫也不一样,黄昏或晚上八九点,便往往回家。大抵一日三餐,早晚两顿吃粥或稀饭,唯中午一顿为干饭。虽曰粥,比我邦的粥要浓稠一些,又放入菜蔬,犹如菜泡饭。夫妻两人,小儿四人,家内一日所费米仅两升,其价约九十文,酱油食盐价颇贵,平素用一匙一文之深色豆酱来调味,酒及青菜油炭酱油等,一日六十文足矣。其副食,仅一把青菜而已,有时妻子在市场购得,有时则是自己出马,去农家菜地寻些摘剩的菜帮菜叶。猪肉之类,每月约食两次。燃料之类,亦非出钱购买,而由妇女小儿捡拾路上树枝或煤屑等,即如本书院后面外的垃圾场,亦可常见来捡拾纸屑碎物者。妇女若得暇,则帮丈夫和儿女缝补鞋袜,纳鞋底,做些衣物。一家添菜之日,会有一片二十文的烧鱼,一个三文的油炸豆腐,或一块两文的豆腐,以此来解馋。车夫拉车远行,腹饥时买些油炸饼、烧饼等,足可充饥。令人惊愕的是,在此困苦之境,车夫依然会吸食鸦片,吸食一次要四五十文,也在所不惜。中国人曰,车夫若不吸食鸦片,就会力气不足,无法快跑。①

  书中说,这是上海最下层人民的生活状态。然后又做了一个个案调查,颇为详细地记叙了同文书院门前的一对以拉人力车为生的夫妇家庭实况,谓这是这一阶级中的佼佼者。兹译述如下:

  丈夫三十八岁,妻子三十一岁,夫妇两人均体格强壮,每日收入多寡不定,大约少时五角,多时可达一元两角,平均一天六七角,每月可得二十元左右。拉车业,夏天多雨且酷暑炎热,人们不大出来,因而比较闲散;一年中最忙的时候是中国旧历八九十月至来年的三月间,尤以节假日生意最好。就其营生资本而言,一辆东洋车需要二十五元,一年的修缮费,新的时候约为两元,以后渐次增加到每年五六元,车体中最易损伤的是称为五光的部分,一根一角,就车税来说,英租界法租界是三个月两元,即一年八元,中国政府一个月要收取四十二钱。一家借住在面宽四米进深六米左右的房子里,一月租金两元,分成两间,进门的一间是厨房兼餐室起居室,地上铺地板,房间最尽头的中央放着一张桌子,还有两三张小桌,桌子用于吃饭,也是工作台,在用作砧板的小桌子上摆放着油盐酱醋的瓶子等,房间的一隅有个灶台,沿墙建有一个烟囱,有两三个锅子,灶台上有一个小祭坛。另一个房间是夫妇的卧室,兼做储藏

---

① 《支那經濟全書》第一辑第六编第三章,第391—393页。

室,堆放着米、蔬菜、柴薪等。一日三餐,早上照例是稀饭,午晚是米饭,一天所费,米一角左右,约两升,米每次购买五斗。早饭的副食是油豆腐青菜之类,中午晚上两顿,有鱼、蔬菜等两三种,自己不煮茶,用大的铁瓶去购买热水以作日常使用,价格大约两升左右仅需两文。早饭的副食一次三十文左右,中午晚上两餐的费用,加上油盐酱醋等要两角,燃料用煤炭木炭,花费在木材的费用上,一年要十五元。衣服过于褴褛,身上若有臭气,上等的客人就不愿意坐车,因此夫妇俩一年要花费二十四元用于新制衣服。车夫一般都穿草履,但这家丈夫穿鞋子,都用妻子老家的旧布片纳的鞋底做成,一年要六双,若市上购买,一双要一元。晚上使用的蜡烛,与一年的提灯加在一起,大约要三元。妻子日常在家操持家务,洗衣做饭做裁缝,等待丈夫归家一同围桌吃饭,一年若一日,十年若一年,夫妇和睦蔼蔼,如沐春风。日常传言,说中国人的妻子不过是丈夫的玩物,此为大误。丈夫主外,妻子主内,这是天道之理,为何中国人会在此范围之外?上流社会是如此,中流社会是如此,乃至下层社会,也几乎都在实行这样的男女同权的理想。①

以上的这段叙述,差不多是一份不错的田野调查的简短报告,让我们得以窥见当年日本人眼中的上海人力车夫的一般生活状态,非常细致,我也不厌其烦地一一译述出来,大致可以了解这部《中国经济全书》的总体风格,对于我们今天来撰写近代上海人的生活变迁史,不无裨益。

此书对于上海的商业情况,以及上海商人的日常生活状态,叙述尤为详细:

上海一地,乃百货辐凑之衢,其商业之繁盛,可谓东洋第一,高楼大厦连甍,大铺小店接轩,竞相争盛。天下之奇物珍品,重要之

---

① 《支那經濟全書》第一辑第六编第三章,第393—395页。

《中国经济全书》内页

货,零碎之物,皆汇聚于此。各类商人,千状万态,欲调查其混杂缤纷的生活程度,实在困难。虽然如此,万物皆有一定规律,诸事皆有一条准绳。以一推十,可知大概。以下,将上海商人分为上中下三等,以示其一个月的生活经费。

……上海的商店,若构造为大中程度,一般都是西洋式建筑,其中不乏三四层楼的大厦,高高耸立;而下等或主要以清国人为顾客的商店,则为中式结构,大小共两层,底层朝街的一面,为店铺,陈列商品,或处理商务,里侧为商品货物的储藏所兼会客室和店员的休憩处。上层一般充作店家家眷的起居室卧室。[①]

此书还写到了一般商店店员的日常伙食情况:

---

① 《支那經濟全書》第一辑第六编第三章,第397页。

商店日常的生活如何呢？中国人曰，商店若自己雇佣厨子，在店内自办伙食，不管你如何节约，总难免会浪费，反而招致损失。故现今的上海，自己多不在店内办伙食，而是包给所在的饭馆。饭馆在用餐时分，派年轻的伙计将饭菜送到店家，一天两餐，昼夜两次，唯早餐自办，上等的吃粥，下等的为油条或其他点心。

请饭馆办伙食，谓之包饭。其下等的，一个人每月三元，菜单谓之两荤两素，有烧鱼、肉片、炒牛肉、炒猪肉、青菜、豆腐等。鱼肉四季相同，唯有蔬菜，随季节而定，并不一样。饭自然包含在三元之内。早上所吃的点心等，一个月约需六百文。即下等的伙食，每人每月三元七角五分。

至于中等的，渐进至三荤三素，其菜单有鸡、鸭、炒肉、肉片、鱼片、虾等，菜有白菜、青菜、豆腐、萝卜、胡萝卜，因季节而异。其费用在每人每月四五元。早饭是吃粥，还有中国料理特色的小菜等，大抵类似日本的放在小碟子里的暴腌酱菜，诸如酱瓜、麸、酱豆腐、油黄豆、咸菜、咸牛蒡、盐烤花生、煮豆等。其价格与粥加在一起为每月一元五角。即平均每人每月六元左右。有东洋大学之称的我同文书院，也是三荤三素，属于中等。

上等的伙食，那就是酒池肉林、山珍海味了。每人每月要三十元。早餐有点心、馒头、包子、稀饭等，或者又有火腿或鸡丝面、汤面，或西洋人吃的面包、牛乳、牛酪。中饭的菜单大约有鱼翅、海参、龙虾、鱼片、炒鸡、青龙、鸭子等，汤有火腿汤、鲍鱼汤等，冬季多用羊肉，或烤或炒。素材有笋等，即福建一带运来的鲜笋或笋干，其他的有豆腐、香菇、熏素菜、萝卜等，随季节而定。一家店内，有时是上等、中等、下等三者并存，上等的主要是店主、掌柜的，大概两三个人同桌；其他的伙计、学徒等一同吃饭；至于苦力、打杂的，并无特别的伙食安排，往往是吃老板等的残羹剩饭。

以上基本上是上海城外租界内的商店生活，至于城内的手工业者，包括商店经营者，家中还有妻儿，仿效城外包饭的情形甚少。

城外租界里,在私人住宅内,并无包饭,或者夫人自己下厨,或者雇佣厨子来做饭。①

令我颇感兴趣的是,此书的编撰者在第六编第三章中专门设立了第三节"上海的买办(日文的汉字就是'买办')生活"。"买办"这一词语或这一阶层,在很长的一个时期里,令我们感到非常陌生,在以前的革命语汇里,曾有一个"买办资产阶级",这是一个必须要打倒和铲除的对象,但是什么叫"买办",绝大多数人都是云里雾里。而在此书中,这一阶层被十分清晰而生动地勾勒、叙写出来了。由此可知,至少在19世纪末期,这一阶层已经诞生且相当成熟了。

书中对"买办"一词或者买办本身有一个非常清晰而妥帖的定义:

西人富有冒险心和坚韧的事业精神,但对于中国错综复杂的商业习惯,要学习晦涩诘屈的中国语,实在感到痛苦。于是不得不花钱雇佣那些通晓商务的中国人,把具体的交易交给那些中国人去做。现今的对华贸易几乎都是借助这些中国人的手在进行。广东人是清人中最早与外国人进行通商交易、会使用英语和其他外语的人,不仅如此,他们在中国内地各处进行贸易,对各地的商业情况非常了解,大抵能满足洋人的需求,活跃于外商与内商之间,成为货物买卖的媒介者。是故,今日从事这类行业的多是广东人,洋人谓之Comprador,清人称之买办,在北清(华北)称为领事的。其后随着贸易的兴盛,对外开放港口的增加,各地商人渐渐通晓外语,见到这类商人获利甚厚,于是争相应聘。于是洋人就对这类应聘者进行考试,并交纳相当的身份保证金,或者请具有相当资产的人做担保,以防其重大的商业失策或欺诈瞒骗行为。因有洋人的

---

① 《支那經濟全書》第一辑第六编第三章,第400—402页。

背景,于是不仅是在商业上,在其他诸种业务上,也采用买办制度。后来的清人觉得做买办不仅很体面,且又可获得利益,不久便拥有巨额资产,且可堂而皇之地捐个后补道台的官职。要成为买办,首先要缴纳保证金,请人来做担保。他们的收入主要有两部分,一是定额的报酬,另一是商业回扣。回扣的比率根据你的业务成绩、你的地位高低大小来决定。买办根据自己的业务规模,再雇佣若干助手帮自己做事。①

《中国经济全书》版权页

---

① 《支那經濟全書》第一辑第六编第三章,第422—423页。

书中对买办代表之一的上海各家银行买办的月收入做了一个调查,以正买办的月收入为例,最高的是露清银行(日文汉字如此,中文应该是"华俄道胜银行",英文表示是 Russo-Chinese Bank——引译者注),两百两;最低是日本人开设的横滨正金银行,五十两;其他诸如汇丰银行、麦加利银行、中国通商银行等是一百两[①]。这在当时,当然是很高的报酬了,与人力车夫相比,可谓是天壤之别了。书中对当时的汇丰银行、怡和洋行、美丰公司的买办进行了访问调查,并对其中的一名上等买办进行了个案研究,据书中所述,这名买办一年收入约为五万元,支出约为两万五千元。书中写道:

买办把原本在宁波的财产家眷整个迁移至上海,购置宽大的宅邸居住,畜妻养子,自己乘坐马车至公司上班,与外国人及上流中国人相往来,平时衣着华丽,为商谈业务而请客人吃饭,因而交际费开支巨大,这一类服饰应酬的支出一年约需六千元。拥有两个太太,两个太太平素交际、服饰珠宝、出外看戏等,每人每年花费约一千元,两人两千元。该买办有两个儿子,长子浪荡不羁,日常出入妓院赌场,一年要耗费五六千元,其弟弟稍微规矩些,一年费去两千元。有孙子两人,两人开销一年两百元。家里雇佣三个马丁,每月最高的是十五元,最低的八元,一年支出三百九十元。雇佣车夫两人,每人每月八元,一年共一百九十二元。雇佣女仆五人,每人每月六元,全年总共三百六十元。男仆也是五人,每人每月七元,共四百二十元。其他日常吃食开销一年两千元。其他用于善举的费用每年约为七百元。房屋为自己所购,无需房租。当然还有各类婚丧嫁娶、人情往来、娱乐费用等,总共约两万五千元。[②]

---

① 《支那經濟全書》第一辑第六编第三章,第 423 页。
② 《支那經濟全書》第一辑第六编第三章,第 424—426 页。

书中还叙述了上海中等买办的经济状况,大抵是大洋行、大公司中的二等买办,或是轮船公司代理店的买办。一年收入约为一万元,支出部分,包含自己消费、两名太太、两名子女的消费以及一名账房、一名马车夫、一名人力车夫、厨子跟班及各种衣食开销,以及每月四十八元的房租(共有六间房的大宅)等总共七千元[①]。

《中国经济全书》除了对财政、税收、各地的地理气候、物产、经济状况等有详细的考察之外,对中国的社会、一般人的家国观念也做了颇为深入的调查和记述,对于上海人的日常生活状态尤其是经济收支等都做了详细的调查和记录,上自富有的买办阶级,下至穷苦的黄包车夫等,都做了个案的详实研究。此书的编撰者,未必受过严谨的社会学训练(社会学本身也是在 19 世纪末期形成的),也未必具有系统的文化人类学(晚至 19 世纪末才出现)的知识和方法,但他们的具体做法,已经在自觉不自觉地运用社会学、人类学的研究方法。上海东亚同文书院动员了上百名的学生深入各个角落进行实地考察,在现场做了大量的采访记录。为了赢得中国人的信任,他们甚至留起了辫子,穿上中国人的衣服,尽可能使用地道的中国话(彼时的中国,方言的力量强大,官话尚未在各阶级普及,即使发音尚佳,也不容易被辨识),又凭借可以阅读和识别汉字的有利条件,得以采录到大量第一手的数据,记述了接近实相的中国社会的现场图景,而当时的中国本土,还没有任何一个机构和个人实施过这样的田野调查式的研究,缺乏系统的完整的记录,同时西洋人因言语和文字的阻隔,再加之相貌习俗的差异,难以深入中国各个阶层进行大量的社会调查,从这一点上来说,上述的《清国通商综览》和这部分所论述的《中国经济全书》,对于研究清末中国尤其是上海的社会生活史,以及这一时代日本人对中国和上海的认知,具有很高的文献参考价值。

---

① 《支那經濟全書》第一辑第六编第三章,第 426—427 页。

第一部书题为《上海》的日文著作

到了20世纪初,随着上海的日益发展及在远东的地位越来越重要,日本人对上海的关注度也越来越高,有关上海的著述层出不穷,但其内容都是收录在诸如上述的有关中国的综合性著作或是有关江南的书籍中。1907年2月28日,第一部以《上海》为标题的著作由东京的国文社出版了。作者是远山景直,他也是这本书的发行人,此书在上海的销售点有三个,一个是日本堂(书店),另一个是位于河南路的东亚公司新书局,还有一个是日本人经营的松翠洋行。

关于作者远山景直,其详细的事迹今天已颇难稽考,据其在例言中所述,他自号"长江客渔",显然与中国的渊源不浅。1886年初来上海,之后又时常买棹西渡,1905年秋又再度来到上海,在沪留居将近一年,具体做何经营,不详。在上海期间,他查阅了多种有关上海的文献(包括上海县志、日本领事馆报告、工部局档案等),又走遍上海的大街小巷,作实地踏勘调查,同时将所闻所见随时笔录,积240余条,遂整理成《上海》一书,共421页,并附20余幅照片和详尽的上海地图,也堪称一本皇皇大著了。

作者在该书中设立了164个条目,从历史沿革、地理气候、语言、居民、各租界的行政管理体制、公共设施、主要轮船公司和港口设施、银行钱庄、货币一直到上海人的日常衣食住行,包括小菜市场、牛奶棚、各色店铺、酒馆茶楼、戏院书场、妓楼烟馆、上海人的新旧习俗,都有极为周密的记述。比较可贵的是,作者对渐趋成熟的

远山景直《上海》

上海"日本人社会"有较为完备的描述,包括日本人在上海开设的各类洋行公司、教育机构、编辑出版的报纸、日本商店、日本旅馆、日本医院、日本人俱乐部、日本自警队等,尤其是商店部分,可谓网罗了几乎所有在上海开业的日本公司和商店的资讯,具有较高的文献价值。虽然该书称不上是一部严肃的研究著作,但也不是一部肤浅的走马观花式的见闻杂记,它更多流露出的是一个有些旧文人修养,又沾染了些商人习气的普通日本人对上海的态度。

从相对还比较纯色的日本来到上海后,远山景直直观地感受到了上海的多样性和独特性,他甚至觉得,上海正在形成或者可以成为一个独立的"上海国":

想来在不久之将来,禹迹神州将建成一世界共通之上海国,业有近来公共租界行政之发达、商业机关之完备、因时势之需而渐次勃兴之诸工业、将江南之富连成一体之金陵苏杭铁路,已具备不可轻侮之资质,其前途可瞻;远有人种之混血、风俗及生活交融之趋

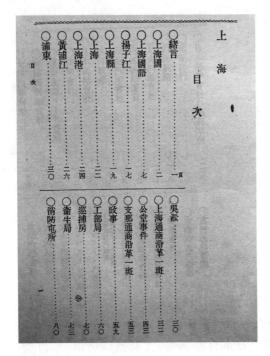

《上海》部分目录

势,事态若如此演进,浑然一体的上海国亦将渐渐戴上这一冠冕了。①

远山景直想得有点天真,他觉得上海一地(当然对于上海区域的理解,他指的是外国租界及附属的上海港以及事实上已成为租界一部分的浦东,不包含上海县城等华界),已有28种国籍的人,有23省中国各地的黎民,包含了世界上所有的人种,有14个国家的领事馆,而不管你是什么国籍,什么人种,只要你在上海买了房屋居住,有自己的职业,如果赋予你选举权的话,那么就可以选举出行政委员会,再由委员互选,选出最高长官,有这样的行政机构来负责上海的秩序安宁,人民就可在此安居乐业,而租界的地

---

① 遠山景直《上海》,東京,国文社,1907年,第4—5页。

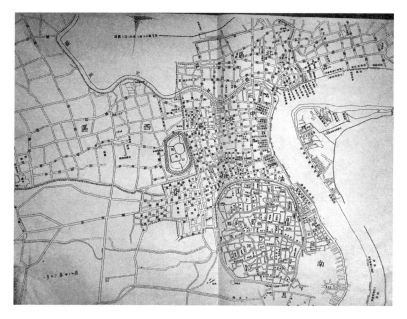

《上海》书中当时的上海地图

域也会日益扩大①。

　　确实,欧美人来到上海之后,在其所占据的租界这一地域,事实上是带来了相对先进的城市建设和市政管理,以及新的产业形态,然而欧美人凭借其强大的武力背景,在上海处于居高临下的统治者地位,在租界的地域,原本是这一土地主人的中国人,却受着不公正的待遇,作为市政管理机构的公共租界的工部局和法租界的公董局内,早期没有一个华人成员。租界内的中国人,也从来没有获得过选举权,行政、司法和警务等都掌握在外来的洋人手里。因而对于居住在上海的中国人而言,"上海国"并不会令他们有丝毫的自豪感。据《上海》一书的统计,截至1905年10月,在租界内居住的外国人的总人数,才不过11497人,而同期中国人的人数为

---

①　《上海》,第5页。

45万2716人,是外国人的40倍以上,除了少数买办等高等阶层之外,基本上都处于被统治的下层地位。

《上海》中的图片

事实上,在远山景直的《上海》一书中,就看到了如下极为不平等的记录。以上海工部局巡捕房员工的收入为例。总巡捕头1名,月薪600元;副巡捕头7名,月薪180~200元;经管马匹和车辆的副捕头各1名,月薪在200元以下至180元。这些职位都由洋人占据。侦探长1名(洋人),月薪180元,会汉语者,加40元;包探(洋人)5名以上,月薪100元,会汉语者加薪若干;巡捕(洋人)100名以上,月薪根据级别定为65~90元;印度人巡捕200名,月薪在18~21元;中国人包探34名,月薪在15~25元;中国人巡捕600余名,月薪在15元以下①。且不说月薪在15元以下的一般中国巡捕不能跟月薪600元的总巡捕头相比,也在印度

---

① 《上海》,第72页。

人巡捕之下；即便同为包探的级别，中国人是 15~25 元，而洋人则是 100 元。若这样的"上海国"成立，怎么可能是中国人的上海国呢？

远山景直所著的《上海》一书的价值所在，还是在于对于上海的详实记述，以一个日本人的视角，为今天的人们留下了许多珍贵的历史图景。其中对于徐家汇及徐家汇天文台、教堂、学校均有颇为详尽的叙述，并对此表示了一个明治晚期的日本人的赞叹和感慨，这里译述其中的一部分：

> 徐家汇，念作 Siccawei，又念作 Zi-ka-wei（这是法国人拼写的西文符号，不是根据官话即今天普通话的发音，而是上海话的发音。Zi 不按今天汉语拼音发音，与英文的音标发音相近。今天徐家汇天主堂铭牌上的英文介绍，徐家汇依然被标记为 Zi-ka-wei——引译者注），距上海五英里，沿途经过圣凯撒琳桥后，可见右侧的北美合众国的 Seventh Day Baptist Misson（基督教浸礼会——引译者注）的大厦，一路被法国梧桐树所掩映，风光如画。进入徐家汇的本村，有洋人建著名的徐家汇天主教堂，然对于吾人来说，司天台已早有听闻。
>
> 明神宗万历年间，当地的富豪徐氏（即徐光启——引译者注）（约在公元 1580 年间），皈依天主教传教士利玛窦（Ricci），捐出财产和田园，在此创立教会，传播教义，于是耶稣教在附近渐次传播开来。1722 年清雍正年间，对教徒加以迫害，其迹几乎湮灭。1840 年左右，热心的传教士再度传播教旨，以致有今日之盛况。①

---

① 《上海》，第 206—207 页。

《上海》中的图片

《上海》中的图片

1907年时的日本,基督教早就合法化,1864年就在长崎建造了纪念殉教死难者的大浦天主堂,各类教会和教堂相继出现,教会学校也遍布全国,日本人对于西方的宗教,已完全没有了1862年"千岁丸"随员到达上海时的愤恨了,上述的描述就是典型的一例。对于徐光启与利玛窦关系的叙述,与今天中国教科书的记载有些不一样,译述在此,权作参考。

书中对于徐家汇天文台(当时被称作司天台)及与教堂相关的设施做了这样的叙述:

徐家汇司天台对于世人贡献颇多,为了让世人知晓该教会的存在,司天台每天与世界各地大约六十余处的天文台和气象台保持通信联系,掌握东亚一带的气象报告,其发布的气象预报每天刊登在上海的各种报纸上,并在法租界安装信号标,在中国沿海航行的轮船皆采取其标准,以警戒各种危险。又在上海发布正午的报时信号,由这一天文台通过电流垂下时辰球,发布正午的时间点,出入的船舶皆以此定为正午时刻。又每天通过英法两种文字发布气象预报,若有临时的气候突变,也以这样的方法立即公布于世。

教堂所属的除上述的司天台之外,还有男女的孤儿院,男儿孤儿院约有两百人,他们接受严正的学校教育,其工艺部足可大观,其中尤以木工为第一,制作各种家具即椅子、桌子等,利用教会的一部分经费,设有绘画室,绘制的宗教画供不应求,还有印刷间,印刷书籍,有摄影间、音乐教室、图书馆等,据说有不少有益的报告书和其他参考材料。又有一家博物馆,由既是植物学家、地质学家又是著名传教士的福特创建的,其建筑的宏伟和陈列的内容令人不胜赞叹。欲参观本教会所属机构的,请务必上午去,下午通常闭馆。①

日本人描写上海的西洋人设施,应该是出于第三方的立场,相对比较公允。当然,明治以后的日本人,对于西洋的物品,多持赞美的姿态,若干溢美之词,也需加以辨识。

在《上海》中,对当时上海的学校也有比较详尽的记述,书中列出校名的学校有 48 所,另有女子学校 14 所,合计 62 所。当然这是一个不完全的统计。远山景亘在撰写此书的时候,中国刚刚废除阻碍近代学校教育的科举,此后中国与科举考试无关的学校教育才正式发展起来,而上海一直站在中国近代教育的前沿。在此书中,除徐家汇教堂的附属学校外,特别推举了格致书院和澄衷学堂。

格致书院是同治十三年(1874)由英国总领事发起、经中外官商捐资兴建的学校。到了博学的王紫诠任院长时,修订一切规则,

---

① 《上海》,第 207—208 页。

以期尽善尽美,又开设图书馆,每日下午两点到四点,晚上七点到九点对外免费开放。如今上海的格致中学,在一定程度上延承了当年格致书院的流脉。在虹口的澄衷学堂,校舍规模宏大,可容两千学生,现有学生三百余人,由宁波人叶澄衷捐资十数万两兴建。叶澄衷出身贫贱,原在上海以小舟向各船舶出售蔬菜,为人勤俭正实,后来发达,常谓,得财有道,散财有途,亦不失为一个人杰①。

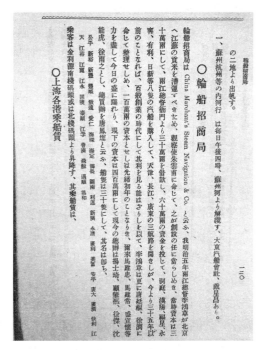

《上海》的内页

远山景直的《上海》,主要是写给日本人看的,且主要是三类日本人,一是来上海居住经营的,二是与上海的中国人做生意的,三是来上海旅游观光的,尤其是针对第一、第二两类人,因为在那个年代,真正的观光客还不多。因此,此书对于上海的生活环境,

---

① 《上海》,第201—202页。

尤其房价、物价、物品供应、适宜日本孩童接受教育的机构等，都有出于日本人立场的描述，从中也可看出日本人对上海认知的一个大要。

关于一般日本人在上海的食费，远山景直认为，中国商人一个月的食费在三元到四元，日本人一个月有六元足够了。中国钱一文相当于日元一厘钱，一百文大约等于十钱（一角）。这里选几项书中陈述的物品来比较一下。白米一石（一百升）约中国钱四元二角；老酒（绍兴酒）一斤六十文；高粱酒一斤一百八十文；酱油一合（十分之一升）约二十五文；白糖一斤约等于日元十四钱；猪肉，一斤一百三十文；牛肉，一斤一百二十文；普通绿茶，一斤日元五十钱至一元；豆腐，一斤二十文；鸡蛋，一个日元一钱二厘；鸭蛋，一个日元一钱左右；白菜，一斤二十文；鳗鱼，一斤一百二十文；黄鱼，一斤一百六十文；蟹（应该是海蟹），一斤一百二十文；甲鱼，一斤一百六十文；茄子，一斤十四文；黄瓜，一斤十四文[①]……由此大致可知当时（1905年前后）上海食品的一般价格。顺便说及，当时日元与中国银元的兑换率，是一个日元相当于中国银元的九角五分左右。这里的甲鱼和黄鱼等都是野生的。

让我非常感兴趣的是，远山景直在记录上海的食物时，食物名称的念法都注上了日语平假名。根据日语假名的发音，我发现，这些食物名的发音，基本上都是上海话，不仅如此，不少还是宁波话的发音，也许是当时的经商者或小贩，有许多是宁波人。日本人在做田野调查时，根据商人或小贩的口语发音随手用假名记录了下来，结果念出来大半是上海话甚至是宁波话。我自己是上海出生，祖籍是宁波，不仅从小听惯了宁波话，还有意学会了宁波话，因而知晓哪些发音是宁波话。比如鲳鱼，宁波人把它写作鲳鳊鱼，当然是一种海鱼，与鳊鱼无关。宁波人把鲳鳊鱼念成 chuo-bi-n，大概

[①] 《上海》，第173—177页。

鲳鯿鱼不易写,一般的小贩识字不多,日本人向他们讨教,依据宁波话的发音得来的汉字是"车片鱼",注上的日语发音是つをーぴーう,勉强可以读成 chuo-pi-u;还有金柑,宁波话的发音是 jin-gi,日语假名是ちんきー,可以读成 qin-ki;至于像虾米,日语假名注为ほみー,可读作 huo-mi;黑芝麻,日语注为はつーもー,可念成 ha-zi-mo;白芝麻,日语注为ばつーもー,可读成 ba-zi-mo[①]。这些词语与普通话的发音大相径庭,而在上海话和宁波话里差不多是一样的。由此可见,20世纪初乃至上半期,在上海通行的主要是上海话,而当时形成的上海话中,宁波话的发音占了相当的比率,甚至也有广东话和洋泾浜英语。这一现象,写作《上海》时的远山景直及同时代的日本人也注意到了,他们发现租界内流行的上海话,与上海土著语言的发音有较大的差异,而是江浙一带语言间或还有广东话夹杂的混合体。这又让我想起了至今在日本的老牌中餐馆里仍然颇为盛行的一种餐后甜食,曰"杏仁豆腐",日语的发音完全是上海话,はんにんとうふ,可念作 han-nin-tou-fu,与官话或普通话的 xing-ren-dou-fu 相去甚远。因为这一种上海风的甜食,是在战前传到日本去的,在上海本土已渐渐消失,可日本人都知道。

我在书中读到了一份当年日本驻上海总领馆在明治三十九年(1906)5月16日发布的面向一般日本居留民的"馆令",共有21条,对有以下行为者,处以80天以下拘留或80元以下罚款,内容颇有意思。这里选译几条:喝得酩酊大醉且在路上喧噪或醉卧者;在路上高声吟诗或放歌者;男扮女装和女扮男装在街上闲走者;裸体或袒裼或露出股脚及其他丑态或丑装在道路和公园里步行者;未经许可在户外开设酒宴及歌舞音曲者;在道路上未设置厕所之处大小便及让小儿大小便者;在公园和道路旁攀折草木者;在未经

[①] 《上海》,第174—177页。

《上海》书中"日本堂"广告

《上海》书中日本料理屋"六三亭"广告

规定的场所和时间投弃垃圾及其他污秽物者；在户外未对自己的饲犬在口上套圈者……。诸如此类，今天看来依然相当有意思。由此可见，日本当局对在海外的本国公民管教颇严，也很注意本国人在海外的形象。之所以制定这样的规定，就说明曾有犯这样的行为者。而真能实践上述规定的日本人，在上海也能赢得上海本地居民和其他外国人的尊重。总体而言，当时日本侨民在上海的口碑还可以，然而骄慢轻狂者也不是没有，尤其对中国人。日本总领馆发布这样的规定，也是为了整肃上海日本侨民的行为。

《上海》书中日本料理店"松乃家"广告

在《上海》出版的前后，日本方面同时已高度关注中国的江南地区，意识到了这里差不多是中国最富庶，也是最有未来的地区。1902年4月，东京同文馆发行了藤户计太君编纂的《中国富源扬子江》，对上海的叙述，占了相当的篇幅。1903年6月，东京江汉书屋发行了由《上海》的作者远山景直和大谷藤次郎共同编纂的《苏浙小观》，上海也是主要的叙写对象之一。1910年8月，上海日本堂书店发行了著作权人为上海出品协会的《扬子

《上海》书中日本旅馆"万岁馆"广告

《上海》书中日本旅馆"丰阳馆"广告

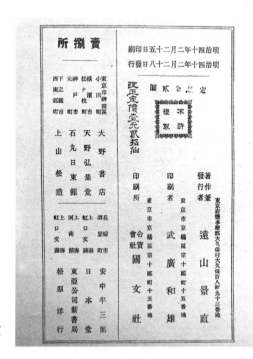

《上海》版权页

江富源江南事情》,有关上海的部分,占了将近一半的篇幅。有意思的是,著作权人虽然是上海出品协会,实际的撰写者却是上海东亚同文书院的师生。当时两江总督端方策划在南京举办规模盛大的南洋劝业会,日本方面觉得,这也是一次了解中国、与中国做生意的良机。为了满足朝野的需要,于是便委托了东亚同文书院来担当此事。就时间上来说,这是明治时期撰写的最新一部有关上海的书籍。这里译述部分上述书写中所叙不详的内容。

《中国富源扬子江》封面

《中国富源扬子江》内封

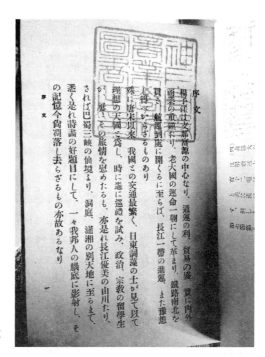

《中国富源扬子江》序文

《中国富源扬子江》中的图片

当时在上海共有 14 个国家的外国领事馆,分别是:英国总领事馆,地点在黄浦滩路,即今天的外滩(中山东一路),该建筑今天依然还在,毗邻今天的半岛酒店,保存十分完好;美国总领事馆,地点在黄浦滩(今黄浦路),建筑已不存,原址上建起了海鸥饭店;德国总领事馆,地点黄浦滩,位于今天的俄罗斯总领事馆东侧,建筑已不存;法国总领事馆,地点在公馆马路(今金陵东路),原址后来成了金东中学的一部分,如今这里已建起了光明金融大厦,应该就是"千岁丸"一行初到上海时的法国领事馆的原址;俄国总领事馆,在黄浦滩(今黄浦路),今天仍是俄罗斯总领事馆,也是唯一当年幸存的总领事馆;比利时总领事馆,在静安寺路(今南京西路),建筑似已不存;瑞典总领事馆,在熙华德路(今长治路),建筑似已不存;挪威总领事馆,在仁记路(今滇池路),建筑似已不存;丹麦总领事馆,在黄浦路,建筑今已不存;西班牙总领事馆,在熙华德路,建筑今似已不存;荷兰总领事馆,在静安寺路(今南京西路),建筑似已不存;意大利总领事馆,在静安寺路,建筑今似已不存;葡萄牙总领事馆,在汉口路,建筑今似已不存;奥匈帝国总领事馆,在黄浦滩,建筑今似已不存;墨西哥领事馆,在福开森路(今武康路),建筑似已不存;古巴领事馆,在静安寺路[①]。有点出人意料的是,那时墨西哥和古巴在上海也有领事馆,不过也只有这两个国家是领事馆而不是总领事馆。那时的日本总领事馆还在北扬子路(今扬子江路),尚未迁移至今天的黄浦路上。1911 年建成的日本总领事馆建筑至今仍在,且新近修复,只是那里暂时还是海军的属地,外人不可进入。由此可见,在那个年代,世界上已独立的主要国家,在上海几乎都有领事馆。20 世纪初,上海已完全成长为一座国际大都市了。

对于西洋诸国在上海的商业拓展,此书的撰写者几乎都持赞

[①] 《扬子江富源江南事情》,上海,日本堂,1910 年,第 79 页。

美的态度,似乎近代中国的商业发展都是洋人带动起来的,尤以英国的太古、怡和洋行厥功至伟,却忘却了西洋诸国的商业资本在不平等条约的背景下对中国的侵蚀和一定程度上的掠夺。

据此书的记载,1908年时,在上海的西洋诸国,在上海共开设了225家公司,以英国为最多,94家,著名的有怡和、太古、亚细亚煤油等;德国居其次,49家,诸如礼和、瑞记等;美国19家,茂生、美孚等;法国16家,立兴、永兴等;日本,11家,三井、三菱、大仓等;俄国6家,公美、根培等;印度6家,庚兴、老沙逊等;瑞典5家,和平、慎昌等;意大利4家,美纶、新大昌等;荷兰4家,好时、利泰等;挪威4家,协亨、信亨等;比利时2家,良济、恒昌;奥匈帝国2家,光耀、德大;葡萄牙1家,德高;土耳其1家,泰培;波斯1家,进益①。

这份统计中值得注意的是,除了西洋诸国外,土耳其和伊朗这些西亚国家也在上海建有工商业机构。另外,日本企业在当时各国中占到了第五位,仅次于法国,位于俄国之前,由此可见,日本此时在上海及中国的经济势力较前大为增强。同时,由各国的大企业代表组成了代表这些企业在上海乃至中国的话语权的上海商业会议所,会员有百余名,其中英国人50余名,德国人20余名,美国人8名,法国人6名,瑞士人4名,日本人4名,荷兰人2名,丹麦人2名,意大利人2名,俄国人1名,会员每年要缴纳五十两白银的会费,地点设在圆明园路,最高机构为委员会,由会员互选,英国人担任了主席和秘书长②。英国人无疑在当时上海占据了最大的势力。

据该书的记载,各地的中国人则在上海建立了代表自己的地方利益,也就是当时俗称某某帮的各类公所,其中以代表宁波商人

---

① 《扬子江富源江南事情》,第204—205页。
② 《扬子江富源江南事情》,第223页。

的四明公所居第一,设在法租界西门外。浙绍会馆则代表绍兴府下的商人,设在城内老北门内。其他还有诸如湖南会馆、徽宁会馆、楚北会馆、江西会馆、广肇会馆、泉漳会馆、江宁会馆、山西会馆等17家,地点都设在租界和旧城内,此外还有按照行业划分的各类公所和会馆①。

关于当时上海的各类商业机构、货币汇率、水陆交通、海关税率等,这类书籍都有十分详细的记载。由此可见,当时的日本人对这方面的情报调查得相当清楚,编纂和出版这类书籍,主要目的是为日本商人在上海和中国拓展商业利益提供相关的背景情况。

《扬子江富源江南事情》中有关上海的图片

---

① 《扬子江富源江南事情》,第215—217页。

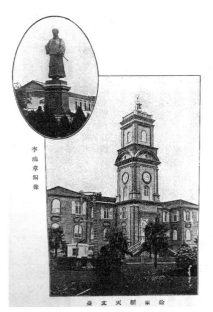

《扬子江富源江南事情》
中有关上海的图片

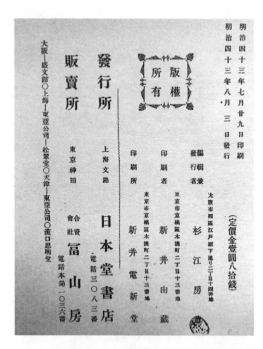

《扬子江富源江南事情》版权页

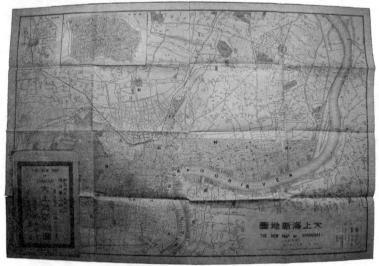

《扬子江富源江南事情》内页地图

自幕府末年日本被迫打开国门至明治落幕的岁月,正是日本结束锁国政策,逐步走向世界,并最后得以在东亚的舞台叱咤风云的半个世纪。而中华帝国尽管也标举过"洋务",试图重振雄风,无奈由于因袭过重,中枢腐朽,在西洋帝国和东洋帝国的夹击下,国运日衰,日暮途穷,最后沦落为被列强瓜分的对象。日本的"脱亚入欧"派自不待言,已经视中国为弊帚弃履,不屑一顾,即便是亚洲主义者,到后来,其使命与其说是联手中国,不如说是改造中国,即便联手,日本也须是盟主,因为中国已经无力扮演主角。尽管上海在近代的崛起,似乎像是从一堆曾经锦绣如今却褴褛的衣衫中突然冒出的一颗珠玉,不过这颗珠玉的光色与衣衫的整体是如此的不协调,而且这光色多半也来自外界物体的折射,并非从衣衫本身透发出来。1862 年"千岁丸"一行初次来到中国,首先是从上海看到了破衣烂衫的中国,又从上海看到了不同以往的珠玉(尽管当时也许还只是一块璞玉,直到最后它也未能成为一颗完美的宝玉),并且看到了制造珠玉的强悍的力量,日本人由此逐渐惊醒,希冀自己也能变得强悍起来,与洋人一样来主宰中国。并非所有乘坐"千岁丸"的日本人都从此萌生了这样的欲念,但日后日本试图对中国进行武力扩张的行为,真的可以追溯到"千岁丸"的上海之行。当年的峰洁就非常鄙视中国:

今至上海兵营而观其状,见其兵卒皆敝衣垢面,徒跣露头,羸弱无力,皆状若乞丐,未见一勇士。若如此,则我一人可敌其五人。若率一万骑兵征彼,则可横扫清国。①

当年"千岁丸"一行还曾对洋人在上海的傲慢举止颇觉愤懑,这是因为其时"尊王攘夷"的思潮还颇为兴盛,最初的这些下级武士,也大都是"尊王攘夷"派。但在 1863—1864 年之间的"萨英战

---

① 《幕末明治中国見聞録集成》第 11 卷,第 30 页。

争"中遭到了英国猛烈炮击,以及高杉晋作的"奇兵队"等与欧美四国联合舰队交过手之后,这些"攘夷"派充分领受了西方人的强悍,很多人日后成了西洋文明的拥护者。也因此,明治以后来到上海的日本人,对由西洋人主导建设的租界的新气象大都发出了由衷的赞叹,对西洋人的新文明表示了真切的服膺,他们试图通过上海这一独特的存在来反观日本本身,思考日本的命运,也就是从上海所展现出来的东西新旧文明交融冲突的实态中来寻找日本在东亚乃至世界上的坐标。他们最初的努力,是到上海来兴办教育机构,通过上海来促进与中国的贸易,但渐渐地,帝国主义的色彩就日益浓厚了。

大正时期

(1912—1925)

德富苏峰与河东碧梧桐笔下的上海

中华民国成立的 1912 年,也正是日本年号更改的一年。明治天皇去世,大正天皇继位。1914 年 6 月,以欧洲战场为主的第一次世界大战爆发,日本趁机出兵中国胶州半岛,并在翌年 1 月向袁世凯政府提出了企图全面控制中国的"二十一条"。这正是明治中后期以来日本对华政策的延续和强化的表现,也是日本对外政策日益显出帝国主义色彩的标志。利用西方列强忙于欧战的空隙,这一时期日本资本大举进入中国,换言之,这一时期是日本在中国扩大势力范围的重要阶段,在上海所体现的,就是日本开设在杨树浦和小沙渡一带的以内外棉、日华纱厂等为代表的纺织业。至 1925 年,日本资本已经超越了英国,在上海纺织业中独占鳌头。随之而来的,是日本侨民在上海势力的增大。1914 年 3 月,上海日本人俱乐部新大楼在文监师路(今塘沽路)落成,成了日本中流阶层在上海的活动中心;同年 10 月,日文的《上海日日新闻》开始发行。因虹口一代日本人数量的增加,工部局成立了"日本巡捕队",加强该地区的治安管理。1918 年,三井、三菱洋行和日本绵证券商社在上海联合设立了上海最早的证券交易所——上海交易所成立。1924 年和 1925 年,在上海已经营多年的横滨正金银行和日清汽船会社在外滩建造了宏伟的支店大楼(分别位于今中山东一路的 24 号和 5 号)。

这部分主要论述德富苏峰(1863—1957)和河东碧梧桐(1873—1937)的 1917 年的上海旅行记。德富苏峰主要活跃于舆论界，而河东碧梧桐是一位俳句诗人和画家，两人的政治立场并不相同，然而在日本都有很高的名声。有意思的是，1917年时，他们都来到了上海。

德富苏峰肖像

德富苏峰是一个在日本近代史上罕见的于明治、大正、昭和三个时期皆具有深远影响力的媒体人和评论家。他的教育背景，除了一个时期曾在汉学塾内读过以中国古典为中心的东方典籍外，主要是在家乡熊本洋学校和东京英语学校、京都的同志社英学校（一所日本人创办的教会学校，今同志社大学的前身）接受西方式的教育，年轻时虽然没有在海外游过学，却阅读了大量原版的曼彻斯特学派的理论著作，一时曾醉心于西欧的民主自由思想，积极投身于当时在日本方兴未艾的自由民权运动。1887年2月，年仅25岁的德富苏峰在东京成立了民友社，创办了在明治中后期卓有影响的周刊《国民之友》；1890年2月又创办了《国民新闻》报，鼓吹平民主义思想；并在1893年出版了作为平民丛书第6卷的《现时之社会主义》，介绍欧洲的社会主义思想和运动，一时成了明治青年的导师。但是就像很多日本近代的思想家一样，苏峰在骨子里其实一直是一个国家主义者。1885年他在家乡创办私校"大江塾"时,就创作了一首《爱国之歌》作为校歌,以此来激励青少年为国家奋斗。甲午开战前夜,因朝鲜事件的刺激,日本国内的民族主义或曰国家主义达到了高潮,德富苏峰主持的《国民之友》和《国民新闻》也成了这一思想或情绪表达的重要媒介。而德富苏峰自己则因这场战争,彻底蜕去了平民主义的外壳,基本放弃了自由民权的主张,演变成了一个帝国主义者,积极鼓吹对中国的开战。其标志就是1894年12月由民友社出版的,将战争时期发表的部分文章合编而成的《日本膨胀论》(这里的日语"膨胀",可作"扩张、扩大、强大"解)。

德富苏峰在这本书里第一次非常清晰地表达了他对中国的看法:"中国人,在全世界都受到歧视,受到侮辱,受到虐待。他们像牛马一样被人驱使,而有时候又像毒蛇猛兽一样被人驱赶。但是总体而言,他们反倒是让人觉得畏惧。他们是受人憎恶却又使人感到害怕,我们(日本)是让人觉得亲切却又遭人歧视。……在浅薄的欧美人的眼中,中国人是一个将金钱看得比生命更重要的拥有四亿人口的种族,中国是一个龙盘虎踞于亚细亚沃土上的大帝国,是一个希腊罗马文明尚未从地平线上升时就拥有了五千年文明的庞大的旧国,他们(欧美人)在中国人卑屈的性格上看到了其吃苦耐劳的精神,在陈陋的旧习上看到了其坚定刚毅的意志,在迟钝的反应上看到了其坚忍厚重的风尚。他们正因为惧怕中国人,所以才对日本人及日本国表现出骄慢的态度。"[1]当战争进行到日本处于绝对优势地位时,德富苏峰就竭力主张要分割中国的盛京省(即后来的辽宁省)和台湾省,他认为这样既可控制中国的北方,遏制俄国势力的南下,又可打通通往东南亚的门户,与英国

---

[1] 《日本膨張論》,载《德富蘇峰集》,東京,筑摩書房,1974年,第252页。

分庭抗礼①。此时的德富苏峰,已成了一个极端的国家主义者了。

甲午战争的后期,德富苏峰作为一个媒体人,曾随日军来到旅顺一带,后来在1906年和1917年曾两度来华游历,留下了《七十八日游记》和《中国漫游录》两部中国旅行记。二战爆发后,他的帝国主义思想越加显露,1940年9月向当时的首相近卫文磨提出缔结日本、德国、意大利三国军事同盟的建议书;1942年出任军部主导的"大日本文学报国会"和"大日本言论报国会"的会长,几乎是二战时期日本文化界的最高领袖;坚决反对接受《波茨坦公告》,战后被美国占领军定为甲级战犯的嫌疑人,开除一切公职。这是后话了。

1918年6月出版的《中国漫游录》,记录了德富苏峰在上一年9月至12月在中国旅行的见闻和归国后的思考。他在该书的序言中说,史上最伟大、且理想的新闻记者,是中国的孔子,他按照史实作春秋,在史实的叙述中,褒贬自现。所以,这本书,"只是直书吾人所相信的事实,这一点要请各位宽容。其所述所言,不管有多么的露骨、痛切,其根本的出发点,都是出于对中国及中国人真切深厚的同情,这一初衷,希望各位认识到"②。从骨子里来说,德富苏峰对于中国的情感其实也是很复杂的,但这一时代,凌驾于中国人之上的优越感,已经渐渐渗透在日本人的骨髓中了。

1917年的旅行,他经由朝鲜半岛,自奉天(今沈阳)北上哈尔滨,又往南到长春、吉林,再至大连旅顺,一路向西,经营口自山海关向秦皇岛,入北京,会见了段祺瑞总理和冯国璋总统,然后向西,自张家口到大同,折回北京后向南,至汉口、南昌、南京、扬州,然后在11月中旬,从镇江坐火车抵达上海。

德富苏峰在1906年时就曾来过上海,此时再来,感到"上海的

---

① 《日本膨張論》,载《德富蘇峰集》,第259页。
② 《支那漫遊記》,民友社,1918年第4版,第1—2页。

《中国漫游记》与《中国丛话》

《中国漫游记》封面

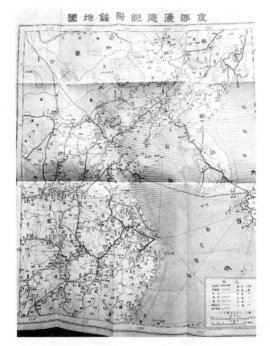

《中国漫游记》中的旅行地图

发展,与十二年前相比,是相当明显的"。然而此时正值第一次世界大战的后期,"予等坐小火轮在上海的河港内上下穿梭,造船厂、煤炭仓库、制造厂等鳞次栉比,在下游的江岸渐次扩展,见此情景,不禁心情畅快。只是因为战争,纺织厂如同形骸,尚无法安装机器,徒然空置在那里。德国的轮船上飘扬着民国的国旗,德国邮局的门口也贴上了封条,被关闭了,多少让人感到了战时的影响"①。

在上海期间,他明显感受到了日本势力的增长:"参观了日本人俱乐部,这是一幢投入了三十万元资金建造的大建筑,足以代表

---

① 《支那漫遊記》,第247—248页。

《中国漫游记》内页

在上海的日本人,听说这里使用频率最高、使用效率也最佳。"①在俱乐部内举行的一场日中记者晚餐会上,他深深感到:"作为日支亲善的捷径,日本人要多习中国语,中国人要多习日语,在日常的交际应接中,不使用通译,各自用各自的语言交流,在疏通情意方面,可谓方便许多。……至少在日本人这方面,倘若你要在中国做事,倘若想在中国有志于发展,那首先最重要的,就是学习中国语了。这不是一种奢侈,不是一种玩乐,不是为了好奇,完全是因为实用。完全是必须。你要在中国进行商战、外交战、社交战。这是最佳的利器。"②在德富苏峰看来,掌握汉语,是在中国进行各种

---

① 《支那漫遊記》,第248页。
② 《支那漫遊記》,第250—251页。

"战"的最有用的利器。在日本俱乐部的晚会上,德富苏峰做了如上的致辞后,有一位来自上海《神州日报》的记者余洵站起来发言,先用中文滔滔说了一段,然后用日文流畅地把它翻译了过来,"就宛如丰竹吕胜(明治大正年间的著名的说唱女艺人——引译者注)富有弹性的声调,博得了满堂喝彩。中国人在语言上的天才,是日本人远远无法望其项背的"①。

11月13日,德富苏峰被带往跑马厅观战,他自己觉得英国人和中国人都好赌,英国人多赌马,中国人多赌牌,"但是令人惊讶的是,场中可见云集的日本人,这是由于上海的日本人众多的缘故呢,还是日本人投机心亢奋的征兆呢?"②恐怕好赌争胜,与国籍和种族无关,是人的一种天性吧。

11月16日他去日本人开设的内外棉访问,"工厂开在苏州河畔,有新旧两所,合计十二万锤,可知是一家大厂。……日本人到上海来兴办工业,不管是独自经营,还是与中国人合营,都是应该鼓励的"。甲午战争之后,德富苏峰的主要思想倾向是富有扩张性的国家主义(日语的表述是"国权主义"),鼓励日本企业在海外尤其在中国拓展势力,与他的思想脉络是一致的。阔别十年有余,他也发现了上海的变化:"坐汽车去龙华寺,一观寺塔,再在门外一览江南机器局而归。上海的近郊,道路开阔,沟渠畅通,桃园菜圃相接,春色骀荡之日,其景象可以想见也。"③

此时德富苏峰在中国已享有盛名,他在上海会见了各个界面的著名人物。11月14日,吴昌硕来访他,事后他记录说:

上午,在上海,不,在全中国,作为一名艺术家发挥出了其特色的吴昌硕老人来访。吴氏在篆刻方面,是一位浙派的后劲人物,其书法,

---

① 《支那漫遊記》,第251页。
② 《支那漫遊記》,第249—250页。
③ 《支那漫遊記》,第255页。

亦有一种气韵,至于画,气骨豪举,用笔快利,色彩鲜浓,盖一时之雄也。见其风采,年龄已逾古稀,白皙,柔肤,色温,气和,毛发紧紧地束在头上,看上去有点像一位老太太。赠予《缶炉诗》两册及吴氏祖先集三种。今阅读其《缶炉诗》,越加觉得翁在诗上,亦为优秀一家。①

《中国漫游记》中德富苏峰在上海会见的部分人物的图片

书中记录了他在上海与数位中国政坛人物的会见:

好几次在孙逸仙氏的宅邸,会见了南方派的诸位,主要与孙洪伊氏问答,戴天仇氏担任通译。柏文蔚、丁人杰二氏亦在座。孙洪伊氏,乃前内务总长也,其细长而有神的眼睛,精心修剪的脸面,其美髯,且其沉稳的态度,一见可知是南方派的巨擘之一。孙氏有一

---

① 《支那漫遊記》,第252—253页。

种中国人中罕见的浑厚低音,言辞滔滔。其论旨是否得当姑且不论,但其表述清晰明了,毫无枝蔓。戴天仇氏的日语,则可谓天下一品,恐怕日本人也要退避三舍。与诸位的午餐,吃到一半即退席,又赶往一品香,参加上海各中国新闻社的招待会,上海《申报》社长史家修氏致欢迎词。①

　　孙洪伊(1870—1936)在今天几乎已被人忘却,早年虽是袁世凯的幕僚,后来却反对袁世凯称帝,积极推进中国的宪政,民国后组织民主党、进步党等政党,当选为众议院议员,又历任内阁教育总长(教育部长)、内务总长(内务部长)。德富苏峰来上海时,他已辞去内务总长一职,暂居上海;后去广东担任军政府的顾问,所以德富苏峰称他为南方派的巨擘之一。戴天仇,即戴季陶,1902年11岁时进入成都的东游预备学堂学习日语,同时跟随东文学堂的日本教师服部操学习日文;1905年赴日本留学,先进入一所师范学校,后入日本大学专门部法律科学习;1909年夏天,因经济困顿不得已回国,此后与共和思想发生共鸣,1911年春加入同盟会,他的才能尤其是日语能力受到孙中山的赏识,成了孙中山的日语专门翻译。他由于少时即跟随日本人学习日语,后又去日本本土,因而发音、词语皆佳,这从德富苏峰对他的赞美中可见一斑。同时他一生与日本各界要人交往,对日本了解颇深,1927年时出版的《日本论》,虽然只是一本薄薄的小册子,至今仍是中国人论日本的一部名著。书中提到的一品香,是1883年开设在今天西藏中路近汉口路的一家餐馆兼旅馆,当时以供应改良过的西餐(当时称为"番菜")出名;1919年进行了大规模的改扩建,成了当时中国人经营的比较高档的旅馆,多年以后被改为上海市农委招待所;我在1993年时曾去造访过,那时基本结构和风貌犹存,后被拆除,在原

---

① 《支那漫游记》,第253—254页。

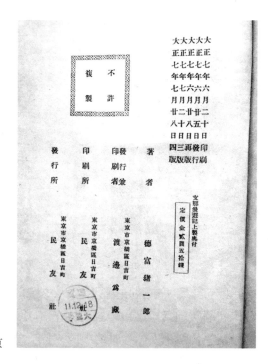

《中国漫游记》版权页

址上建成了来福士广场。

11月16日傍晚，当时居住在上海的日本人藤田男以东道主的名义，代德富苏峰在一家位于今天虹口西江湾路上的"六三亭"请吴昌硕、王一亭、李梅菴等中国友人雅集。六三亭，又称六三园，是在上海的日本人白石六三郎于1912年开设的一家日本料理屋，屋外带有日本式的庭园和西式的草坪，占地六千坪，在当时成了在沪的上层日本人和中国人宴饮雅集的场所，孙中山、康有为等均在此地有过聚会。在沪日本侨民也常在此地举行活动和运动会等。1935年10月25日，鲁迅在此会见过日本诗人野口米次郎。六三亭在1937年秋毁于日本侵华战争的战火。在这次雅集上，几位中国人一起合作创作了一幅松竹梅菊图赠送给德富苏峰，王一亭并为他画了一幅肖像画，将他描摹成达摩的模样，吴昌硕则在画上题

河东碧梧桐肖像

诗一首①。

　　俳句作家河东碧梧桐(1673—1937)的主要兴趣在于俳句的创作和革新,他对政治的关心或许没有德富苏峰那么强烈,但他毕竟也是一位知识人。当时的中国,对于日本而言,其重要性越来越凸显,因而也吸引了他的关注。河东碧梧桐出生于爱媛县的松山市,在家乡的中学毕业以后,先到位于京都的第三高等学校求学,后又转到仙台的第二高等学校(旧制的高等学校是战前日本介于高中和大学预科之间的学校),年少时跟从同是松山出身的俳句革新家正冈子规(1867—1902)学习俳句创作,日后成了日本近代最出色的俳句作家之一,出版有《春夏秋冬》《日本俳句抄》《新倾向句集》《碧梧桐句集》等。他的父亲是一位汉学家,因而他于中国古典,也有相当的造诣。他一直喜欢旅行,曾在 1906 年和 1911 年两次走遍日本各地,分别在 1910 年和 1914 年出版了《三千里》和《续三千里》的旅行记。1917 年 4 月,他获得机会来中国旅行,在之后出版的《中国游踪》的序言中谈到为何要去中国旅行时,这

---

① 《支那漫遊記》,第 264 页。

样写道：

作为国家的中国，作为人的中国人，是我们日本人必须要了解的非常紧迫的理由。……（在这本书里）我之所以把自己所见到的、所接触到的中国，直白地、毫无掩饰地写出来，相信以此方式可以使得我们日本人对于必须去看一下的中国，必须要接触的中国，能够给予若干的理解和启示。①

《中国游踪》的内封

河东碧梧桐的行程，是先去香港、广东一带，然后坐船来到上海，再在江南一带游历，最远走到了南京、普陀山等地，4月至7月，共在中国待了4个月。

河东碧梧桐这样描述了船进入黄浦江码头时的景象：

上海有好几个属于不同国家的栈桥。可以停泊一万吨级轮船的码头，数了一下，大概有十余个吧。栈桥式的码头距岸边并不

---

① 《支那に遊びて》，大阪屋號書店，1919年，第1—2页。

远,与其说是迫近陆地,不如说是与陆地之间相连的,如此的大自然,令人惊叹不已。神户、大阪和横滨等地人工修筑的码头,花费了巨大的费用。在我们日本人的眼中,这种自然的巨大的恩惠,真是令人羡慕。说起江面的宽度,不过是大阪的淀川、东京的隅田川的三倍而已吧,然而岸边居然可以停泊一万吨级的轮船,江面上可以停泊两万吨级的轮船。与只可行驶千吨级轮船的淀川和隅田川相比,大致就可算出岛国和大陆之间的差异了吧。①

这些文字,显然蕴含着河东碧梧桐对中国大陆山川宏阔的赞美心情。

《中国游踪》中的图片

但实际上,他在上海更多感受到的是:趁着一战正酣之际,日

---

① 《支那に游びて》,第150—151页。

本在上海的势力扩展。在上海,他第一次知晓并体验到了日本侨民在上海的自卫组织"上海义勇队":

  我只知道他是啤酒公司营销员的 O 氏,从楼下的办公室上来后,有点手忙脚乱地迅速脱下了工作服。我正在想,想要换上和服的话,也不必那么着急呀。就在此时,他换穿上了妻子拿来的立领的服装。还没有等我问他,你这不是军装么?此时他已配齐了步枪和刺刀。只见他熟练地卷起了绑腿,右肩上挂着水壶,左肩上挂着一串子弹。简直就是出征军的装束。O 氏见我一脸的惊讶神色,就跟我说起了上海义勇队的大致情况。上海义勇队,是居住在上海的日本青年志愿组成的军队组织,每周要进行几次军训,一年要举行几次军事演习,有时还要与各国的义勇队进行对抗性的军事操练。也就是说,是在上海的日本侨民发展起来的自我保卫组织。目前的队长是退役的中佐,O 氏现在临时担任了他的副官。虽然个子还没有完全达到平素征兵的要求,但从他穿戴整齐的样子来看,已经很像一个副官了。O 氏好像挺有语言天赋的,上海话自不必说,北京官话也没有问题。而且自学的英语听起来也很不错。①

  河东碧梧桐进一步写道:

  据说上海是一个舶来的外国趣味与土著的中国趣味交互错综的混合色彩最浓郁的唯一的一座城市。上海也可谓是中国南方派与北方派互相角逐的最具有危险性的场所。确实,你只需到市内去走一下,就可以从道路、建筑和来来往往的各色人种中,立即感受到纷杂的各种趣味交互错综的外观。而且从最近的历史来看,从争夺机器制造局的革命战争等情形中,就可以理解和接受南北接触的概念。不过,对于这些外观和概念,最能够从内容上加以说明的,对其所画出的轮廓涂上了色彩的,就是眼前 O 氏的义勇队

---

① 《支那に遊びて》,第 152—154 页。

的行装了。从一个公司职员迅速变换成一个军人，丝毫没有让人感到突兀的O氏所穿的卡其布军服。上海义勇队成员之一的O氏，成了对我叙述上海的唯一的核心。①

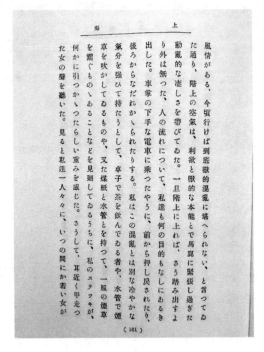

《中国游踪》内页

1917年，上海的虹口地区已形成了一个比较成熟的日本侨民区，河东碧梧桐明显地感到了日本在上海的势力影响，而1905年正式建成的新公园（后改名虹口公园，又改名鲁迅公园），那时已成了日本侨民的憩息和游乐之地。新公园最初的雏形，是工部局在1896年所购的一块农地上建立起来的租界义勇队的射击练兵场，后来在其西部改建了一个运动公园，最后形成了如今的样态。在上海旅行记中，河东碧梧桐这样描绘了他所见到的景象：

---

① 《支那に遊びて》，第154—155页。

说是公园,只是一大片开阔的草坪而已。但在这宽广得像师团的练兵场一样的草坪的广场中,一眼望去,是无数的网球场,几乎占满了所有的空间。……除了离我很近的两对人是西洋人之外,其余几十对都是同胞。我用手轻轻地触摸池塘边的水晶花,慢慢在公园内走了一圈,发现打网球的人,外国人居三分,日本人占七分,在人数上完全处于优势。在日前上海纺织的K君举行的晚餐会上,他告诉我,上海的工业领域的优势地位,由于欧洲战争的缘故,已逐渐转移到了日本人的手里。与战前相比,现在日本人的人数增长了四倍。这不是在殖民地中的无赖游民,而是因为职业的需求而自然增长的。日本人在工商方面的势力,已经如此浸润到了上海的财界。晚餐会上有人情绪激昂地表示,媾和以后,即使欧洲的势力一时想要挽回战前的地位,我们也已完全取得了与他们平等竞争的主动权。①

河东碧梧桐也觉得,欧美国家经济已相当发达,又有充裕的资金,这些都不是日本的长处,"贫穷而人口又多的日本,难以与他们相对抗,迄今为止一直不得不处于雌伏的状态。但是,唯一可以与之对抗的,只有投入多余的人口。与其投入金钱不如投入人力,这依然是我们殖民政策的第一要义"。不过他内心也明白,"今天日本人虽然在这里获得了发展,但这毕竟不过是老虎暂离时猴子称大王的景象"②。作为日本人的河东碧梧桐,还真有点低估了日本同胞的能耐,事实是,日本却趁着欧美人忙于欧战的时机,悄然而稳步地在上海占下了地盘,其势力逐渐与英国并驾齐驱,在某些领域甚至还略占上风,以至到了1941年底时,把上海的欧美人完全踩在了脚下。

河东碧梧桐还以文学的笔触记录了自己在上海青莲阁的一次

---

① 《支那に遊びて》,第156—158页。
② 《支那に遊びて》,第158—159页。

体验：

　　一旦上了楼以后，只有继续走出下一步了。随着人流，我们漫无目的地往前走。就像乘上了技术拙劣的司机驾驶的电车一样，前面的人被推了回来，后面的人又往前涌。在这混乱的氛围中，我倒强使自己保持着一种冷静的心情，打量着周围的人们，有的围着桌子在喝茶，有的抽着水烟，有的手里拿着纸烟和水烟管，在兜售供人抽一口的烟草。我感到了自己拿着的手杖好像被人拽拉的重力。于是，耳边听到了声调有些高亢的女人的声音。一看，不知什么时候，我们的每一个人边上，都有年轻的女子靠了过来。我只觉得她们是年轻的女子。我还不具有通过服饰和发型来识别女人性质的知识。我根本就没有想过要到这样的地方来满足本能。这只是作为来到了楼上的人的一种特权，跟随着别人，也并没有觉得有什么怪异。我们径直向前走，尽头处是玻璃窗，然后向右转，穿过桌子间的空隙，来到了面向街路的栏杆前又向右转，跟着熙熙攘攘的人流向前走。耳边不停地响着听不懂的女子的高亢的声音。我的手杖不时地像要被人拽走。向前走的 S 回过头来笑着对我说："怎么样？早点逃走吧，哈哈哈。"我一时想不出合适的应答，愣住没说话。我那时也没多想，第一次回过头来看了一下拽住我手杖的女子。女子黑黑的头发和衣服中，一张有些白皙的脸显得很分明，圆圆的，有些胖乎乎的，当然是属于长三或幺二这样的娼妓阶级，可那张圆圆的、天真烂漫的脸，却完全看不出像那些营养不良的卖淫女。她穿着如今在中国流行的袖口短短的上衣，露出鞋袜的紧紧的裤子，且像鸭子一般、真的像鸭子在草上走路那样，全身描绘出一种清晰的曲线，显出了毫无掩饰的表情与令人十分愉悦的一种矛盾的和谐。那女子大幅挥动着左手上的白色手绢，不知为何像是在向我靠近。与此同时跟随着 O 氏的那个穿着灰黑色衣服的女子，像是想要与 O 氏比高低似的，身躯显得很大。抓住了 S 氏的女子，身边还跟着一个上了年纪的妇人。本老是想来观察一下上海青莲阁黑暗一面的我，只是接触到了它的一端，好像还没有产生如 S 氏所说的想要逃出去的感觉。然而又没有想要进一步看下去的心情。①

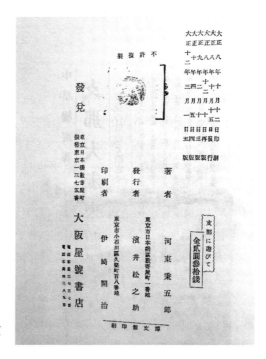

《中国游踪》版权页

以德富苏峰那样的身份，大概不敢轻易到青莲阁这样的地方去，而河东碧梧桐是一个文人，文人每每与诗酒妇人连在一起。从上述河东碧梧桐的记叙可以看出，他对上海没有太多的知识准备，他也不通汉语，他对上海的了解，多半来自居住在上海的日本人的叙述，他在上海的体验，也多半是跟随别人的游历，显然是缺乏深刻性的，然而也不时闪烁着他作为一个文人的直觉的敏感，不乏精彩的点滴。

---

① 《支那に遊びて》，第 101—104 页。

陆续刊行的各色"上海案内"书

随着上海对于日本重要性的日益凸显，继明治四十年即1907年第一本以上海为书名的远山景直的《上海》问世以后，进入大正年间，各色"上海案内（案内在日文中是指南、导览的意思）"书也陆续推出，其中影响较大、评价似乎也最高的，大概要推岛津长次郎（又名岛津四十起）编著的《上海案内》。《上海案内》大正二年（1913）1月由上海的金风社发行了第1版之后，以后每年要进行修订补充，至大正十三年（1924）8月出了第15版，成了一部长销书。编著者岛津长次郎是一位久居上海的日本人，自己在上海北四川路第二长安里2号开办了一家名曰"金风社"的出版社，他是一个文艺爱好者，尤其热衷于俳句，据说年轻时爱读石川啄木的诗歌，自己平时也经常试笔，1920年10月，由自己经营的金风社出版了一部诗歌集《炮声来到的屋甍》，主要以上海和上海生活为题材，收录了诸如《乍浦路》《徐家汇路上的尼姑》《杏花楼》等作品。《上海案内》这本书，他自己是发行兼编辑人，书编定之后，由日本人开在上海昆山路1号的芦泽印刷所印刷，由开在上海文路（今塘沽路）上的日本人经营的书店日本堂、申江堂销售，后来还有内山书店销售，在中国其他地方代销的还有青岛的博文堂、英文堂，大连的大阪屋书店，日本本土仅在长崎和大阪各有一家销售。可以说，书的写作、编辑、印刷、发行和销售，主要都在上海；书的读者，主要是面向在上海和中国的日本人，或即将前往上海的日本人。

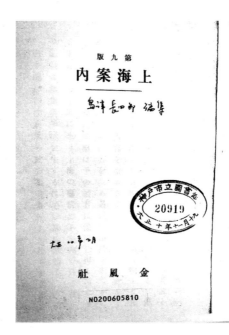

岛津长次郎《上海案内》

从书的目录来看,《上海案内》似乎与远山景直的《上海》也大同小异,但它长销不衰的吸引力有两点,第一是每年推出新版,在这一时期,可谓是上海发展最为迅捷的时代,新事新物层出不穷,有新生的,新崛起的,也有衰败的,没落的,这本书每年有内容的更新,能使读者了解到最新的上海情况;第二是它特别编纂了一部"邦人(即在上海的日本人)案内",将所有在上海的日本官方机构和民间组织、所有日本人在上海开设的商号等一一罗列,详尽介绍,因而在上海的日本人,几乎家家户户必备一册。而每一个前往上海做事或旅行的日本人,也把它当做最佳的指南书,几乎是人手一册。

从这一时期的各种"上海案内"来看,大正时期也就是民国初年,日本人对上海的看法已大致成型,在这一类叙说上海的书籍中,他们一般把上海(其时上海还没有成为一个市,在行政区划上

《上海案内》中的图片

还只是江苏省的一个县）分为七个区域：公共租界（在叙述上仍然细分为英租界和美租界）、法租界、上海老城、南市、闸北、浦东和吴淞。在岛津长次郎编著的《上海案内》中，则把上海老城和南市归并在一起。值得注意的是，在大正时期出版的有关上海的"案内书"中，租界的地域已不再是最初的范围，经过几次扩张和土地章程的修改，公共租界和法租界的地盘，已经占据了作为现代都市上海的最中心区域，而老城、南市和闸北，则被称作华界，几乎是上海的边缘地带了。因而这一类"上海案内"的书籍，对上海叙说的重点都集中在租界地带，当然，租界内的主要居住者其实还是中国人，在上海的中国人的生活习俗和经济状况，也是日本人的一个重要关注点。

《上海案内》中的图片

《上海案内》中的图片

《上海案内》中的图片

我手头的《上海案内》是大正十年(1921)2月发行的第9版,有关上海的最新讯息差不多截止到1920年。这里来看一下对上海的几条马路的描述:

南京路(大马路)。从巍然耸立的汇中饭店(Palace Hotel,现在的和平饭店南楼,建于1906年,那时沙逊大厦即今天的和平饭店尚未建造——引译者注)往西的大厦鳞次栉比的电车路,称为南京路,俗称大马路,大马路的叫法更广为人知。大马路宽约七八间(一间约1.82米)至十一二间,是上海第一大街。工部局市政厅(Town Hall,日文原文为上海市会议事堂,地点在今天的南京东路贵州路口,1929年后改作他用——引译者注)在街的西面,再往西是跑马场及新世界(游乐场),跑马场再往西,就是通向外国人住宅区集中的闲静的静安寺路(今南京西路——引译者注),路上种植了娑罗树,外国人商馆、中国人的大商店诸如永安公司、先施

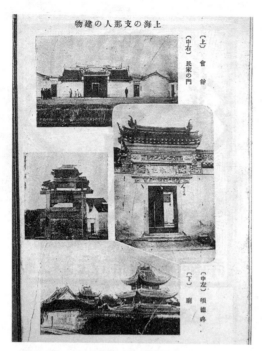

《上海案内》中的图片

公司及其他银楼等,都集聚在此。其建筑之华美、商业之繁荣、地理位置之中心、街面之殷赈,实在堪称上海马路之王。每天正午前至下午五时前,尤其是举行跑马的当天,汽车、马车来往如织,而电车则穿行于其间,其热闹之景象,真可谓是东洋的欧美都市。我国的朝鲜银行、村上洋行、中国(这里的中国指日本的中国地区,在战前日本的出版物中,对中国几乎都不用中国一词——引译者注)东京两大电气会社等均在南京路的东方,而咖啡馆、酒吧等则在马路的中部。①

四马路(福州路)。四马路是上海的天堂,剧场(茶园)、茶馆、酒楼、书馆(表演说书艺术的场馆)、书寓(艺人们住的房子)、堂子

---

① 島津長次郎《上海案内》,上海,金風社,1921年第9版,第44—45页。

（艺妓）、野鸡（卖春女郎）等集聚于此，可一窥中国原有的趣味。夜晚的街景，就完全被妓女游客填塞了，极尽繁华，呈现出亡国之观。前述的大马路和这条四马路，可谓是代表上海的两大马路，大马路代表了上海的白天，四马路代表了上海的夜晚，三井银行、安部洋行、东亚蛋粉会社、东亚制麻会社、上海交易所、上海中介商店、日华洋行、新泰洋行、芝绵行在这条街的东部，黑本洋行、中东药房、清和洋行在马路的中部。①

静安寺路。东起跑马场，西至古迹静安寺，沿街绿荫茂密，闲静整洁，街上有比利时、意大利、西班牙等各国的领事馆，各国外交使团及大公司的老总、资产家的住宅，及其他各色花园，其中著名的愚园，就在静安寺的一侧，又有外国人墓地（现辟为静安公园——引译者注）和天下第六泉（今已干涸不存——引译者注）等，是上海第一流的住宅区。②

书中所描述的南京路或大马路，也就是今天的南京东路，1920年后虽有变化，但当时的风貌大抵依然留存；而今天称为南京西路的静安寺路，则已景象大变；当年四马路的风景，今天大半已经荡然无存，昔时的喧嚣芜杂衣香鬓影，几乎已消失殆尽。这部第9版的《上海案内》，为我们描绘出了日本人眼中的1920年时的上海旧景，也颇为珍贵。

上文已述及，这部《上海案内》的另一个特点是随书专门编辑了一部《邦人案内》，对在上海的日本各类官方和民间机构以及上海侨民（日文称之为"居留民"）的经济、生活样态做了极为详尽的叙述，为我们今天研究19世纪至20世纪前期日本在上海的势力和影响，提供了极有价值的史料。这里选择一些重要的，编译如下。

---

① 《上海案内》，第45页。
② 《上海案内》，第45页。

日本总领事馆。1870年3月,在中日修好条约尚未签署之时,日本的民部省就通过外务省向上海派遣了通商权大佑、长崎人品川忠道来上海担任商务官员。后设立外务省上海出张所,以品川为外务大录兼通商大佑。1872年,将出张所改为日本公馆,任命品川忠道为代理领事。1873年5月,派遣在天津参与签署了中日修好条约的井田让到上海担任总领事,并将原来的日本公馆改为日本总领事馆;7月初将领事馆从苏州路迁往黄浦路与南浔路交界处,但都是借住在他人的建筑物内。经接任的品川忠道总领事的提议,花费了大约三万元,于1879年在黄浦路上建成日本总领事馆,一幢两层楼的洋风砖瓦建筑。后又进行重建,1911年落成,为洋风的三层建筑,外观颇为宏伟,今日依然留存①。

19世纪后期,随着日本人在上海居住人口的增加,日本的一些宗教机构也随之在上海拓展势力。其中佛教方面的主要有开在上海虹口地区的东本愿寺和西本愿寺。两家本愿寺都属于净土真宗,其源头都来自一个名曰亲鸾的和尚,他是净土真宗的开山祖。在日本的本山,目前分居于京都车站北面的东西两侧,最初只是称本愿寺,后来因为在住持传承上家族内发生矛盾(日本有些宗派的和尚可以娶妻生子,住持往往也是代代沿袭),后代另立东本愿寺,因而形成了后来的东西两家。

最早进入上海的是东本愿寺,据云明治二年(1869)东本愿寺派僧人小栗栖香顶来上海调查传教的可能性,1874年在河南路设立说教所,1776年在北京路上创设别院,1883年在武昌路3号购买土地,建造了上海东本愿寺。随着上海日本侨民的增加,为了使日侨的小孩能受到教育,1885年在寺内开设了教育所,两年后改

---

① 据《邦人案内》第1—2页,原文有不少舛误,这里根据其他史料进行了更正,或许仍有错误。

名曰开导学校，20年后的1907年移至居留民团，校名改为上海寻常高等小学校，1912年获得了财团组织的资格。别院的主业是进行各种佛教法话，有真宗教会、妇人法话会、妇人恳和会等，并在此基础上形成了（日本）上海佛教青年会。作为教育事业，日常有少年周日学校，每周的星期日上午，教授唱歌、训话、插花、编织等；1913年5月又在寺内开设了裁缝练习会，教授与日本女子高中同等程度的课程以及裁缝专科，还进行音乐、烹饪方面的研究讲习，另外还有教授中国人的日语学堂[①]。20世纪90年代，寺院建筑被拆除，现在已经没有任何残存。

其次是西本愿寺。1906年8月，借了乍浦路123号的民居建立了西本愿寺的上海出张所，1908年以每月一百两的租金将机构迁移至文路（今塘沽路）38号英国人建造的四层楼砖瓦建筑，举行了开院仪式，以后每周的周日举行佛讲演讲，在布教上以酬恩会、上海佛教妇人会、洗心讲等形式进行推展。在布教之外，开设幼儿周日学校，上午教授佛教唱歌、礼仪、抹茶、插花等课程。1913年在寺院内开设了上海女子学校，设有与日本的女子高中同等程度的课程[②]。1931年春，由日本人冈野重久设计，模仿东京筑地本愿寺，在今天的乍浦路455号建造了新的寺院建筑，机构升格为本愿寺别院。我幼时居住在吴淞路嘉兴路口，距原先的西本愿寺很近，孩提时常去那一带游玩，记得是一处具有印度建筑（诸如泰姬陵）风格的砖石建筑，很不日本，自然也很不中国，有明显的异国风情，那时也不知道这里以前是日本人建的寺院。印象颇深的是，"文革"爆发时的1966年7月，红卫兵破"四旧"，几个干劲冲天的男子爬上去，把寺院建筑外面演绎佛教故事的印度风浮雕用铁锤猛烈砸坏，四周围观的人一片叫好，我那时站在旁边观看，完全不解

---

① 据《邦人案内》，第17页。
② 据《邦人案内》，第17页。这部分根据其他研究成果进行了补充和修订。

其中的意义，只是觉得，既然大家在愤怒地用力破坏，那一定是不好的东西了。如今建筑的大半已经毁坏，只留有一小部分拱形的石头建筑，2000年前后，寺院一度曾被用作迪斯科舞厅和酒吧。现被上海市政府列为优秀历史建筑，在各类建筑的掩映下，勉强可以一窥旧时的风貌。

除此之外，上海的日本侨民还在英国人爱德华·埃文斯的努力下，先后于1889年和1906年在北四川路林家花园和昆山花园22号建立了上海日本人基督教会和上海日本人基督教青年会，后者曾在上海进行了持久的活动。1862年"千岁丸"一行来上海时，大部分日本人对基督教势力在上海的蔓延曾经义愤填膺；1880年代前后，大部分日本人已经容忍了基督教，甚至出现了日本人自己创办的基督教学校（新岛襄1875年在京都创办的基督教学校——同志社英文学校，后来演变为同志社大学），社会风气大变。

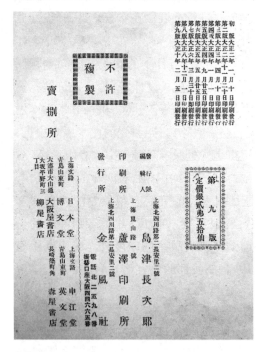

《上海案内》版权页

上海的日本人俱乐部。在远山景直的《上海》中对此已有述及，但当时还没有像样的建筑物。成立于明治三十年（1897）左右的上海日本人俱乐部，一开始规模很小，只是一个实业家同人的组织，设在斐伦路（今天的九龙路）上，后移至东本愿寺旁。后来经过几个组织的合并整合，俱乐部的规模渐渐扩大，原先的房屋就显得湫隘，于是借款20万银元在1913年动工建造新楼，翌年3月15日落成，四层楼建筑，总面积840坪，楼下设有台球房、酒吧等，二楼是餐厅，三楼是剧场及和室，四楼是可供外人借住的宿舍，可谓美轮美奂，在上海，也算是一个可与欧美人媲美的存在。会员分为正会员、客员和赞成员三类，需缴纳若干会费。经会员介绍，外人可有偿使用俱乐部内的设施，剧场一天50银元，客厅白昼5银元，晚上7银元，另有小客厅，使用费分别是3银元和5银元，住宿含膳每日5银元，无膳3银元。理事长通常由驻上海总领事担任。截至1920年，共有会员370余人。能出入俱乐部的，大抵都是在上海有脸面的日本人[①]。

夏衍在晚年撰写的《懒寻旧梦录》中记述了一段当时上海的"左联"借用日本人俱乐部开会的事，是通过当时《朝日新闻》社上海特派记者尾崎秀实的关系：

我在1928年就认识了尾崎秀实，他是一个表面上看起来是绅士式的记者，但是，他在当时却是上海的日本共产党和日本进步人士的核心人物，他领导过'同文书院'的进步学生组织，后来参加了第三国际远东情报局，和史沫特莱有经常的联系，并把一些国际上的革命动态告诉我们。特别使我不能忘记的是在1930年5月下旬，胡也频、冯铿参加了在上海举行的苏维埃区域代表大会之后，'左联'决定向全体盟员作一次传达报告，但在当时，要找一个

---

① 据《邦人案内》，第47页。

能容纳四五十人的会场是十分困难的。我把这件事情告诉了尾崎，请他帮忙。当时，在虹口，日本人势力很大，他们的机关连工部局也不敢碰。他很爽快地说：机会很好，这个月驻沪日本记者俱乐部轮到我主管，这个俱乐部除在星期六、日外，一般是空着的，只有一个中国侍者管理，你们决定了日期以后，我可以把这个侍者遣开，但时间不能超过下午六点，过时就可能有人到俱乐部来。就是这样，我们在虹口乍浦路附近的驻沪日本记者俱乐部召开了一次超过五十人的全体盟员大会。尾崎秀实是一个非常精细、考虑问题十分周到的人，当他把俱乐部钥匙交给我时，一再嘱咐，不要大声讲话，散会后收拾干净，不要留下痕迹。①

这里夏衍的记述稍稍有误，不是日本记者俱乐部，而是日本人俱乐部，因为在上海并没有日本记者俱乐部，所说的地点"乍浦路附近"与事实也是吻合的，日本人俱乐部就在武昌路紧靠乍浦路的地方。"左联"在日本人俱乐部开会的具体日期，根据鲁迅日记及相关注释，应该是6月29日，为"左联"的第二次代表大会，鲁迅亦与会②。

日本人俱乐部的建筑于1994年因道路拓宽工程而被拆毁。

大正时期出版的另外几种"上海案内"书，较有影响的是内山晴、山田修作、林太三郎合著的《大上海》，江南健儿合著的《新上海》等。

《大上海》可以说是一部日本官方编定的书籍，作序者有当时的日本驻上海总领事有吉明和上海东亚同文书院院长根津一等。撰稿的三个人，内山晴是多年来在上海日本总领馆内做调查报告的，山田修作是日本农商务省的上海派遣员，主要也是做商业调查的，林太三郎也是长期在上海做调查的，因而对于上海

---

① 《懒寻旧梦录》（增补本），生活·读书·新知三联书店，2000年，第102—103页。
② 《鲁迅全集》第14卷，人民文学出版社，1981年，第824—825页。

的情况，有基于书面资料和个人体验两方面的认识。因而有吉总领事在序文中写道："对于这样的一本书，我坚信是十分可信赖的，对于长期居住在中国，尤其是上海的各位，是一本极为有益的参考书，我毫不踌躇地向各位推荐，也希望一般的中国研究者务必一读此书。"①这本书的撰写、印刷、发行和销售也全都在上海。

《大上海》内封

根据此书的记载，差不多也是日本官方的一个统计，在上海居住的日本人口，年年在增加，1910 年为 7568 人，1914 年达到了 10874 人②，增长数还是颇为可观的，稳居在上海外国人总数中的首位，远远超过同时期第二位的英国人 3745 人。此书的重点当然还是在币制、金融、工商业、物产、贸易、交通、关税等，而我个人主要对下述两个领域比较有兴趣，一是对上海中国人风俗的描述和

---

① 《大上海》，大上海社，1915 年，序文无页码。
② 《大上海》，第 30 页。

评价,另一是对上海各类学校的介绍。

日本人对中国人风俗的描述和评价,有两个参照系,其一是日本,其二是欧美:

中国人的衣食住形态,与本邦(日本)人相比,差异颇大,倒是与欧美风比较类似。在上海的中国人,大都住在欧美人居住的地方,因而在衣食住方面,较之一般的中国人,有向欧美风看齐的倾向。上海是中国风尚流行的中心点。毋庸赘言,所谓风尚流行,一般都是从富豪绅商比较集中的生活程度,比较高的都市渐次向地方扩展的,在这一点上,上海是中国最为华美,且生活程度很高的所在。

衣食住中尤需注意的,是中国人的服装。此为革命事变(这里应该指辛亥革命吧——引译者注)后,发生的一大革新。中国人原本常用的衣料,以丝和棉为主,兼及毛皮和毛织物。丝织品主要是南京、苏州、杭州的特产,符合中国人的嗜好。但最近十年来,因法国生产的丝织品的大量进口,进口货以其创意的新颖、制品的精巧,立即成了华美之物,在当地流行开来,从花柳界渐渐向上海妇女界扩展,占据了很大的势力。数年之后,我日本的京都西阵织的缎子也将输入到这边,将与法国商品展开竞争,必须要在创意上有所突破。如今经由花柳界通过上海女子而流传到一般中国人的丝绸衣服,几乎都是外国商品,其创意之新颖、染织做功之精巧复杂,真的是在吾人意表之上。……

在食物方面,依然与以前一样,未见变化。要而言之,中国料理比较进步,与西洋料理相比,毫无逊色。上海虽有好多家西洋料理店,但一般中国人依然嗜好中国料理,福州路上中国料理的繁盛,宛如销金窟。这些中国料理店,不少也兼营西洋料理,不过已成了中国式的折中西洋料理,因而在当地,像牛乳馆、咖啡馆等,并不发达。然而作为饮料的啤酒、朗姆酒等,近来也渐次得到了中国人的喜爱。

在居住方面,与其他地方相比,上海呈现出了很大的进步。有资产的中国人,居住在宏丽的西洋式的房屋,即便没有资产的人,在租界区域的房屋,也模仿西洋式的建筑,四面都有窗户,并且这一倾向正在向其他地方发展,逐渐西洋化,屋内比较明亮,所使用的家具及装饰等,也多见西洋式的风格。桌椅到垫子、匾额、寝床等,虽未必全都西洋化,但上流家庭的陈设,已与西洋人无异。上海一方面已经尽善尽美,然而诸如南市沿大码头一带,还是相当破旧,下层阶级还处于海上生活状态,一家人杂居在破船内。①

《大上海》内页

---

① 《大上海》,第124—127页。

《大上海》中的图片

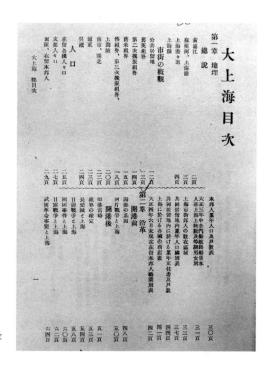

《大上海》部分目录

日本人对于上海的学校教育也一直比较关注。在1905年彻底废除科举之前，即便诸如上海这样的现代都市，学校的种类和数量都是很有限的。科举制度废除后，学校教育就成了人生发展的最重要途径，尽管当时中国的国力还很贫弱，但在上海这样的都市，学校教育还是出现了一定的发展，公立学校有国立、（江苏）省立、县市乡立三大类。国立学校当时在上海有两所——陆军部兵工学校（今天几乎已无人知晓了）和交通部实业学校，后者后来演变为上海交通大学。省立学校当时仅有江苏省立第二师范学校，这所学校也很少有人听闻过。其他县市乡立的学校总共有218所。上海县内学龄儿童有92224人，而小学生的人数仅有10631

人,入学率不到13%①。而同时期日本的城乡小学入学率几乎已达到了100%。

据《大上海》所述,陆军部兵工学校,设在上海(江南)制造局内,直辖于北京政府,然而经历了南方与北方的争战以及欧洲大战,经营已处于窘困状态,学校处于停课阶段。实际上,这所学校后来也未能复校,就在历史中黯然退场了。而今天上海交通大学前身的交通部上海工业专门学校,《大上海》的编纂者认为是中国人经营的学校中最佳的,设土木科和电气机械两科,水准与日本高等工业学校相等②。

江苏省立第二师范学校创建于1905年,学制和课程设置大抵模仿日本的寻常师范学校,教员多为日本留学归国者,本科4年,另设理科1年,校舍是比较简陋的中国传统房屋,1914年时有学生250人,另设有附属小学③。

书中颇为详细叙述了我比较关心的复旦公学,这是复旦大学的前身,兹译述如下:

> 私立复旦公学是得到教育部认可的依照私立大学制度运营的学校,设有四年制的中学和三年制的大学预科,目前尚未设立大学部。此校的设立比较早,多少有些名气,但学生人数加上中学部和大学预科,不过200余名,校舍在徐家汇,设施虽未臻完善,教授科目以英语为重点,两科与我邦大学并无大的差异,教员有20余名,有外国教员2名。④

这段叙述未提及该校与震旦大学的关系,也未提及创办人。对于震旦大学,书中是这样叙述的:

---

① 《大上海》,第266页。
② 《大上海》,第267页。
③ 《大上海》,第268页。
④ 《大上海》,第269页。

《大上海》版权页

　　震旦大学（Aurore University）位于法租界吕班路，由法国撒克逊教会经营，仅有一幢三层楼的校舍，操场是利用马路对面的一块大荒地，学制分为预备科、高等科、补习科三部分，预备科教授高中程度的高等普通学科，一周的授课时间为 26 小时，其中一半是教授英文和法文。高等科分为文理两科，文科主要是实用性的英文和法文，其他还教授法律、商业、经济学等。名称虽为文科，实际上主要是为了培养实业家。理科内又开设机械学、测量学、建筑学等属于工科的实际学问。补习科是理科毕业的学生再进而学习电气、铁道等学科，以培养学生具有工程师的资格。这所学校事实上等于高等商工专门学校。据说学生有百余名。①

---

① 《大上海》，第 275—276 页。

此书对于圣约翰大学介绍最为详尽,其他对于上海浸会大学、哈佛医学校、同济德文医工学堂等也有翔实的叙述,限于篇幅,这里只能割爱了。

大正七年(1918)7月,上海的日本堂又发行了一部"上海案内"的书籍,曰《新上海附苏州杭州南京案内》(简称《新上海》),由江南健儿合著。江南健儿应该不是实名,一般认为很有可能是由东亚同文书院的某位教员领衔,集合了几名学生共同完成的。就整体内容而言,与上述的《大上海》并无大的差异,但此书刊本较小,可放入包内或口袋内,便于携带。另外,此书还附录了一册《(上海)日本人各行各业的事业案内》,记述甚详,类似于资料汇编,可供有需求的人随时检索翻阅。这里译介部分前面没有述及的内容。

《新上海》封面

上海的小菜场(今天的上海人依然称菜场为"小菜场",对于在菜场中出售的新鲜食材乃至餐桌上的菜肴皆称为"小菜",因此各类日本人写的上海案内书中,也沿袭了上海本地人的说法):

不管本地人还是外来者,居住在上海的人,通过小菜场的存

《新上海》内封

《新上海》部分目录

在,可随意且廉价地购得新鲜的副食材料。距今十六七年之前,上海仅有虹口及九江路两处小菜场,1902年时在爱而近路、汇山、马霍四个地方,1906年在东虹口,两年后又在杨树浦新开一家,现在已有8家。

小菜场作为租界的事业,以九江路和虹口两家为最大。虹口的物品,面向日本人的比较多,我国居留民的妻子女儿,拖着小孩子,大清早便三三五五提着一个大竹篮,去市场买食材,而九江路小菜场,面向西洋人的比较多。场内有陈列着肉类鱼类等食物的店铺(Shop),陈列鱼肉和各种食材的棚摊(Stall),空余地上陈列着蔬果的小摊(Spase)。虹口小菜场三四年前进行了改扩建,日本人也允许开店,现在约有十几家。据最近的调查,店铺数共有25家,棚摊有790个,小摊有2016个。小菜场设有外国人市场督头1人,助理2人,以及其他监督,外面有巡捕,以取缔违规者。早上5点开市,正午12点闭市,然后用水泵冲洗清扫,所以一切都很干净。法租界另有三个大的菜场,还有一些小的,规模很小。①

从案内书中的图片来看,九江路上的小菜场规模颇大,宽敞而占地广大,后来被拆除,现在已无任何踪迹。虹口小菜场初建于1891年,后屡经改扩建,成为三层楼的建筑,规模在上海市内的菜场中名列前茅,位于今天的吴淞路、塘沽路、汉阳路的交界处,俗称三角地小菜场,距我儿时的住处不算远,我也曾跟随着大人去买过几次菜。20世纪90年代后期被拆除,原址处建起了一处高高耸立的写字楼——三角地广场,周边冷寂杳然,全然没有了往日的烟火气。

《新上海》中的图片

① 《新上海》,上海,日本堂,1918年,第138—139页。

《新上海》中的图片

书中对上海的各娱乐场所也有比较详细的介绍,比如后人称之为"外滩公园"或"黄浦公园"的,当时正式的名称只是Public Garden,在日文书中只是将其称为"公园",对此前文已有译介。我觉得比较有意思的是,很久以来一直广为流传的"华人与狗不得入内",原文到底是怎样的表述,《新上海》一书中有详细的明记,兹翻译如下:

公园园规如下:

一、自行车及狗不可入内;

二、乳母车须在园内的小路上推行;

三、不可采花、侵害鸟巢、伤害花草、损害树木;

四、不可登上音乐堂;

五、非欧美人婢仆的华人不可进入园内;

173

六、华人孩童无西洋人陪伴不可入内。①

也就是说,除了西洋人的婢仆,有西洋人相伴的华人小孩,其他华人均不得入内。虽然此规定,并未将华人与狗并列,但无疑是带有强烈歧视性的。

在叙述上海的娱乐场所部分,本书提到了大正初年之前的日文出版物都未触及的"新世界"和"大世界",因为这两处游乐场分别于1915年和1917年才建成开业。

新世界。位于南京路西端,临近跑马场,很大的一栋三层建筑,整个屋顶上是一个宽广的露台,登上此地,整个城市尽收眼底,蔚为壮观。尤其是西面的跑马场,近在咫尺,触手可得。每当春秋时节的跑马会及其他在跑马场上举行的棒球比赛、网球比赛等之际;中国人就会登上这里的屋顶花园观看,一时间人山人海。

作为上海最早的娱乐场尝试,新世界可谓开风气之先,屋内有各种戏曲、电影、评话、说唱等,且入场券相对低廉,因而常常游客如云。此外还有西洋料理、中国料理等的设施,可供一天的玩乐。近来正在开辟地下通道,可抵达马路对面的新建的场馆。

大世界。位于爱德华路(今金陵路)的西面,此处规模比新世界更大,新世界只是上演戏曲、电影、评话等,而大世界除了戏曲、电影之外,还安装了娱乐性的机关,有观光缆车等,更吸引人的地方,是还饲养了老虎、鹤等动物,客人近悦远来。这里的入场券也很便宜,来上海的游客可在此地闲游一天。在这里体味所谓的中国趣味,不也有趣么?②

大世界的建筑,今天依然完好地保存着,但已褪去了游乐场

---

① 《新上海》,第113—114页。
② 《新上海》,第120—121页

的功能。20世纪60年代前期，我曾随大人去过几次，印象深刻，观览车和动物早就没有了，其他的氛围还能感受到。"文革"爆发后遭到关闭，"文革"结束后试图重新营业，却是屡屡失败。新世界则遭遇多变，我小的时候，南楼已成了黄浦区少年宫，底下是商店，后被整体拆除，而北楼的原址早就造起了簇新的新世界百货大楼，昔日旧貌已杳无影迹。所谓"人间正道是沧桑"，变化才是常态。

《新上海》中上海日本堂出版的有关上海书籍的广告及其他广告

日本人的上海书写，始终贯穿着日本人的视线，其聚焦点，也往往会落在与日本相关的物象。《新上海》中令我颇感兴趣的部分，是对上海日本人社会的观察和描述。这本书里专门有一章讲述上海的日本人料理屋和艺妓，这里择其大要，译述如下：

据日本总领事馆1917年度的调查，在上海的日本人已超过14000人，考虑到还有一些未及时向领事馆报告的，实际人数恐怕还要多。这其中，有甲种艺妓150人左右，乙种艺妓40人左右。所谓甲种艺妓，就是普通的表演歌舞乐器的女艺人；乙种艺妓，就是娼妓。此外还有陪酒女（日文原文是"酌妇"）、暗娼（日文原文是"密卖妇"）以及与洋人姘居的女子等，加起来人数相当可观，约占上海的日本人数的8%~9%。1895年的日清战争之后，坐船来上海的日本人渐渐增加，在上海的居住者约有三四百人，可那时还没有供日本人游乐的地方，只有少量的饮食店，兼营满足肉欲的买卖。在这样的时代，藤村家的老板娘就从日本国内（原文是"内地"）运来了各种道具器具，开了一家纯粹的料理店，自己担当艺妓并进行中介斡旋业务，迎合了原本在海外寂寞无聊的中流以上人士的喜好，于是渐次繁盛起来。她一个人忙不过来，就请了三四个人来帮忙。此前的宴会等都在各自的家里或是借旅馆的一个房间，或是在中国菜馆里，以后就慢慢交给藤村屋来办理，生意就越来越好了。

于是在1900年前后，在今天虹口菜市场那边开出了一家六三亭，艺妓的人数也增加到了十八九人。然而当时的总领事，把艺妓的人数限定在20人，所以这个时代对于艺妓而言，是一个黄金时代。与如今的不景气相比，每每会听到当年的艺妓感慨道："那个时候呀。"1901年月迺家开业，此后在1905年底领事馆修改了各种规则，废除了艺妓20人的限制。日俄战争后，日本人纷纷前往海外发展，在上海的日本人也渐渐增加到了2000人以上。

松廼家、东家、京亭、滨吉、喜乐等店家渐次开业,逐年增加,日本料理店共有22家。另,在1911年夏天至1912年,辛亥革命的时候,日本人在上海的人数迅速增加,达到了8000人以上,同时艺妓的人数也达到了百人以上,随着日本人在留人数的逐年增加,艺妓的人数估算为160人左右。

料理店的数量为22家,但冠名为饮食店的约有50~60家,这是因为可以称为料理店的,按照公共租界工部局的规定,必须要持有销售酒类的营业执照,日本领事馆规定,只有这类料理店才可有艺妓。而饮食店本身不可销售酒类,若客人要饮酒,可自行去外面店里购买后在店内小酌,否则会有严厉的处罚。而实际的情况却是每家店都有自己的对策,当局也是开一眼闭一眼。当然,艺妓是不许进入这些饮食店的,每家店都各备有五六名陪酒女,以以下的在留日本人为服务对象,生意相当兴隆。

各有自己的行会组织,设置了各种规定。即六三亭、月廼家、松廼家、藤村家、滨吉、吾妻、喜乐、京亭、东语、新月、生花、新六三、新六三若松,其他还有六三园、月廼家花园等组织的成员。其拥有的艺妓人数,以六三亭的41人为最多,月廼家有38~39人,松廼家、藤村家、滨吉各有10人左右,吾妻、喜乐有8~9人,其他各家都各有4~5人或2~3人。

日本料理的厨师,多为大阪附近出身,因此料理多为大阪风味,鱼鲜和蔬菜之类,每周有定期航班从长崎、门司那里运过来,因而食材与日本国内并无大异。

料理的价格,宴席套餐的话,每人在1.5~5银元,普通的在2~3银元。酒用的最多的是白鹤、白鹿、樱正宗、白菊、盛菊正宗等。啤酒比较多的是朝日、麒麟、樱花三种,一瓶五毛,日本酒一瓶两毛五,这是行会自己任意设定的价格,相当贵。

六三亭和月廼家在租界外开有分店。六三亭的六三园是上海唯一的日本式庭园,对外开放。月廼家花园是1913年新建的，房屋比六三园稍大，庭园内有网球场，草坪和花园是比较迷你型，庭院一角只有一个小池，规模不及六三园。这两家都在郊外开设花园，与本店遥相呼应，为客人提供便利，盛夏时节成功地吸引了很多客人。松廼家也在六三园附近开建花园，准备开业。

艺妓的出生地，多与店家的主人相同，160人中，有一半是长崎出身的，多来自天草、岛原一带，大阪出身的为其次，也有中国（主要指广岛县、山口县、冈山县等）和关东地区来的人。①

该书对当时上海的各色旅馆酒店也有最新的信息披露。这里对有关上海的日本人经营的旅馆部分加以译述。

日本旅馆眼下有丰阳馆、东和洋行、万岁馆、常盘馆、胜田馆、江星馆六家，东和洋行在北苏州路上，历史最悠久，已有三十多年，是一家富有故事的旅馆，金玉均(1851—1894年，朝鲜具有改革思想的亲日派政治家，1884年甲申政变失败后逃往日本，后被朝鲜当局诱引到上海，下榻在东和洋行，1894年3月28日在旅馆被朝鲜刺客暗杀，尸体被运回朝鲜斩首——引译者注)当年即在此遭到暗杀的，此事对于老中国通来说，依然是记忆犹新的。常盘馆的历史仅次于东和洋行，也有差不多三十年的经营史了，位于南浔路18号；丰阳馆在熙华德路(今长治路)5号，地理位置最佳，日本过来的轮船在邮船码头靠岸后，第一眼就可看到这家旅馆。万岁馆也在熙华德路上，与丰阳馆隔街相望，同是临街的旅馆，规模也颇为广大，各家旅馆彼此竞相媲美(1921年3月31日芥川龙之介抵达上海时，一开始的计划是下榻在东和洋行，后听说金玉均在此遇刺一事，便觉得有些不吉利，转而改为万岁馆了——引译者注)。胜田馆也在熙华德路上。各家旅馆都有桌球台，以供旅馆娱乐。

---

① 《新上海》，第123—126页。

此外旅馆之间也有同业组织,有关旅馆的一切事务都彼此商量决定,以求进步发展。当时上海的日本旅馆的行业组织议定的住宿费如下。

住宿费,一等,每天五个银元,二等四个银元,三等三个银元,四等两个银元。午餐费一等一元五毛,二等一元两毛,三等一元,四等七毛。住宿费每三天付一次。①

如此翔实的信息,若非日本人自己记录,外人还真不容易知晓,在此不赘繁琐,一一译出,可供有兴趣的读者一览及研究上海史的历史学家参考。此外还有对诸如礼查饭店、汇中饭店等外资旅馆以及诸多中国旅馆的介绍,这在其他书籍中相对容易查阅,此处不赘。

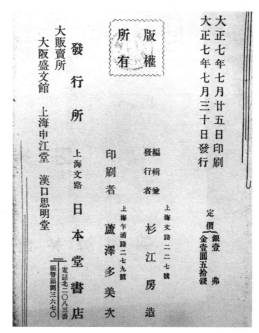

《新上海》版权页

---

① 《新上海》,第132页。

大正十三年(1924)10月,东京的外务省通商局出版了一本"驻上海帝国总领事馆调查"报告,名为《上海事情》(可译为《上海概况》),分为十八章,内容分别是:地势、面积人口及职业之大要;总领馆管辖区域的特色;衣食住的状态;气候及卫生;贸易;租界(原文是"居留地")内的市场、交易所、商人、商品、交易习惯;工业及矿业;农业、林业及畜牧;渔业及猎业;上海度量衡、货币及金融;交通及通信;租界;公私设施;上海的房屋;买卖及租借价格;劳动者工资及劳动界状况;物价的趋势及粮食品各种杂货的行情;主要都市志:上海、吴淞、宁波;日本人应该注意的事情。这是一部较有权威的调查报告,着眼点主要在于经济和贸易,内容大抵在前述的范围内,这里就不再详细展开。与这一时期大部分的"上海案内"书不同,此书在日本印刷出版,印刷技术和纸张较为优良,所附的几张图片相对最为清晰。

《上海事情》封面

《上海事情》目录

《上海事情》中日本驻上海总领事馆图片

2010年我在神户大学讲课时，在旧书市上购得一本大正八年（1919）10月由日本铁道院编纂出版的《朝鲜、满洲、中国案内》（简称《中国案内》），当然涉及的范围很广，但有关上海的叙述也有20页的篇幅，介绍虽然简约，却是相当精准。铁道院编的书，面向的读者主要是来中国的日本旅客。这里译录部分前文没有触及或没有精准信息的内容，比较可贵的是，此书大都标有详细的路名门牌号，对于上海的街市历史感兴趣的读者，或许可以按文索骥去探访一下，虽然很多建筑今已不存。

《中国案内》书影

当时各国领事馆的具体地址：日本总领事馆，北扬子路（今扬子江路）1号；英国总领事馆，黄浦滩（今中山东一路）33号；美国总领事馆，黄浦路13号；德国总领事馆，黄浦路9号；法国总领事馆，法租界公馆马路（今金陵东路）；俄国总领事馆，黄浦路公园桥（一般称外白渡桥）畔；比利时总领事馆，静安寺路（今南京西路）101号；瑞典总领事馆，威海卫路5号；挪威总领事馆，圆明园路2号；丹麦总领事馆，吕班路1号；西班牙总领事馆，静安寺路46号；荷兰总领事馆,圣母院路(今瑞金一路)17号;意大利总领事馆,静安寺路112号;葡萄牙总领事馆,斜桥路1号;奥匈帝国总领事馆,麦特赫斯脱路(今泰兴路)29号;古巴总领事馆,长浜路(今金陵西路)①。

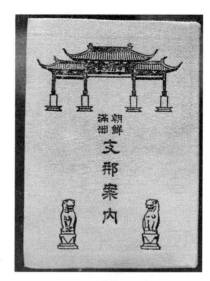

《中国案内》封面

《中国案内》中的上海地图

① 《朝鲜、满洲、支那案内》,日本铁道院,1919年,第366页。

当时上海已有的教堂:徐家汇天主堂 Zi-Ka-Wei Church,徐家汇;洋泾浜天主堂 St. Jossph's Church,法租界天主堂街(今四川南路);虹口天主堂 Church of Sacred Heart,南浔路21号;虹口救主堂 Church of Our Saviour,百老汇路(今大名路)11号;圣安德烈堂 Church of St. Andrew,百老汇路31号;圣公会 American Church Mission,熙华德路(今长治路);基督复临安息日会 Seventh Day Adventist Mission,文路(今塘沽路)吴淞路街角;大礼拜堂 Holy Trinity Cathrdral Church of England,九江路111号;官话合会 Mandarin Union Church,河南路;新天安堂 Union Church,苏州路(今南苏州路)2号;日本基督教会,北四川路(今四川北路)林家花园①。

《中国案内》内文

---

① 《新上海》,第369页。

以上教堂建筑,一半以上还存在,有些仍为教堂,有些已改作他用。

当时的剧场:兰心剧院 Lyceum Theatre,博物院路(今虎丘路),为上海唯一的一家西洋剧院,可容纳观众700人。日本人经营的有两家,演舞场,文路(今塘沽路);敷岛俱乐部,吴淞路。以下为中国人经营,迎仙新新舞台,九江路;丹桂第一舞台,福州路;新舞台,老城内九亩地;大舞台,汉口路;民鸣新剧社,浙江路;妙舞台,南市十六铺;朝阳凤舞台,法租界公馆马路(今金陵东路);丹凤舞台,南市十六铺。

以上剧场建筑,一半以上已不存在。

当时的电影院:东和活动写真馆,武昌路;维多利亚馆 Victoria Hall,海宁路;阿波罗影院 Appollo Theatre;虹口剧院,乍浦路;爱伦活动写真馆。

以上电影院,已完全消失。

该案内书对当时上海的公园和花园也有记录,这里译述已完全消亡的几家中国庭园,可以感觉在当时日本人的眼中是怎样的存在。

张园,在静安寺路。园内有一高楼,有茶室酒席,因而常有西洋人在中国妓女的陪同下频频出入,车马不息。夏季夜间此处有中国烟花表演,极为热闹。

愚园,在静安寺路西端。纯中国式的庭园,分为东西两部分,东有台榭,西有花圃。园的中央有敦雅堂,装饰了东西珍器,富有风雅。也有茶酒供应,可在此消闲一夕。园内飞云楼、湖心亭、鸳鸯厅尤为著名。花园远隔市尘,而距电车轨道颇近,交通便捷。

徐园,在老闸之北的康脑脱路(今康定路)5号,又称双清别墅。规模虽稍小,然亭榭优雅,花木清幽,是夏日消暑的好去处。

又春季有兰花会,秋季有菊花会,颇可一观①。

书中对当时上海老城的叙述是这样的:

上海县城及南市。别名沪城或申城,1554年的明末,为抵御倭寇而筑城墙,原有新北门、老北门、大东门、小东门、大南门、小南门、西门七座城门,最近逐渐拆毁,一部分辟为道路,一部分作为出租地。若自外国租界进入城内,可自法租界天堂街(今四川南路)的南端跨过架设在城壕上的木桥从新北门进入比较方便。

城内与外国租界迥然相异,是纯粹中国式的风格,街路狭隘,用宁波石铺设路面,官衙、寺庙等颇为雅致。最繁华的是与新北门、大东门、小东门等相同的大街,街上有绸缎、杂货、古董、象牙制品、玉器等店铺,屋檐相连,顾客络绎不绝。

南市位于县城的东南,是沿黄浦江新开辟的狭长地带,其南端有上海南站,江岸的道路称外马路,有电车与黄浦滩路相通,交通颇为便利。②

这一景象,较之"千岁丸"一行初来时的1862年,既有旧貌,又有新观。城门已陆续被拆除,沿江开通了电车,而城内依旧道路狭隘,商业繁华。

1921年12月,上海日本堂出版了一部池田信雄撰写的《上海百话》,虽未冠名"案内",仍是一部对上海作综合性介绍的"案内"类的书籍,里面的内容,格调有高有低。限于篇幅,这里只撷取上述案内书中未曾出现的江湾跑马厅这一部分稍作译介。

俗称江湾跑马厅的赛马场,以"万国体育场"的正式名称开业,是在1911年5月6日,在此之前已由宁波富商叶澄衷的四子叶贻铨投资建设,后陷于经营困难,转由万国体育会International

---

① 《朝鲜、满州、支那案内》,第376—377页。
② 《朝鲜、满州、支那案内》,第368页。

Recreation Club 主持,地点在今天武川路武东路的上海肺科医院一带。据《上海百话》介绍,万国体育会的资本金为8000股,每股25元,共20万元,中国实业家占股东的70%,西洋人占30%,合计约100人,实行会员制,会员共有400余人,由会员互选产生董事11人,其中有朱葆三、虞洽卿、李年书等,大抵皆为江浙地区的资本家。会员分成两类,一类入会费60元,每月另交会费2元,另一类入会费30元,每月另交会费3元,其权利是每逢跑马比赛时,本人及家人、同伴可免费入内,另外每晚可来俱乐部,可在此举行晚餐会和商业洽谈等。成为俱乐部的会员还有一个重大的好处是,你因此获得了有力的信用。有的人入会,既不参加晚餐会,也极少到俱乐部或跑马场来,他们交了会费成为会员,只是为了获得一个较高的信用,便于其它业务的展开。除了董事之外,另聘用7名委托人及若干职员具体经营,另设秘书1名,秘书月薪高达250元,在一般的大学教授之上。

到江湾跑马厅来参加赌马,入场费是1元,马票分为5元和10元两种,跑马也分成几种不同的赛程,奖金也各不相同,有些复杂①,这里不具体展开,下文叙及的制造了"魔都"意象和名词的村松梢风,在《魔都》一书中曾有自己亲身体验的生动描写,可参见拙译《魔都》②中的《跑马》一篇,这里不再引录。1937年淞沪抗战爆发时,江湾跑马厅用作中国驻军的营地,因而遭到日军轰炸,由此结束了它的跑马厅的历史。

大正时期出版的各类"上海案内"的书刊,描述的大抵是1912—1921年时的上海,可以看出,至此上海已完全形成了一个工商业繁盛的大都市。因为是当时描写的文字,所以留存了非常真切的那一时期上海诸多的历史风貌,虽然也有些许舛误,但仍不

---

① 《上海百話》,上海,日本堂,1921年,第62—67页。
② 上海人民出版社,2018年。

失为今天研究上海形成史的宝贵资料,同时又折射出了日本人观察上海的立场和视线,对于研究这一时期日本人对上海乃至中国的认知,也是第一手的文献。

日本师生的上海修学行旅记

大正时期出版的几部日本学校师生的中国修学旅行记,从另一个角度记录了那一时代日本人视线中的上海。在述及旅行记之前,稍稍说一下日本修学旅行的由来和历史展开。

"修学"应该是一个日文汉字词语,最初出现于明治初期的 1873 年文部省颁发的第 51 号文件中,意为入校门求学,在日英词典中,它的英文表示是 schooling,就是上学的意思。"修学旅行"一词最初出现在 1886 年 12 月出版的《东京茗溪会杂志》第 47 号上,"茗溪会"是东京高等师范学校校友会的名称。这一年的 2 月 15—25 日,东京高等师范学校组织了 99 名学生及相关的教员自东京出发,徒步旅行至千叶县的铫子,目的除了学术调查之外,其实还带有浓郁的军训色彩,一路携带了体育课上使用的步枪,对这次活动,当时使用的词语是"长途远足"。到了 12 月发表的报道中,首次用了"修学旅行记"的标题,由此,"修学旅行"一词逐渐传开,并被官方认可和使用。随着近代日本铁路建设的迅猛发展,各类学校组织师生乘坐火车前往各地的旅行也渐趋普及开来。日本人的第一次海外修学旅行,是在 1896 年长崎商业学校师生到上海的考察旅行。1901 年冈山私立关西学校组织了 8 名成绩优秀的学生去美国作了两个月的修学旅行,差不多是那个年代走得最远的了。1906 年开始,伴随着日本在日俄战争中的胜利,日本在中国东北地区(那时通称满洲)势力的扩张,前往那里进行海外修学旅行的活动也渐趋增加。大正以后,除去上海东亚同文书院师生的大旅行之外，日本本土的一些学校，主要是商业学校的师生到中国来修学旅行也渐渐变得常见起来。几乎每一次这样的旅行，师生都要进行实地的考察调查，之后汇编成详实的报告书。若要进行那个时期的中国研究及中日关系的研究，这些调查报告其实也是非常有价值、有意义的文献。这里限于篇幅，主要选取两次修学旅行的实录，来考察一下大正时期的1914年至1919年间，日本师生视线中的上海以及在上海所体现的中国。

《大陆修学旅行记》内封

《大陆修学旅行记》是广岛高等师范学校于1915年3月刊行的一部非卖品，里面收录了该校英语部学生及其他学科的少数学生参与的1914年7月19日至8月8日前往中国旅行时撰写的旅行日志和相关的报告，该修学旅行团由教员金子健二等带队，除了金子健二所写的《所感》外，其他均出自学生的手笔。从年代上来看，这些学生大抵是中日甲午战争前后出生的，在儿时经历了日俄战争，日本在这两场海外战争中均获得了胜利，虽然后一场战争打得非常艰辛。这两场战争及其结果，极大地激发了当时一般日本国民的民族主义和国家主义（这两个词在英文中都是 nationalism）

情绪,日本人作为一个民族的自我感觉进一步膨胀,国家意识空前高涨。这些在学生所撰写的旅行记中表现得格外鲜明,在对上海乃至中国的描述中,集中体现了这一时代及学生成年后的大正后期至昭和前期日本人对中国的蔑视性姿态。

下面这段文字,字里行间都充溢了当时居高临下的日本人对于中国人的凌辱性的傲慢和专横:

过了崇明岛,伊豫丸(船名,伊豫为日本的一个古国名,位于今天爱媛县境内,现在一般写作伊予——引译者注)于预定的(22日)正午在邮船会社码头(今扬子江路上的扬子码头——引译者注)下锚。还没有等人反应过来,坐着小船的苦力就过来要帮我们拿行李。他们拒绝了东亚唯一的强国日本的后援,这种无知傲慢令人不悦,这样的国家总会灭亡的。在这个国家,无论是破矮的小屋还是官殿,都是一样的脏,这个国家的人都被扬子江的浊水污染了,其身体,既不沐浴也不梳理,亡国之民就是这个模样。……十二点三十分,有驳船把我们运送到海关前的码头上,岸上满是排列和行驶的车马。十余层的洋楼鳞次栉比,真可谓世界市场的最繁昌者,是一座名副其实的世界性的都市。汽车和壮观的马车的乘坐者都是洋人,其间有数百辆中国人的人力车在争抢乘客,强行要客人坐他的车,这时戴着红帽子(应该是缠着红头巾——引译者注)的巨人般的警察飞奔过来殴打他们。这些巨人就是英国人从印度运过来的印度人。对着这些高达六尺的魁伟男子,中国人也毫无办法。……我们首先来到了据说忧国之士金玉均在此被杀害的东和洋行(位于今天苏州河北岸河滨大楼靠河南路的一端——引译者注),在此下榻。是一家日本人经营的第一等旅馆,由两栋宏大的三层楼建筑组成。……天渐渐亮了,从旅馆三楼的窗户向外眺望,只见无数的中国人在街上来来往往,有四分之三的人都光着膀子,独轮车跟日本相反,装东西的一头在前面。路边满是卖着稀饭的小摊、卖瓜的女人和小孩。对任何事情都视若无睹的健步拉车的车夫以及乘客,转眼间停下车来,喝着脏兮兮的热粥，两个人都躺在了树荫下。尽管上海道路的完备、建筑物的宏伟是日本的城市无法相比的，但是极其愚钝而肮脏的中国人，也是无法与日本人相比的。这个满是安于现状、没有独立自主精神的国家，正处于危急的状态，没有护国之兵。牧羊人必须要以自己的手段来守护羊群，不然的话，迟早会尝到沦为属国的苦难。在这个怠惰的国民中间，英德法美四国的人正在稳步推行自己的经营，上海的市场已完全在这四国人的势力范围内。①

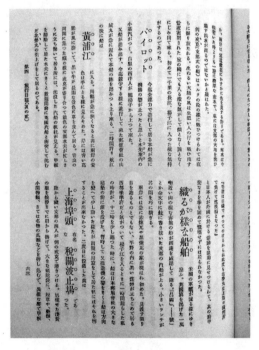

《大陆修学旅行记》内页

这多少是戴着有色眼镜观察上海的结果，以傲慢和狂妄的姿态，对所有的中国人都贴上了"肮脏""怠惰""愚钝"的标签。1914年夏天，蛮横的"二十一条"还没有提出，日本还没有攻占胶州湾，

---

① 廣島高等師範学校《大陸修学旅行記》，1915年，第38—40页。

中国人民强烈反对"二十一"条的声浪还没有掀起。中国那时确实还处于混沌的状态,但中国人的民智正在逐步开启,民族意识和民族精神正在觉醒,这一切,在这些日本人的眼中都尚未看到。

修学旅行团一行在上海主要考察了教育情况。日本人开办的东亚同文书院、上海日本人学校,还有欧美人开办的学校,尤其是位于法租界金神父路(今瑞金二路)上的同济医工学院(在旅行记中的日文汉字表示是"独逸(德国)医工学堂"),后者让日本人感到自惭形秽:

> 坐了电车往郊外去,望着车窗外法国人和德国人闲雅宏壮的住宅,来到了德国医工专门学堂。说是暑期休假,吃了个闭门羹。数万坪的校舍都是石造或砖瓦建筑,只允许中国人入学,其设备等与我东亚同文书院不可同日而语。由此可知他们在远东尤其是中国的经营上不惜付出怎样高价的牺牲,在学术上是抱着怎样细心的秘密计划,对于他们这种偏狭的心计,我们不由得百感交集。校园内在用水泵洒水,可见其手笔之大。这里已经完全是郊区了,从市中心到这里,大约是广岛到新庄之间的距离,将近十米宽的柏油马路,看不到尽头,各处都有很大的电灯照射在马路上,热带性的植物枝叶繁茂,直冲云霄,在树荫的掩映下,不时可见洋人的房舍。①

德国医工学堂的校舍和宿舍之宏大,一想起上午参观的东亚同文书院,就让人觉得很没有脸面,从今往后都不敢在上海的大道上挺胸阔步行走了。②

旅行记还对那时的上海老城做了描述:

> 上海虽是中国的一部分,却并不在中国的主权之下,若真的要体味中国街市的妙趣,就必须要到老城去。老城内有一个叫湖心

---

① 《大陆修学旅行記》,第41頁。
② 《大陆修学旅行記》,第67頁。

亭的茶馆，云集在此的茶客，从早到晚对着茶桌，我们在这里第一次品尝到了所谓中国式的吃茶风韵。周边一家挨着一家的是象牙工艺品店、陶瓷器店等，就像浅草的广小路。茶楼的楼上楼下满是茶客，坐定在那里，或者叫理发的到这里来他们理发。池塘边有一个花鸟市场，模样有点怪怪的人在那里表演着什么，吸引着顾客。在这里可充分体味中国趣味。中央有个池塘，池水污浊沉滞，严重影响了茶亭的景色。……中国人的住宅，总体来说都有一种浓郁的、异样的、令人几乎难以忍受的臭气，即使有景观的地方，也很少有像文晁的南画那样能深深吸引日本人喜欢的东西。女子缠足的约有十分之三，步行困难的女子很少见，留辫子的男人大概十人中有一人，所以和日本人没什么区别。①

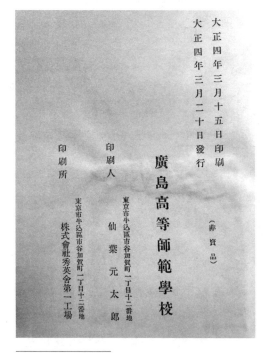

《大陆修学旅行记》版权页

---

① 《大陸修学旅行記》，第42—43页。

194

这部修学旅行记与各类"上海案内"较大的一个差别是,首先撰写者大都是初到中国,当然也是初到上海,因而对上海的观察时时以日本作为参照系,有明显的外来者的视角;其次是日本人的民族心或者说扩张情绪特别强烈,时时强调日本在上海乃至中国的国家利益,不能输给西洋人,不能弱于西洋人。因为是初来者,因而对于上海的记述,准确度要弱于长久在上海的日本人所撰写的"上海案内"类的读物。

另一部修学旅行记是东京高等商业学校的30余名学生在奈佐教授的率领下,于1919年7—8月到中国来做近两个月修学旅行时的记录,取名为《中华三千里》,其中有关上海的部分约有81页,占了全书四分之一以上的篇幅。东京商业高等学校最早的雏形是1875年创建的商法讲习所,1884年在此基础上开设了东京商业学校,1887年改为东京高等商业学校,1920年成为东京商科大学,战后的1949年成了今天赫赫有名的国立一桥大学,其经济、商业、经营管理学科差不多是日本最好的。1919年夏天,该校的师生来中国旅行时,校名还是东京高等商业学校。

这次修学旅行的政治背景是,第一次世界大战已经结束,因巴黎和会上日本力图强占山东的权益,从而激起了中国人的愤怒,爆发了全国性的五四运动。一般的理解是,当时的中日关系处于较为对立的状态。不过我对全书阅读的感觉是,旅行者和记录者乃至学校当局和为此书作序的人,其总体的立场偏向于亚洲主义,强调日中两国的合作来共同应对欧美势力在东亚的蔓延,因而对于中国和中国人,其盛气凌人的姿态比较弱,侮辱、凌辱的表述极少,跟广岛高等师范学校的《大陆修学旅行记》形成一定程度的对比。由此也可看出,在那一年代,日本人的对华姿态或看待中国的目光仍是多歧多元的。当然,无论是哪一种,在对日本国家利益的强调上,并无太大的差异。

东京高等商业学校的创始人之一、首任校长佐野善作在该书

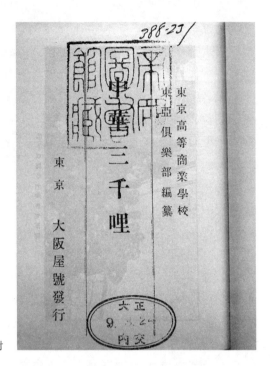

《中华三千里》内封

的序言中写道:

邻邦中国不仅有着广袤的土地,而且拥有世界上最古老的文明和历史,拥有四亿人口和无限丰富的宝藏,不只是在实业方面,且在人类文化的各个方面,也为我们提供了诸多的研究材料和可开拓的无尽的资源。而要担当起这样的研究和开拓,就只有依靠明察时代的大势、理解现代思想的日华两国的青年了。从这个意义上来说,我国有为的青年,或在中国寻求活动的天地,或通过在中国的游历而知悉其实情,不只是为了他们自身的利益,也是为了将来在真正了解的基础上实现日华两国的合作提携,因而(本校师生去中国进行修学旅行)是一件值得欢迎的事。①

---

① 東京高等商業学校東亞俱樂部《中華三千哩》,東京,大阪屋號,1920年,第1—2页。

其最根本的着眼点,无疑还是日本在中国的拓展,但态度是比较平和的,姿态是相对平等的,基本上没有《大陆修学旅行记》的傲慢和盛气。这样的姿态,大致也贯穿在整部考察旅行记中。

轮船驶入黄浦江时的第一印象是这样的:

> 向着上海拐入黄浦江时,江岸就显得比较近了,可见到岸上的民居,民居内的人们在院子里侍弄花草的模样,水边的放牧的水牛等等。草虽然是与日本一样的绿,而风物却完全不一样。尤其是临近上海的时候,出现了诸多红色砖瓦的殖民地风情的洋楼,与草绿形成了对照,让人感到了欧罗巴风的异国情调。……不一会儿,船停止了行驶。从黄浦江上眺望上海时,感觉这是一座西洋的城市。上岸之后感觉也是一样,上海比日本任何一座城市都更加欧美化,就中国色彩而言,上海不是一座具有代表性的城市。轮船停泊的地方是邮船码头,据上海中枢位置。对着码头,沿着黄浦江,是一条大道,从甲板上望下去,人就像蚂蚁一样黑黑的,虽然穿的衣服是白色的。苦力们说着听不懂的话语,或是举起了手,或是奔来奔去,喧阗不已。身材高大的缠着红头布的印度警察在码头的围栏内举着棍棒想要制止苦力的冲涌。有一个苦力蹲在江边洗着脸,洗完脸后就掬起江水喝。因此这里霍乱经常发生。①

30余人下榻在熙华德路(今长治路)上的万岁馆:

> 万岁馆是日本人经营的旅馆,但并不是纯日本式的。在走廊上脱下鞋子,推开门进入室内,地上铺着榻榻米。但是,房顶很高,窗户也很高,壁上有暖炉,是一种和汉洋折中的建筑。总而言之,这些榻榻米首先鼓舞起了我们的爱国心,吃了日本饭。②

一行人坐了汽车到市内参观,说实话,那个时代日本人,至少

---

① 《中華三千哩》,第23—26页。
② 《中華三千哩》,第27页。

学生还不常坐汽车,对汽车的速度之快,还有一点不习惯。令他们感兴趣的是上海的人力车之多。人力车原本是明治时代的日本人创制出来的,后来传到中国,被称为"东洋车"或"洋车",大概在1915年前后,在上海,"黄包车"的名称渐渐代替了"东洋车"。在此之前,日本文献上的记载多为"人力车",在这本修学旅行记中,我看到了"黄包车"一词:

最多的是黄包车即人力车,头发长得乱蓬蓬的人力车车夫穿着敞开的短褂,都被汗水渗透了。他们发出哎嚯哎嚯的声音,飞奔而去。……从黄浦滩路(即今天的外滩、中山东一路——引译者注)往左(应该是往右吧——引译者注)拐入南京路。这条街已有些中国的风情了。在红砖和青砖上闪耀着招牌上的金字,还有刻着对联式的字句,挂在人行道上。①

上海街头的印度警察再一次吸引了日本人的眼睛,而且又联想到了日本:

汽车能在各色人种、各色风格的人群蠕动的上海马路上疾驰,除了这里的人命廉价之外,还有就是印度警察的功劳。身躯魁伟的、在人群中一眼就能辨识的印度警察,凭借其手上的棍棒举起或放下,汽车或可行驶或须停住。近来日本也在实行这样的交通管理方法,但是身材矮小的日本人,再怎么伸长了脖子,直起了双手,也没有这些印度警察的效果。我们乘坐的汽车,鸣响着喇叭向前全速疾驶时,前面的印度警察已经把交通堵住了。从他们的身边驶过时,他们就会露出雪白的牙齿咧嘴一笑,很可爱。②

日本人也不惜会自嘲一下。

街头的廉价饮食店也使他们觉得很有意思:

---

① 《中華三千哩》,第28—29页。
② 《中華三千哩》,第29—30页。

街上排列着有点脏兮兮的廉价小吃店,在前面走过时,热气腾腾的香味会令人大感刺激。上海是排日气氛的发源地,听说小路小巷内挺危险的(当然即使没有排日,其实也一样)。在这样廉价的吃食店里,挤满了袒露着上身的人,就像《水浒传》里一样。我们从一旁走过时,感到从黑暗的屋内有几双眼睛在斜斜地盯着自己。①

整个第一次大战期间,日本的工商界趁着欧洲人忙于在欧洲战场上彼此击杀而无暇东顾的时机,大举进入中国。在上海比较明显的,就是日本纺织业的急遽进入和扩张,在杨浦和苏州河两岸建起了不少棉纺厂。修学团的师生也被安排去参观了几家纺织厂:

下午在纺织厂内见到稚气未脱的女孩子在拼命劳动的模样,令人感到颇为伤感。当我看到有的一边操作还一边忙着吃饭时,禁不住流出了眼泪。仿佛想起了自己年少的妹妹。我凝视着这些孩子快速整理丝线的手指,心头涌上了一阵耻辱感。②

这种耻辱感的由来,就是因为这些纺织厂的厂主亦即资本家,是日本人。他们居然雇用如此年少的童工在厂里干活。其实,这类的情形,在明治时期甚至是大正初年的日本也并不鲜见,有一部根据1968年发表的非虚构作品《啊,野麦岭——某一纺丝女工的哀史》改编的同名电影,就如实地再现了当年的情景。这是伴随资本原始积累过程产生的罪恶,在一个不健全的国家和社会中都有可能发生。东京高等商业学校的学生在上海的日资棉纺厂内见到了年少的中国纺织女工如此辛劳的情境,不觉产生了"伤感""流泪""耻辱"这样的动情行为,一方面是人性不泯的表现,另一

---

① 《中華三千哩》,第31页。
② 《中華三千哩》,第34—35页。

方面其实也反映了日本大正中期民主运动、劳工运动逐渐兴起的社会背景,社会主义等的左翼思想开始在日本慢慢传播。这一点在本书的后面还会述及。

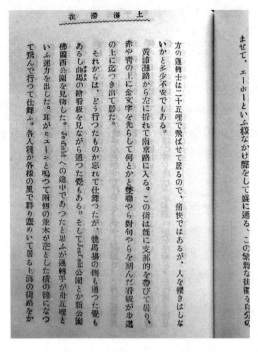

《中华三千里》内页

在本书其他学生撰写的部分中,对上海街头的人力车和公共电车的描写比较细致生动,这里再译述几段:

在交通工具中使用最多的是人力车。人力车的车厢部分比日本的人力车距离地面要近,稳定性好。牵引杆也比较长,虽然上海看上去是一个文明现代的都市,但因为劳动力便宜,人力车就使用得最广泛。在火车站、繁华的十字路口等有很多等候的人力车,这在日本也一样,但是上海这边,旅馆、饭馆、俱乐部的门口,公园的门口等地也必定会有几辆车等在那里。如果有人想要乘坐,立即会有好几辆一下子涌到你的面前,而且彼此会争先恐后,双眼充血地互相争夺客人。实际上的车费也很便宜,半小时左右的时间一毛钱左右。但也要懂行情,有的新坐车的人也会被敲竹杠,被无端要求加钱。上海的人力车到底有多少辆,也没有做过调查,但用一句路上车满为患来形容大概也不为过。这么多的车,这些车夫都能以此谋生么?但听说他们的生活费一天有八分钱也就可以了,拉一次客人大概就能吃一天的饭了。①

有关日本人眼中的人力车及车夫的生活状况,可参见《清国通商大全》及"上海案内"等书的相关内容。旅行记还详细描述了当时上海街上行驶的电车:

从旅馆房间的窗户望出去,可见到街上行驶的电车,由两节车厢相连,分别写着头等和三等。头等也就是一等,也有的一节车厢内,从中间开始一分为二,但是没有二等有点奇怪。也就是说,一般的中国人因为太脏,就把中国人乘坐的车厢与其他人乘坐的空间分开来了吧。不过即便是中国人,如果穿着干净的,也可乘坐头等车,只是票价不一样,头等要比三等贵一倍。其实我不大想说,由于中国人不干净且缺乏卫生思想,被这样带有侮辱性的设备区隔开来也是无奈之举。这一类的歧视待遇,在别的方面也有。比如火车、轮船乃至公园等也是这样。电车要比东京的低矮一些,但要比东京的大一些,车厢两侧写着大众可坐、廉价稳快这样的广告性的文字。车内有英支两种文字写着的注意事项,但没有日本车内写着的"不可露出大腿"这种奇怪的字句。注意事项旁还添加了图画,告诫乘客不要飞奔下车,不然跌倒后会摔破身体流出血来,这幅有些幼稚的图画上,特别在血的部分用红色显现出来,有点滑稽。这或许是多数中国人不识字,只能用这样的图画来告诫大家了。电车是由英国人经营的,但司机和售票员都是中国人。

---

① 《中華三千哩》,第60—61页。

因为有等级的区隔制度,付了车钱可以不要票,不像日本,下车时要交出车票。①

言辞之间,对中国人的蔑视多少还是有的,但文辞还算平和。叙写者是短暂来华的日本人,因而对上海的观察和描写,时时都展现出一个外来者的新鲜眼光,且经常会与日本做比较。这也是读来颇有兴味的所在。

安排学生参观的另一个对象是公园。外滩公园、极司菲尔公园、法国公园、虹口的新公园等,都去看了,树荫茂密,绿草如茵,是总体的印象。"可是,虽然有好几处这样优美的公园,且是在中国国土中的上海,却时时可见'中国人不可入内'的牌子,这究竟是怎么回事呢?"事实上,这些日本学生也见到了混杂在西洋人中的一户日本家庭:"男的随随便便穿着和服,脚上是落伍的深色的胶鞋,一顶用了多年的黑色草帽胡乱地戴在头上,腰部挂着一个烟袋,妻子我就不想说了,推着一辆内有小孩的乳母车。这与其他的外国人形成了鲜明的对照。我这里说的不是中国,在内地(这里指日本本土——引译者注)的铁路上,如今已经废除了一等车,将一二等合在一起,我在报上看到过,车厢内挂着请不要胡作非为的牌子,这又是叫谁不要胡作非为呢?"②这好像是有点为中国人鸣不平了,日本人是可以随便进入上述公园的,可日本人的模样也不怎么检点,国内日本人的举止也未必文明。这些学生比较敢于把自己的所见所闻和感想大胆地写出来,很有些书生意气。

话是这样说,但在那个年代,国家主义的思想已经通过明治中后期的洗脑教育渗透到了全体国民中了,这些学生在黄浦江

---

① 《中華三千哩》,第61—62页。
② 《中華三千哩》,第68—69页。

上"见到了帝国军舰'须磨号'的威容,不胜欢欣雀跃"①,而丝毫没有细想,这些日本军舰游弋在中国上海的江面上是来干什么的。

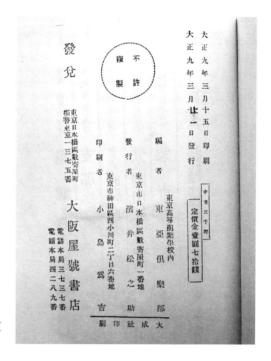

《中华三千里》版权页

上述这些大学生的海外修学旅行记,多为印象式的、浮光掠影的短暂体验,其描述虽然未必准确,但却充满了新鲜感,具有明显的外来者的敏锐,也有一定程度青少年的坦诚和率直。可以明显地感觉到,来自广岛和东京的学生,几乎是同一时代的(来中国的年份分别是1914年和1919年),但广岛学生的国家主义情绪更为强烈,几乎已经完全用俯视的视角来扫视中国和上海,鄙夷不屑的神情充斥在字里行间;而东京的学生,或许是受校长佐野奠定的校

---

① 《中華三千哩》,第34页。

风和学风的影响,观察和叙述相对比较平实,亚洲主义的思想不时会有闪现,国家主义的激情相对比较贫弱。事实上,近代日本人对待中国的姿态,并不总是整齐划一的,各种声音都有,但主旋律却是国家主义和扩张主义,将所谓的"国权",即日本在全世界尤其东亚的国家权益置于最高的地位。

村松梢风《魔都》中的上海镜像

大正十三年(1924),小说家村松梢风(1889—1961)出版了一本记述上海的书——《魔都》。时隔90年后,"魔都"一词竟然成了上海的代名词。那么,村松梢风在书中究竟传递出了一种怎样的上海镜像呢?这还要从他为何到上海来说起。

村松梢风的作家地位,在20世纪的日本文坛大概连二流也排不上,尽管他生前发表过几十部小说和人物传记,曾经有过不少的读者,他撰写的六卷本《本朝画人传》被数家出版社争相出版,一时好评如潮,1960年中央公论社在建社100周年时又以精美的装帧将其作为该社的纪念出版物推出;在日本出版的各种文学辞典和百科全书中,对他也有颇为详尽的介绍。不过对于村松梢风的小说,评论界一直很少给予关注,他撰写的作品,大部分是历史人物故事,人文的内涵比较浅薄,除了作为大众文学作品集出过寥寥两种选集外,在文集、全集汗牛充栋的日本出版界,迄今尚未见到有村松梢风的著作集问世。这大概可以映照出村松梢风文学作品的内在价值指数。

但是,每当人们提及至今仍然非常鲜活的凝聚了上海的复杂意象的"魔都"一词时,都会联想到村松梢风,是他在1924年创造出了这一词语和这一意象。当年也许只是不经意间创造的这一词语,由于内含了太多难以言说的复杂元素,或者说是较为准确地概括了混沌叠合的上海的各种因子,"魔都"一词不仅在今天的日本,乃至在上海本土,得到了越来越多的认同,而频频出现在各种媒体中。

其实，与同时代的谷崎润一郎（1886—1965）、芥川龙之介（1892—1927）、佐藤春夫（1892—1964）等相比，村松梢风在中国文史上的学养以及原本对中国的兴趣，都要弱得多。村松梢风出生于静冈县的一户地主家庭。从现有的史料来看，笔者未能找到青少年时代的村松梢风曾对中国或中国文史有兴趣的记录，他后来提到的孩童时代唯一跟中国相关的记忆是，当年风行一时的所谓"壮士剧"中经常会出现作恶多端的中国人的形象，小孩要是不听话的话，大人就会用"小心被中国人拐骗了去"的话来镇住孩子①。村松梢风在家乡的中学毕业后，来到东京进入了庆应义塾理财科预科学习，此时他才接触到日本的新文学，并由此萌发了对文学的兴趣。从个人习性上来说，村松梢风不是一个安分稳静的人，他不顾自己已娶妻生子，常常一人跋山涉水，四出游行。"什么目的也没有，只有想到陌生的土地上去行走。喜爱漂泊，喜爱孤独。"②这一习性，与他后来的中国游历很有关系。他忍受不了乡村的沉闷，1912年又来到东京入庆应义塾的文科学习。这一时期他坠入了东京的花街柳巷，家中的田产也被他变卖得所剩无几，他一时感到前途困顿。

恰在此时，第一次世界大战爆发，日本乘机出兵，于1914年11月占领了原属德国势力范围的青岛。前途迷茫的村松梢风不觉将目光移向了中国。他想到这一陌生的土地去闯荡一下。这时他的一位师长辈的人物洼田空穗劝阻了他。洼田劝他不必急着到中国去，在这之前不如先锻炼一下文笔，在文学上辟出一条路来。于是村松梢风暂时打消了去中国的念头，一边写稿，一边帮朋友编

---

① 村松梢風《不思議な都「上海」》，载东京《中央公論》，1923年8月号，第12页。
② 《梢風物語——番外作家伝（一）》，载东京《新潮》，1953年1月号。这部以第三人称撰写的自传分三期刊于此杂志。

杂志,以后又进入日本电通社做记者。1917年,他将写成的小说《琴姬物语》投到了当时最具影响力的综合性杂志《中央公论》,得到了主编泷田樨阴的赏识,在8月号上刊登了出来。由此村松梢风在文坛上正式崭露了头角,作品频频刊发,知名度也日趋上升。村松梢风写的大都是传奇故事类的大众文学,他渐渐感到可写的素材已捉襟见肘,于是想到在人生中另辟一条生路,这就是使他35岁以后的人生发生了重大变化的中国之行。

村松梢风后来在以第三人称撰写的自传《梢风物语——番外作家传》中这样写道,1923年的上海之行,"从某种意义上来说,是受了芥川龙之介中国之行的刺激,但主要是他自己想去上海寻求自己人生的新的生路。从这意义上来说,他的意图可谓获得了完全的成功,而其结果是村松梢风将35岁以后人生中年的十几年生涯沉入到了中国之中"①。这里所说的芥川龙之介的刺激,是指芥川龙之介作为《大阪每日新闻》的特派员于1921年到中国作了近四个月的旅行,回国后在报上陆续发表了《上海游记》等多种游记,后来集成《中国游记》一书出版。

于是,1923年3月,村松梢风登上了驶往上海的轮船。"说起我上海之行的目的,是想看一下不同的世界。我企求一种富于变化和刺激的生活。要实现这一目的,上海是最理想的地方了。"②

据对各种文献的梳理考证,可知在1923—1925年间,村松梢风总共到上海来过四次。第一次是1923年3月22日至5月中旬,约二个月,据村松梢风自述,初抵时寄宿在西华德路上的日本旅馆"丰阳馆",大约在4月10日左右,他移居到老靶子路(今武进路)95号一处房东为俄国人的公寓(此建筑今日仍然留存)内。第二次来上海,是在1925年4月初至5月10日左右,住在前述的

---

① 东京《新潮》,1953年2月号,第66页。
② 《魔都》,小西书店,1924年,自序。

"一品香"旅馆。第三次来上海,是1925年6月10日左右至6月底,下榻于日本旅馆"常盘舍"。第四次来上海是1925年11月初,下榻在"丰阳馆",约一周后,移至"一品香"住宿,经人介绍一度又曾短期入赘到爱多亚路(今延安路)北侧小路上的名曰"平安里"内的一户中国人家里居住。断断续续在上海总共居住了大概半年时间。

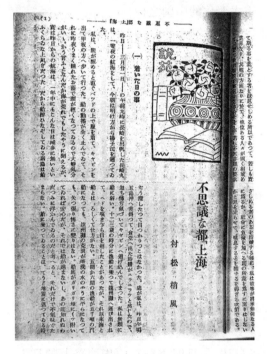

《不可思议的都市"上海"》

第一次到上海来了两个月之后,回到东京的村松梢风撰写了《不可思议的都市"上海"》等两篇长文①,分别刊登在发行量很大且档次颇高的《中央公论》当年的8月号和9月号上,翌年,他将《不可思议的都市"上海"》改题为《魔都》,又收录了《南京》《西湖

---

① 《不思議な都「上海」》和《江南の風物と趣味》(《江南的风物与趣味》)。

之旅》《江南杂笔》等诸长文,合成《魔都》一书,由小西书店在1924年7月出版,出版后销量颇好,屡屡再版,上海的"魔都"意象也逐渐在日本传开和放大,后来我将此书译成了中文,2018年由上海人民出版社出版。

《魔都》封面

那么,村松梢风对上海总的感觉是怎样的呢?对于上海,他说过这样一番非常沉痛而真切的话语:

我觉得像上海这样好玩的地方,恐怕寻遍全世界也不可得。……我之所以觉得上海好玩,绝不是因为上海人的生活有多么文明,或者景色如何美丽,气候如何宜人。倒不如说在这些方面上海是最不尽人意的了。不错,无论到哪里,到处都有成排的宏大雄伟的欧式建筑,有漂亮的公园。道路不管是小巷还是弄堂,都有水泥铺设,不像日本的许多道路,需要担心会踩到没膝的泥泞。而且上海具备所有文明的设施。但是,这又怎样呢?这不过是在人们的生活上披上了一件物质文明的华丽的外套而已。而最关键的构成生活基调的精神文明，上海却没有。说没有，也是很正常的。因为这里虽说是在中国国内，政治上的主权却并不属于中国政府，除了老城厢之外，都是外国的租借地。于是乎世界各国的人都来到此地，按照自己的喜好来任意地经营自己的生活。世界上所有的种族都聚集到这里，于是创造了上海这座都市。当地人不仅丧失了政治上的主权，而且这里既无中国传统的文明也无传统的精神。在这里过着既非中国也非西洋的变形生活的中国的国民，只是在人数上处于绝对的优势而已。在这样芜杂混沌的空气中，不可能产生优秀的文明和良好的生活。男人沉湎于利欲，女人耽溺于奢华。……但是站在其间的我，却发出了类似欢喜的叫声。目迷于华美，糜烂于淫荡，在放纵中失去了灵魂的所有的恶魔般的生活中，我越陷越深。于是，一种或者说是欢喜，或者说是惊异，或者说是悲哀，总之是难以名状的感动打动了我。那到底是什么呢？现在的我，自己也说不清。只是，吸引我的、令我向往的是，人的自由的生活。这里，在失去了传统的同时，所有的束缚都被解除了。①

这段话颇为真实地揭示了村松梢风作为文化人和浪荡子的内在两重性。作为文化人，他有思考，有观察，有想法；作为浪荡子，他喜好声色犬马，追求感官刺激。也因此，他沉入到了普通上海人的日常营生中，接触到了一般日本文人所不知晓的庶民生活圈，也目睹了光怪陆离的上海影像的各色图景。从这个意义上说，尽管他在上海的生活仅有短短的半年，但他对上海了解的广泛程度，可谓超出了同时期来上海的文人芥川龙之介、谷崎润一郎、佐藤春夫、横光利一和金子光晴。但同时，由于村松梢风缺乏深厚的思想

---

① 《魔都》，第64—66页。

《魔都》内页

底蕴和犀利敏锐的洞察力,他在对上海意象的感受和传递上,往往会止于外在的层面,流于表象的叙述。

需要说明的是,根据村松梢风自己的记述,他在上海的活动空间,大抵在公共租界和法租界(包括准租界的"越界筑路"区域)一带,应该没有去过上海的老城厢和闸北、杨浦等底层民众生活的区域,与虹口的日本人居留民区交往也不多,因此他的"魔都"意象,主要来自租界。构成村松梢风"魔都"意象的,有两个基本的层面:"明亮的上海""黑暗的上海"①。

明亮的一面是,欧化的街道,欧化的公园,欧化的楼厦和繁荣的市面,多彩的生活。

---

① 《魔都》,第4页。

从静安寺到极司菲尔公园去的路上,村松梢风见到了如此的街景:

这一带是新开辟的开阔的住宅区,街两边是庭院宽敞的漂亮的住宅。和日本所见到的西洋建筑不同,材料有些粗糙,但式样却很繁复,屋顶、墙壁和窗户等的色彩富于变化,显得相当协调,每一幢房屋都给人艺术的感觉。没有去过西洋的我,当时就在想,至少也想在这样地方过一下所谓有文化品位的生活。①

这一区域严格来说已在公共租界的领域之外了,史称"越界筑路",而实际上却在租界当局的管辖之内,一般称之为所谓的"准租界",域内的建筑,大都由外国人和有地位的华人所建。

他对极司菲尔公园(Jessfield Park)有如此的描写:

公园前有几家颇为时尚的咖啡馆。许多汽车停在路边,形成了一个长长队列,正在等待着主人回去。门口有印度警察站岗。公园相当广大,因园内模仿自然的景象建造,看起来比实际的占地更开阔。尤其是树林间通往最里面的行道让我很喜欢。小鸟不住地鸣唱,蝴蝶穿梭起舞。路边开满了红色和白色的鲜花。有全家一起来的,有全是女伴的,也有男女恋人的,形态不一。②

极司菲尔公园是公共租界工部局于1914年在原兆丰花园的基础上辟建的公园,因原为英商兆丰洋行的地产,又称兆丰公园,1942年汪伪政权收回租界时,将此改名为"中山公园",亦即现在的中山公园。需要指出的是,1928年之前,工部局在租界等处所开设的公园,不对华人开放,所以门口有巡捕房的印度警察站岗看守,村松梢风所描述的景象,其实与本地的中国人无缘。

上海的舞厅也是村松梢风颇为赞赏的:

---

① 《魔都》,第9页。
② 《魔都》,第9—10页。

上海现在交谊舞大为流行。在这里,中国的戏曲姑且不论,说起外国人的娱乐,就只有电影了,所以交谊舞流行也自然有它的道理。大的宾馆和咖啡馆酒吧,一定有舞厅的设施,每天夜晚有很多男女聚集在这里通宵达旦地跳舞,使上海人的生活显得最为华美、色彩最为浓郁的是交谊舞。其中最高级、规模最大的一家是卡尔登大戏院,那里既有电影院,也有餐厅和舞厅。……像我们这些人,从小浸淫在所谓的东方趣味中,说老实话,像交谊舞这种洋人玩的柔软的玩意儿与我们的习性并不相合,但是即便如我这样怪癖的人,瞧着那些伴随着快活的狐步舞、优雅的华尔兹而依偎拥抱的男女翩翩起舞的景象,自己的心魂也不知不觉地浮荡起来,也想跳入舞池与他们一起舞蹈。①

这里所说的卡尔登大戏院,日语原文直译为"新卡尔登咖啡馆",经查考,应为位于今南京西路黄河路上的卡尔登大戏院(Carlton Theatre),1923年2月建成开张,村松梢风来时,其实才刚刚营业不久。这是一家内有戏院、舞厅等的多功能娱乐场,1954年改为"长江剧场",1990年代拆除重建,工程延宕了十多年,今天的新楼,旧日风貌已荡然无存。

在村松梢风的眼中,南京路是比东京的银座更为繁华的所在:

称之为大马路的大街,就是所谓的南京路,是超过东京银座的上海第一的繁华大街,各种大商店鳞次栉比,有先施公司、永安公司等,其他著名的百货公司大抵也在南京路上。街中央通有轨电车,车道上各色汽车络绎不绝。②

但是,"在所有文明的设施都完备、光华美丽,而且可以尽情寻欢作乐的上海这座都会里,一旦当你踏进它的内侧,就立即会被

---

① 《魔都》,第10—11页。
② 《魔都》,第13页。

一层阴森的大幕所包裹。那里猖獗着所有的犯罪行为,充满了所有的罪恶。偷盗、杀人、欺诈、赌博、绑架、走私者、秘密帮会、卖淫、恐吓、美人计、吸食鸦片以及各种大大小的犯罪,不分昼夜,部分区域,一年四季都在上演"①。事实上,当时的上海,确实是一个犯罪率高而破案率低的都市。上海的地盘,大致可分为公共租界、法租界和华界三大块,各自为政,各有各的法规,各有各的警察(甚至主要国家的领事馆内都有人数不少的警察组织),彼此间只能管辖自己的区域范围,于是犯罪者就在这三者之间翻越腾挪,纵横捭阖。在华界犯罪的,只要潜入租界,就天高皇帝远,反之亦然。除了巡捕警局、外国大亨外,还有本地的各种帮会组织在暗中翻雨覆雨,于是编织起了各色错综复杂的网络,局外人跌入其中,往往会如入五里雾中,动辄得咎。

村松梢风在《魔都》中绘声绘色地叙述了某个妇人在光天化日之下的南京路上,被几个西洋人悄无声息地用麻药醉倒,然后携入车内扬长而去的故事;一对日本夫妇分坐两辆黄包车前往某地,途中男的回头相望,载着其夫人的那辆车已经不知所踪,事后再也无法寻到她的踪迹。自然,这些都是来自他的听闻,但是用笔墨渲染之后,就不免使人徒生恐惧之感。喧阗芜杂的上海街市,在村松梢风的笔下则成了如下的场景:

总之,上海是一个十分喧嚣的城市,想一下都会令人感到毛骨悚然。……在街上行走时,不可神情恍惚。狭窄的马路上,电车、汽车、马车、人力车如梭如织。在路上行走彼此间差不多都要推推搡搡。真不知道这么多的人是从哪里出来的。人群在密密麻麻地蠕动。稍不留神,钱包呀手表呀就会失踪。而且不小心的话,即便不被汽车撞死,也会让黄包车的拉手棒捅伤了腹部。在上海,即使

---

① 《魔都》,第24页。

汽车、电车轧着了人也不会受什么大的处罚。①

如此这般,魔都的意象就慢慢地晕染出来了。

作为浪荡公子的村松梢风,对于上海的妓院和赌场是相当熟悉的,他甚至夸大地说:"上海全市无论走到哪里,都有成群的卖春妇。在街头也罢,公园也罢,咖啡馆也罢,剧场也罢,电影院也罢,都有。……色彩浓郁地装点着夜上海的,是'长三'和'幺二'这种所谓的妓和'鸡'。长三只是纯粹的艺妓,被叫到酒席上卖唱,除了自己的丈夫外绝不向外人卖淫,而幺二则既卖唱也卖淫。其次就是鸡了,这也分普通的鸡和野鸡。普通的鸡是所谓的高等内侍,去一定的场所,为客人服务;而野鸡则徘徊在茶馆、娱乐场和马路上拉客。"②

村松梢风还津津乐道地叙述了自己在四马路上的"青莲阁""小花园""惠乐里"等妓馆云集的场所游荡的经历,介绍了他去大世界附近一家赌馆的见闻:"沿着水门汀的走廊往里走,来到了一间满是人的房间。房间里分放着两张大桌子,两边都在赌钱。桌子的周围挤挤的坐满了人,在其后面站满了人,在其外侧放着长凳子,这上面又站着很多人。放赌抽头的局东大声地报着数字。哗啦哗啦理筹码的声音、银元的碰击声、难以言状的紧张的噪音充溢着整个房间。"③除了正式的赌场外,在新世界等地还聚集了许多所谓猜诗谜的貌似有些文雅的赌博场所,粗通汉字汉诗的村松梢风,也常常在此流连忘返。

当时上海还有两家规模很大的跑马场,一处是由租界当局经营的旧址为今人民广场的跑马厅,另一处在郊外由中国人经营的、旧址为今江湾体育场附近的跑马场,每逢周末皆有赛马,村松梢风

---

① 《魔都》,第20—21页。
② 《魔都》,第28—29页。
③ 村松梢風《新支那訪問記·上海夜景》,東京,騒人社書局,1929年,第212页。

两家都有光顾,对江湾的那家叙述甚详,结果当然都是输钱。

差不多时隔三十年,村松梢风在以第三人称撰写的自传中再一次概括了魔都的内涵:

> 上海是一个世界各国的人种在各自的国旗下经营自己随心所欲的生活、世界上独一无二的国际大都市。它是一座被称为魔都的罪恶的巢窟,但同时它又具备了所有可以满足人类本能的物质条件。凡是人们能想到的东西,上海都实际存在。①

值得一提的,是1923年村松梢风在上海与田汉、郭沫若、郁达夫等新文坛作家的交往。在近代中日文学关系史上,日本作家与上海新文坛的关系发生,大概肇始于1923年春天的这次村松梢风的上海之行。1918年10月,作家谷崎润一郎自北而南来中国游历,试图在上海寻访中国新文学作家而未果②,失望而归。1923年3月末,作家芥川龙之介受《大阪每日新闻》派遣来中国踏访,虽然后来在北京见到了胡适(1891—1962),但在上海还是未能接触到新文坛,只是会见了章炳麟、郑孝胥和李人杰(即中国共产党创始人之一的李汉俊)三人。与此后大部分日本文人通过内山书店的媒介与中国新文坛发生接触的情形不同,村松梢风是自己径直寻找到田汉的,日后在田汉举行的家宴上又认识了郭沫若等一批创造社的新锐作家,彼此间的交往,一直持续到20世纪20年代末期。

在初次来上海的途中,村松梢风怀里揣着作家佐藤春夫为他写给田汉的介绍函,自然,他原本与田汉并不相识。这次获悉村松梢风将往上海,佐藤春夫想起了上海有他的熟人田汉,便给他书写了一通介绍函。田汉与佐藤春夫的相识,始于田汉对佐藤春夫的

---

① 东京《新潮》,1953年1月号,第66页。
② 其时创刊于上海的《青年杂志》已移往北京,北京文坛上开始出现了一些新气象。

投书和面访。田汉于1916年8月自家乡湖南经上海东渡日本求学,入东京高等师范学校,受世风熏染,钟情于文艺,不久与在九州帝国大学学医的郭沫若等结为同志,1920年在东京创作了《梵娥琳与蔷薇》《咖啡店之一夜》等剧本,并在东京上演。田汉那时比较倾慕佐藤春夫的文名,曾数度造访,后又曾伴同郁达夫往访。1922年秋,田汉自日本回国,供职于上海的中华书局编辑所,与佐藤春夫间似仍有书函往返。

据《不可思议的都市"上海"》(后改名《魔都》)的叙述,到达上海几天后,村松梢风独自一人找到了田汉供职的中华书局,将名片和佐藤春夫的介绍函递给了门房后,他被引进了会客室。不一会儿,田汉迎上前来,说一口流畅的日语。当得知村松梢风现居住在西华德路(今长治路)上日本人经营的旅馆"丰阳馆"时,田汉热情地邀请他住到自己的家里来。村松梢风这样记述了他当时对田汉的印象:

我们俩仿佛一见如故。田汉君约有二十六七岁,是一个瘦瘦的高个子青年。长长的头发不是用梳子,而常常是用手指往上挠抓,因此都乱乱蓬蓬地缠绕在一起。苍白的神经质的脸上,一双大眼睛总是忧郁地、似乎有点惊恐地不住眨动着。其身上上下都穿着浅绿色的棉衣裤。①

下了班后,田汉热情地邀请村松梢风一起去他在民厚北里的寓所。"折入一条弄堂一直往里走,在尽头处有一扇大门,一丈左右高的木门半掩着。约有门两倍高的围墙将邻家隔了开来,其处有一棵似是朴树的古木枝叶繁茂。田汉噔噔地快步走上了狭窄的楼梯,将我带到了二楼他自己的书房。书房内有一张简朴的床,书架上放满了英文的小说和日文的文学书等,书桌上放着一部文稿

---

① 《魔都》,第47页。

的校样。"①田汉向村松梢风滔滔讲述了自己的身世和经历,以现在我们所知的田汉的生平事迹来参证,村松梢风的记述大抵都十分准确。谈话间,话题转到了中国的文坛,田汉向村松梢风讲述说:"现在中国的文坛死气一片。传统的文学几乎都徒具形骸,毫无生命力。现在势力最盛的是在上海出版的通俗文学的杂志和书刊,都是些低级庸俗的东西。我们的一批朋友聚集起来创办了一份《创造》杂志,其中有中国最新锐的小说家郁文(达夫)、诗人、剧作家郭沫若,批评家成灏等。什么时候我把他们介绍给你。我自己呢,以前主要是在做翻译,今后想主要从事创作。"②

随后田汉又陪同村松梢风外出,在电车上兴致勃勃地向他介绍中国的各类民众艺术的种种特点和魅力,说得村松梢风怦然心动,当晚即央请田汉带他到新世界去观看。在田汉的影响下,后来村松梢风竟成了大鼓迷,虽然其唱词并不能听懂。他感慨地说:

最初是从田汉君那里听说了大鼓的妙趣,此后为了听大鼓,我又曾数度到新世界去,慢慢听熟之后,其内含的妙趣也就渐渐能领会了。不过那儿不仅见不到洋人,连日本人的踪影也难以寻觅。夹杂在中国人的人群中,品味只有该国的人才能欣赏的特别的艺术,我觉得自己已经完全融入到了他们的生活中。想到这一点,我感到了一种他人难以体会的愉悦和满足。③

几天之后,村松梢风接到了田汉的书函,邀请他去家里吃晚饭。在这次湖南风的家宴上,他认识了郭沫若、成灏、林祖涵等一批创造社的同人。他对郭沫若的印象是"肤色白皙,高度近视眼镜内的一双有点外凸的眼睛中,荡漾着一种艺术家式的纯真和阴郁的苦恼"。席间,郭用一种和蔼而又带些韧劲的语调对他说:

---

① 《魔都》,第49页。
② 《魔都》,第51页。
③ 《魔都》,第59—60页。

"在去日本留学前,我对新文学诸事都不懂,所以大家都进了各种不相关的学科,但自高等学校时代起,我们对文学开始产生了兴趣,进了大学后对文学的热情就更加高涨,虽然勉勉强强在学校毕了业,但现在什么是我们的本职,自己也搞不清了。"①说着郭笑了起来。饭后,郭又热情地邀请酒酣耳热的村松梢风到他在民厚南里的家里去坐坐,在这里,村松梢风认识了"温柔可爱"的郭夫人安娜(日文名佐藤富子)。

这次家宴之后过了两三天,郭沫若与田汉、成灏一同去看望了住在靶子路(今武进路)上的村松梢风,并由郭沫若做东,一起到三马路(即汉口路)上的"美丽"酒家去吃四川菜。沿路顺便去了四马路(即福州路)上出版《创造》的泰东书局,村松梢风在那里购买了一册郭沫若的《女神》,并在日后撰写的《不可思议的都市"上海"》(即后来的《魔都》)中介绍了郭沫若的新诗,还全文引述了其中的一首《上海印象》。这次在"美丽"举行的晚宴,上次因有事未能参加的郁达夫也赶来了。"于是一下子增添了很多热闹。他实在是一位令人愉快的才子。今日大家都穿了西服,但郁君的模样尤为清新脱俗。他的日语极其流利,语调流畅圆润。"②在这次酒宴上,田汉演唱了一曲湘剧《空城计》,"他唱得很精彩,而且从丹田之中发出的那种悲痛的腔调,最易使人联想起中国古代的故事"③。

此后他们之间又曾有数度交往。有一次村松梢风感慨地说郁达夫真是一位才子,"郭沫若笑着接口说,'真是一位才子,我们之间都把达夫称作为江南才子。'郭君是一位真正的诗人。他出生于四川,现在携妻带子来到了人生地不熟的上海,他对上海喧杂污浊的空气非常厌恶,他真切地对我说,再稍过一段时间想到乡下去

---

① 《魔都》,第90页。
② 《魔都》,第95页。
③ 《魔都》,第96页。

生活"①。参照郭沫若这一时期发表的文字和其他有关文献,这一想法应该是郭的真情流露。

期间田汉与村松梢风一直保持着较为密切的联系,时有信函往返。1926年,村松梢风将田汉于该年4月26日给他的日文书信全文登在了自己主编的《骚人》杂志上,并撰写了如下的编者按:"田汉君目前是中国屈指可数的新进剧作家,同时也是新兴艺术的先驱者之一。他数年前在东京高等师范学校留学,半途中走上了文学道路。当时交往的友人中有秋田雨雀、佐藤春夫氏等。去年丧失爱妻易氏,现在上海活动。此通信乃是他致我的私人信函。"②田汉在长信中回忆了彼此既往的交谊,谈及自己阅读村松梢风长篇小说《上海》的感想,也谈到了对最近来上海的谷崎润一郎的看法和近来自己的文学活动。此信若能译成中文发表,亦不失为研究田汉的重要资料。

上文已经述及,与同时代的日本文人相比,村松梢风在上海的沉潜是比较深的,他所接触和涉猎的范围也是相当广的,他以一个外来者的身份和好奇者的目光,对当时五色杂陈的上海做了仔细的观察,然后通过《魔都》等进行了相当生动而详尽的描述,显示出了他作家的才华。但在本质上,他对中国的历史和文化缺乏足够的知识准备,对近代以来中国社会的剧烈变迁也缺乏深刻的理解,就"魔都"意象本身而言,他也许成功地传递出了一个各色元素叠合交叉的混沌的综合图像,但却未能把握形成近代上海的内在肌理和内在脉络的原因,在混沌的万象之中,帝国主义的侵略和近代西洋文明叠合在一起,中国的农耕文明、现代愚昧和民族主义意识的觉醒交错在一起,构成了魔都上海背后的两股主要的底流。遗憾的是,具有作家的灵敏而缺乏哲学训练和史学眼光的村松梢

---

① 《魔都》,第97页。
② 《上海通信》,载1926年6月1日《骚人》,第1卷第3期。

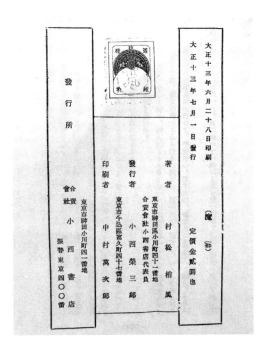

《魔都》版权页

风,对上海的体验和感受乃至表述,很多还只是停留在表象的层面。

此外,村松梢风还有一部自1926年4月开始连载,1927年4月由他自己创办的骚人社出版的纪实体长篇小说《上海》,详细描述他在上海与一个通晓日语的上海商人朱福昌之间的诸种瓜葛,这部小说在当时连续印行了近10次,一度成为畅销书。但因村松梢风本身的文学地位和作品的文学价值,这部作品后来几乎为人们所忘却,只有村松梢风自己,在战后还对此恋恋不忘,并对原书稍作修改,以《记忆中的上海》为题,于1947年2月由东京自由书房出版。且不论这部作品的文学价值如何,2000年10月,东京大空社将村松梢风的《上海》列在"旧作重印'外地'文学选集"的第12卷再度影印出版,也足以证明这部作品的历史文献价值。因这部小说中有关上海的描述与《魔都》有部分重叠,这里就不再赘述了。

20世纪20年代左翼日本人的上海叙述

与明治时期一个较大的不同是,作为近代西方思想的一支,社会主义乃至共产主义(早期夹杂了一定程度的无政府主义)的思想在20世纪初传入日本,在大正中期得到了比较广泛的传播并产生了劳工运动,并于大正后期在共产国际的指导下建立了共产党组织(1922年7月)。作为革命实践的一环,20世纪20年代以后陆续有一些左翼的知识分子甚至共产党领袖来到中国考察,而上海正是他们的一个主要着眼点。因此,我们在考察大正时期日本人的上海认识时,也不应忽视这样的一个观察点,虽然他们也许更多的是出于国际主义或国际共产主义的视角,但在他们的视线中,无疑包含着浓厚的日本色彩。

大正时期的1920年前后的上海,在日本人的眼中呈现出怎样的面貌呢?日本大学夜校部毕业后当上了律师、后来成为日本共产党领袖之一的德田球一(1894—1953),1921年10月上旬在中国共产党早期重要的活动家张太雷的暗中相伴下坐船来到了上海。自长江口进入黄浦江后,一路上对上海的描绘,大概是这一时期日本人初次抵达时对上海的最为详细而完整的描述,与明治初中期的面貌迥然不同,这里择要译述如下:

终于来到了黄浦江口,从右舷看到了吴淞的街景。有很大的炮台,不过很大的炮台连同炮身一起显露无遗。此外,可见到一条防波堤和一个港口。在江岸建有一长排仓库,大概是从上海开过来的吧,一长列火车在前面驶过。……随着轮船的前行,在南北两侧出现了街道和房屋。北面是真正的上海,南面则是浦东。船的左右两侧都是长长的岸壁,沿岸停着无数的船只,江中心有许多浮标,周边也系着大大小小的船只。在我们轮船驶进来的时候,两岸和江心大概停泊着上百艘船只吧。在上海的一侧,可见有许多仓库,在其后面是规模颇大的工厂,一看就知道是纺织厂。还有两三家规模较小的造船厂,在建造着吨位较小的轮船和货船。厂房的墙面上写着该公司的名字,除了两三家英国工厂外,都是日本工厂。在浦东一侧,可见到七八个壳牌石油、美孚石油公司的储油罐,沿岸停靠着三四艘万吨级的油轮;再往前一点,是英亚石油公司的五六个储油罐,比起壳牌和美孚来,相形见绌。此外还有日本石油的储油罐,显得很小。大概只有供给日本轮船的重油和日本人使用的油量吧。再往前是日本邮船公司的码头和一大排仓库,码头上停着两三艘六千吨级的轮船。这是棉花运输船及其仓库,向在上海的日本棉纺厂提供原料。接着是排列着五个左右大船坞,都可建造一两万吨级的大轮船。都是英美的。在这一领域,英国显然是霸主。①

　　我们有必要再来看一下上海一侧。这里驶过了工厂地带后,全都是一片仓库。仓库前是各自所属不同的码头。日本方面的码头分别是满铁、大阪商船、日本邮船,其他大抵都是英国的。也有不少与中国本土资本合办的冠以中国名字的仓库。过了仓库群,就是沿江而建的各国领事馆了。德国、日本、美国、苏联等等。其中日本领事馆显得相当寒碜。前面有日本邮船的码头,但已颇为老旧,规模也不大。其他还有各国共有的很大的码头,过了这里就是苏州河口了。河岸上也是仓库,河边停着各种船只。河面上的桥梁就是外白渡桥了,号称上海最壮伟的大桥。过了桥是外滩公园,这是一个国际性的江滨公园,相当好。如今上海市内已经有几

---

① 《わが思い出・革命の動力上海》,東京書院,1948年,第79—80页。

处公园了,这恐怕是占领上海初期外国人专用的公园吧。我们去的时候还到处挂着"华人不得入内"的牌子。这是一个显示了帝国主义的狂暴、视中华民族为奴隶的象征,也是上海的大门。①

从外白渡桥向南,隔着很宽的道路,是沿着苏州河的带有宽广花园的英国领事馆,仿佛在睥睨周边似的耸立在那儿。英国在上海具有何等君临天下的地位,从这领事馆的建筑就可充分看出来了。再往南就是外滩了。这边停着通往黄浦江和长江的船舶,还有中国特有的舢板船,密密麻麻的,像苍蝇一样。这是将客人接送至大船上的上海特有的舢板。外滩一直延伸至法租界,在快到尽头处有一小块面积是中国人专用的,那里被称作龙华,停泊着许多简陋的帆船,这正显示了中国尴尬的地位。外滩一带建造着一大排洋楼,四层是最低的,还有五六层甚至是十二三层的大厦。但这些大厦都是外国人的建筑,尤以英国鹤立鸡群。汇丰银行位据中央,傲视群雄,当然也有美国花旗银行、日本银行、日本邮船、大阪商船的大楼。还有三井、三菱、台湾银行的大楼,但相对而言显得矮小,到底不能与英美相比。②

这里稍微说明一下,横滨正金银行于1924年、日本人经营的台湾银行于1926年,在外滩又建造了规模宏大的欧式建筑,分别是今天的中国工商银行上海市分行与招商银行上海外滩支行的办公楼。德田球一1921年来上海时,上海还是早期的相对低矮的建筑,因而他有如此的感叹,从这一变化中也可看出,20世纪20年代以后日本在上海的势力日渐壮大。

船靠码头上岸后,张太雷叫了一辆轻便马车,两人坐车前行:

道路都铺设了柏油,清扫得很干净,没有一点尘土。出了仓库

---

① 《わが思い出・革命の動力上海》,第81页。
② 《わが思い出・革命の動力上海》,第82—83页。

群后,看见有轨电车在行驶,这一带都是中国人的区域,街两边是一些两层楼的商店。……我们穿过了长长的中国人街区后,来到了虹口。这里原本就是日本的居留民地,可见到很多日本人。此前经过的还有白俄人集中居住的区域,但几乎没有见到一家白俄人开的商店和工厂。但在虹口,可以说是日本人的天下。他们雇佣中国人经营着买卖、旅馆和商店,还看到了日本的邮局、电信局和警察等,这里大概是虹口的中心区。过了这里,我们穿过外白渡桥,沿外滩的楼房向右拐到了著名的南京路,这是上海最繁华的马路。里端有中国人开的三大百货公司:永安公司、先施公司、新新公司,周围集聚了电影院、剧场等各种娱乐设施和餐饮店。①

德田球一抵达上海后,张太雷就带他去寻常劳动阶级光顾的小饭馆吃饭,"桌子是黑乎乎的,而且上面停满了黑压压的苍蝇,就显得更黑了,这让我大感惊讶"②。张太雷在天津北洋大学上过学,英文很不错,而德田球一却无法用英语与他交流,通过笔谈(德田球一已无法书写完整的汉文,只是写些汉字词语而已),他了解到在上海大约150万的人口中,产业工人和码头工人已占了相当比例,他们一天要劳作12个小时,而工资极为低廉,每天只有一毛五到两毛,童工更低。刚成立不久的中国共产党及其外围组织正在计划宣传鼓动工人,策划劳工运动,根据工人的愿望来改善他们的劳动条件③。

年轻时依靠艰苦奋斗从美国耶鲁大学毕业的片山潜(1859—1933),后来投身社会主义运动,曾在第二国际上与普列汉诺夫一起当选为副主席,回到日本后一直鼓吹议会道路的社会改革运动,

---

① 《わが思い出・革命の動力上海》,第85—86页。
② 《わが思い出・革命の動力上海》,第87页。
③ 《わが思い出・革命の動力上海》,第89页。

一度被投入监狱,1922年前往苏联,当选为第三国际的执行委员。作为一个具有国际主义胸怀的社会主义者,他一直非常关注中国的社会变动,曾撰有《中国的经济发展》发表在日本报刊上,1925年5月中旬他前往中国考察,重点就是上海。他在上海登陆时,恰是日资企业内外棉发生罢工的时候,工人们抗议薪水的低廉、劳动条件的恶劣和厂方随意解雇员工,这场运动后来演变为震惊中外的"五卅事件"。片山潜分析道:

> 中国的劳工运动,越来越有发展的希望。首先,今天的学生是劳工问题及社会问题的先觉者。他们具有学术的自由、思想的自由和活动的自由。他们不会像美国和日本的学生那样去做破坏罢工的事。至少在近几年发生的著名罢工风潮中没有出现那样的情况。他们往往成为罢工运动的实际领袖。①

片山潜《中国旅行杂感》

---

① 《支那旅行雑感》,载东京《改造》,1925年6月号,第190页。

《中国旅行杂感》内页

片山潜指出，日本的纺织业在国内的发展遇到了瓶颈，于是转移至中国寻求发展的空间。"日本的棉纺业今后在中国确实具有很大的发展余地。因为中国的原料和劳动力低廉，而对棉产品的需求则是无限的。然而其困难之一就是如何来使用这些廉价的劳动力。如果想要用压迫虐待的方式、压低工资的方式来剥削的话，那么官方和警察未必会像日本那样站在雇主的厂方一边，罢工的时候，罢工者中间排外的感情只会日益高涨。像吴佩孚那样试图彻底镇压也无济于事，劳工运动反而更加深入人心。（从世界范围来看）中国的劳工运动虽然发生较晚，但那些知识阶级出身的领袖们都是拥有坚定信念的人，他们是奋不顾身的人。中国的共产党能够在国民党中形成左派的势力，绝非偶然。这次上海棉纺业的罢工运动，国民党的领袖在当地发挥了很大的作用，而罢工干

227

部的大多数都是共产党员,这使得日本的工厂主胆战心惊。"①片山潜认为中国的劳工运动因为有了共产党等的参加,其水准在日本之上,中国的共产主义者与日本的共产主义者也大异其趣。片山潜还部分看到了中国当时社会问题的实质,他说:"今天中国的困难问题当然在于军阀的跋扈横暴,但是军阀的横暴倘若没有外国的支持几乎都难以成立。"②"因此今天中国的当务之急就是打倒军阀,修改关税,废除治外法权。"③这差不多正是国共合作时提出的国民革命的口号或目标。这里,片山潜没有明确地就日本的对华政策进行批判,但是站在被压迫民族或是被压迫的劳工阶级的立场,至少他对于以上海内外棉为首的日本资本家阶级压榨中国劳工阶级的做法提出了严重的警告。

德田球一和片山潜那样的中国认识,虽然在当时的日本社会并未成为主流,但我们必须看到,在德富苏峰和河东碧梧桐那样的主流意识之外,至少还存在着这种具有国际共产主义色彩的中国观。顺便说及,德田球一后来因参加社会主义运动而在日本两次入狱,1928年那次被一直关到了二战结束以后,出狱后继续组建日本共产党并担任总书记,后受到以麦克阿瑟为首的美国当局的迫害,出走中国,死于北京。片山潜则死于苏联,受到了国葬的待遇,他的一部出版于1922年的《自传》,是日本近代的名著。

1927年4月小牧近江(1894—1978)和里村欣三(1902—1945)两位左翼作家的上海之行,与此前的芥川龙之介、村松梢风、谷崎润一郎等作家的上海之旅,也有很大的不同。他们的目的不是寻求异国的情趣,也不是一般文人间的交往,他们就是来上海考察北伐军进军上海前后的政治形势,寻找革命的同志。

---

① 《支那旅行雜感》,载东京《改造》,1925年6月号,第191页。
② 《支那旅行雜感》,载东京《改造》,1925年6月号,第190页。
③ 《支那旅行雜感》,载东京《改造》,1925年6月号,第195页。

小牧近江出生于秋田县,父亲是国会议员。东京晓星中学还没有毕业的16岁时(1910年),小牧近江就被父亲带往法国,经过苦学,1918年从巴黎大学法学院毕业。求学期间,恰好遇上主战场在欧洲的第一次世界大战。这一时期,受法国作家巴比塞(Barbusse)的影响,参与他主导的"光明"(Clarte)运动,反对列强之间的战争,政治思想倾向于反战与和平。小牧近江于巴黎大学毕业后一度在日本驻法国使馆供职,不久后回到日本,1921年2月与具有左翼倾向的金子洋文等一起创办了被称为日本无产阶级文学先驱的《播种人》(《種蒔く人》)杂志,第一次向日本人介绍了第三共产国际,宣传社会主义思想,推进社会主义艺术运动;后来又参与创办日本左翼文学的机关刊物《文艺战线》,该刊物成了日本无产阶级文学最重要的平台。1927年他来上海时,正是在这样的背景下。战后他担任了法政大学的教授,有多卷本的《小牧近江著作集》。

里村欣三出生于冈山县,关西中学还没有毕业就做了工人,从事各种体力劳动。后来应征入伍,但他佯装溺水而脱离军队,有好几年到中国的东三省去流浪,从事过各种职业,积累了丰富的人生体验。后来回到东京,在《文艺战线》上发表作品,1926年发表了以自己的人生体验为素材的小说《苦力头的表情》,引起文坛的普遍注意,成了"文艺战线派"的中坚作家。就在此时,他与小牧近江一起来到了上海。日本侵华战争期间,他作为特务兵被派往中国战场,1940年发表了以此为体验的长篇小说《第二人生》,二战快要结束时,作为陆军报道班员再次被派往战场,结果死于战争,也是那一时代文学家的悲剧。

1927年前后正是日本普罗文学的高潮期,而此时的创造社等也渐渐呈现出革命文学的倾向,郭沫若在1926年5月发表于《创造月刊》上的《革命与文学》,郁达夫于1927年2月发表于《洪水》上的《无产阶级专政与无产阶级文学》诸文,也许是中国普罗文学理论的滥觞。以后又有李初梨、冯乃超、彭康等从日本回来,与国内的左翼力量一起在20世纪20年代末和30年代初在中国掀起了普罗文学的高潮。因此小牧近江、里村欣三两人来到上海时,正是中国普罗文学的萌芽期,也正值蒋介石发动"四一二"政变之时,他们踏上中国土地不久,立即感受到了国共两派政治势力严峻对峙的紧张气氛。在两人以书信形式发表在《文艺战线》上的《来到青天白日的国度》上,里村欣三开篇就写道:

在经过了火车和轮船三昼夜的奔波之后,终于在上海登陆了。
上海终于渐渐趋向安稳。不过这只是表面现象。在上海的中心所鼓动的,是热烈的国民革命的气氛。上海如果就这样安稳下去了的话,就会走向法西斯化。因此,租界边沿上,到处是铁丝网和沙袋,由各国的军队严密地防守着。青天白日旗,在中国的商馆上飘扬。中国街上,穿着卡其色军装、戴着三角帽的南方军(即北伐军)士兵在维持着治安。上海已经重新回到了安稳的状态!①

小牧近江则写道:

这里是法租界。街上有喝得酩酊大醉的水兵,其中很多是美国人!像虫子一般奔走的法国巡警,在街上晃荡的个子矮小的安南兵,这也是被压迫民族的伙伴。对了,法国为了拯救法国,英国为了拯救英国,各自都是使用自己殖民地民众的士兵!

正如里村所说的那样。

——上海现在正在由戒备森严的列国的军队、醉汉试图来阻挡国民革命的北进。然而,为什么要有这些铁丝网,还有堆积如山的沙袋?请看清这些事实!……最要紧的是撤退这些军舰!废除所有对民国不利的不平等条约!然后是,尽快将租界归还!这必

---

① 《青天白日の国へ》,载《文芸戦線》第4卷第6号,1927年6月,第38页。

须是无产阶级发出的呼声。[1]

他们在上海，没有去日本人开的旅馆，而是去了一家中国的普通旅馆，窗户外安装了网格的金属，仿佛囚牢一般，这就迫使他们整天想去外面游走。一位中国的同志，向他们详细讲述了当前上海的局势。文章中一直没有透露这位中国同志的姓名和模样。

日比野辉宽《赘疣录》

他们也想去游乐场"大世界"去看看，然而，"大世界已被英国的军队占领了。我们想到跑马场上的宽阔的草地上去悠然地趟一下，结果发现这里也遭到了军队的蹂躏，不觉心生厌恶，移换

---

[1] 《支那旅行杂感》，载东京《改造》，1925年6月号，第38—39页。

了脚步"①。

他们去中央大戏院观看了中国电影《天涯歌女》，对于歌女与文人之间的爱情，对于歌女背后的金权和权势，都能理解，这一点上，当时的日本社会与中国社会，在社会形态和阶级格局上，也是大同小异。由这部电影，他们又想到了政治问题："在中国，财力和军阀是同体的，蒋介石的变节就是一个好例子。在日本，手里握着剑的就可以主宰电影界，在中国，就是金权，就是军阀。这部电影就是告诉观众，必须要打倒这些军阀，这是中国当今独特的社会阶段。"②

这些左翼日本人所发出的声音，投向上海的视线，可谓与之前的日本人迥然不同。他们是出于国际共产主义的立场，而不是狭隘的民族主义的立场，在他们的眼中，似乎没有日本和中国的分别，只有无产阶级和资产阶级，压迫民族和被压迫民族之间的差异。

这时候，他们已经听闻了上海的文学界，有一些左倾的作家。他们上海之行的目的，就是为了寻访文坛上的革命同志，他们已经知晓了郭沫若、郁达夫、田汉的姓名，非常急切地想在上海见到他们；同时他们也从报上获知，郭沫若如今担任了武汉政府的政治部主任，郁达夫他们在如今的政治高压下，不知去了哪里。一时无法联系上这些中国文学家。"每天在溽暑炎热之中走得双腿发直，一遍又一遍擦拭着从帽檐下渗出的汗水，走过一条条陌生的街道，寻访一家家书店，拜访一位位同志，然而试图会见中国文学家的努力，都归之于徒劳。"③

于是他们就自己跑到北四川路上的内山书店，试图从他那里

---

① 《青天白日の国へ》，载《文芸戦線》第4卷第6号，第40页。
② 《青天白日の国へ》，载《文芸戦線》第4卷第6号，第40页。
③ 《青天白日の国へ》，载《文芸戦線》第4卷第6号，第40页。

探听到一些消息:"我和小牧在弥漫着白色尘埃的街上,穿过犹如洪水一般的人流,在北四川路的尽头处,寻访到了内山书店。内山书店在弄堂的里边,书架上密密集集地放满了新出版的书籍,在日本国内也是很罕见的一家服务周到的书店。老板剃了一个短寸头,有点胖。他说,谷崎(润一郎)、芥川(龙之介)都认识,郁达夫、田汉也常到自己的书店里来。老板的神情有点得意,语气中似乎是日本和中国的有名的文学家都常常到这里来汇聚。他很能说。"①然而问到现在郁达夫他们到底在哪里,书店老板就说不清了,也许为了躲避政治压迫,他们都潜隐在什么地方了。结果两个人失望而归。不意在旅馆里收到了郁达夫留下的纸条,说是曾来访过他们,未遇,晚上八点再来。两人兴奋得跳了起来,就一直急切地等候着,却迟迟未见郁达夫的身影。

已经过了十一点了!十二点开始就要实施戒严令了,就来不了了吧。等得心焦的我们,差不多已经绝望了,于是就躺到了床上。就在此时,响起了敲门声,一个穿着长衫的男子走进来带着歉意说:"对不起,让你们久等了,我是郁达夫。"这是一位操着一口流利日语、约三十出头的青年人,令人想起了武藤直清君。目光柔和,举止沉稳。我猛地一下从床上跳下来,赶紧在衬衣上穿上外套,与他握手。

当松开手的时候,我们与郁达夫君之间,已经完全没有了"拘谨的礼仪",成了关系密切的挚友。他带我们去了一家菜馆,在那里,一边筷子伸向中国料理,一边谈起了革命的话题,话题转到了蒋介石、中国的无产阶级文学等。

郁达夫也遭到了反动军阀的追捕,在逃亡中躲避危难。翌日白天,郁君带着田汉君一起过来。在一家扬州菜馆,一边尝着美

---

① 《青天白日の国へ》,载《文芸戦線》第4卷第6号,第42—43页。

味,田汉一边告诉我们说,他所经营的南国社拍摄的电影,终于开出了花来,一部名曰《到人民中去》的具有无产阶级色彩的电影,经过了一年的艰苦努力,就快要完成了。①

当天晚上,郁达夫和田汉又带着傅彦长、张若谷、周文达等几位上海的艺术家朋友来会见他们,傅、张两人也是日本留学生出身,主要在一家文艺杂志《艺术界周刊》上写稿,周文达本职虽是医生,却也是一位热心的喜爱艺术的朋友。郁达夫说他们都是同道的朋友。于是又一起在一家中菜馆喝酒谈论了起来,席间,在一个本子上大家纷纷留言,郁达夫写的是:"资产阶级的没落!"田汉写的是:"全世界无产阶级文学者联合起来!"大概是郁达夫吧,还送给了他们一张郁达夫、郭沫若、成仿吾、王独清四人的合影,也与田汉的手迹等一并刊登在了《文艺战线》杂志上②。

这次会见使里村欣三等非常快慰,也因此而建立起了彼此的联系。郁达夫随即为他们撰写了一篇《诉诸日本无产阶级文艺界同志》,刊登于1927年6月出版的《文艺战线》第4卷第6号上,呼吁"今后希望我们有更密切的提携,强烈的互助"。

1927年4月,正是上海政治风云激荡的日子,北伐军与孙传芳军队的激战进入上海,租界上各国军队的森严戒备,上海工人武装起义,蒋介石的骤然变色,血腥的政治压迫……在这样紧张的气氛中,小牧近江、里村欣三等日本左翼作家来到了上海,并试图与中国的同志接触,这些当年的实况记录,虽然有一点文艺的笔法,仍不失为有价值的史料。这些史实,在郁达夫和田汉的传记和年谱中,似乎都未见记载。

这一年6月26日田汉去东京时,里村欣三等热情地到火车站

---

① 《青天白日の国へ》,载《文芸戦線》第4卷第6号,第44—45页。
② 《青天白日の国へ》,载《文芸戦線》第4卷第6号,小牧近江写于上海1927年4月28日,第45页。

《来到青天白日的国度》原文

迎接,他们当日去了筑地小剧场,"唔里村等诸同志。尤愉快者在客席中得见旧友秋田雨雀先生,白发如银,健斗如昔,日本文坛之人瑞也"①。当晚田汉在小剧场观赏了左翼戏剧家们表演的美国作家辛克莱的《哈琼亲王》。28 日午后,"至千驮谷访前卫座。楼下朴素的客室张贴着各种战斗标语,登楼晤各友,于礼数虽极简约,大异在别种 Bourgeois(资产阶级)的会合,而谈锋皆极峻严而尖锐"②。田汉欲延请一位优秀的舞台装置艺术家协助他在南京的电影工作,但遭到了日本方面的拒绝,他们认为田汉在南京政府内供职,必然会身不由己,于民众无益,于革命无补。双方不欢而

---

① 田汉《我们的自己批判》,《田汉文集》第 14 卷,中国戏剧出版社,1983 年,第 277 页。
② 《我们的自己批判》,《田汉文集》第 14 卷,第 277 页。

散。这次访日,使田汉深刻认识到了左翼文坛与一般文坛间的界线。他后来说,这次东京之行,"因遇合甚奇,争辩很烈,因之影响我的思想甚大"。在探讨20世纪20年代中日普罗文学的关系时,这一段交往似不应忽略。

谷崎润一郎与上海新文坛的交往与描述

谷崎润一郎（1886—1965），出生于明治中期，在明治末年即以其小说《刺青》《麒麟》登上文坛，受到永井荷风的激赏，在大正年间成了一个享誉文坛的大作家；后又历经了昭和的前期和中期，1937年成为日本艺术院会员（院士），1949年获得文化勋章，始终伏案不倦，《春琴抄》《细雪》等在日本文坛上独树一帜；直至晚年，仍有《疯癫老人的日记》问世，引起世间的瞩目，并受到了国际文坛的关注；还在其生前，就设立了谷崎润一郎文学奖，可谓是一位获得殊荣的日本近现代作家。

谷崎润一郎不算一个有强烈政治关切的作家，却是一个对中国很有兴趣的文人，曾在1918年和1926年两次前往中国，并在上海结识了数名中国新文坛的作家。他的一生，与中国相关的文字虽然不算很多，但他对中国的关注和兴趣，似乎一直很浓郁。由于童年少年乃至后来的人生经验，他对当局一直是抱着某种"反骨"的情绪和姿态，当大半个甚至整个日本都热狂起来的时候，他也始终不屑与当局或时流同调，一直生活在自己营造的氛围中，没有对中国发出任何鄙视、讽刺、抨击的言论，也始终拒绝成为战地"笔部队"的一员。

1918年谷崎润一郎来中国游历时，除了徜徉于山水古迹之外，还到处寻访中国文坛的新兴作家，最后竟一无所获，失望地回到了日本。其实，1918年时，陈独秀的《新青年》已在中国竖起了中国新文化运动的旗帜，鲁迅、康白情等人的白话小说、白话诗也陆续问世。但也许当时新文学运动的威势尚不足以震撼整个社会，也许是谷崎润一郎当时交游的圈子对初露头角的新文学运动比较隔膜，总之，谷崎润一郎的首次中国之旅没有感受到中国文坛中任何新的气息，最多也只是一些曾经风靡上海的鸳鸯蝴蝶派的余波而已。

1926年1月谷崎润一郎再次来到上海时，文坛的气象已与8年前迥然不同了。他的小说《麒麟》也在1924年被翻译介绍到了中国。抵沪几天后，谷崎润一郎的旧友、时任三井银行上海支店长的T氏在"功德林"设宴为其洗尘。觥筹交错之间，同席的一个经纪商宫崎告诉谷崎润一郎说，如今有一批青年文人艺术家正在中国掀起一场运动，日本的小说、戏剧中的一些优秀之作差不多都经他们之手译成了中文，"你若不信，可到内山书店去问一下，书店老板与中国的文人颇熟，到了那儿便可知晓了"。宫崎说这一番话倒也不是空穴来风，1924年内山完造在自己的书店里组织了一个"文艺漫谈会"，经常有一些热爱中日文艺的青年人在那里畅谈心得，还编了一份名曰《万花镜》的同人刊物。宫崎喜欢中国的戏剧，也常到书店里去坐坐，知道一些上海文艺界的信息。谷崎润一郎听宫崎如此一说，立即来了兴趣，决定去寻访中国的文坛新人。

谷崎润一郎的《上海交游记》，刊载于《女性》1926年6月号

几天之后,谷崎润一郎在宫崎的陪同下来到了北四川路魏盛里的内山书店。"店主是一个精力旺盛、明白事理、说话风趣的人。在店堂里侧的暖炉边,放置着长椅和桌子,来买书的客人可在此小憩一会儿,喝杯茶聊会儿天,——盖此家书店似已成了爱书者的一个会聚地。——我在此处一边喝茶一边听店主讲述中国青年人的现状。"①内山完造告诉谷崎润一郎,这里的日文书有四分之一以上是中国人买去的,大多是些文学哲学经济法律的书刊,现在中国不少介绍新思想新知识的书,大半都是取之于日文的书籍。自日本留学归来的年轻人,有不少已在文坛上崭露了头角。他们从报上得知谷崎润一郎已到了上海,都希望能有晤面的机会。谷崎润一郎听了内山完造的这一番叙说,心里感到十分欣悦。内山完造又向谷崎润一郎介绍了谢六逸、田汉、郭沫若和欧阳予倩诸人。谢六逸,贵阳人,1922年从早稻田大学政治经济科毕业以后,在上海商务印书馆供职,与沈雁冰(茅盾)的文学研究会关系比较密切,不久担任了上海神州女校的教务长,后又转入复旦大学中文系任教授。谢六逸在日本读的虽然是经济学,却对日本的文学极为熟稔,是20世纪二三十年代译介日本文学最有成就的学者之一。田汉毕业于东京高等师范学校,在写诗、写剧本的同时,也翻译了不少日本文学作品,最著名的是1924年出版的《日本现代剧选》。欧阳予倩1907年在日本留学时就与李叔同(后来的弘一法师)等人一起在东京上演了被称之为中国新剧滥觞的《茶花女》,回国后在戏剧创作和表演上都有卓越的贡献。内山完造提出,由他来安排,在书店的楼上举行一次中日文人的聚会,谷崎润一郎对此感到十分高兴,再三谢过了内山完造后,满心喜悦地离开了书店。

敏锐的上海新闻界,也获知了谷崎润一郎来沪的消息,上海当

---

① 谷崎润一郎《上海交游记》,原载《女性》1926年5—8月号。此处据《谷崎润一郎全集》第22卷,東京,中央公論社,1982年,第564页。

地最大的华文报纸《申报》在1926年1月20日"本埠新闻"中刊登了"日本文学家谷崎润一郎来沪"这样一条消息，内容如下：

> 日本文学家谷崎润一郎氏，以描写变态性欲著名，每书一出，举国争阅，与菊池宽氏并称为大正时代之文豪，昨日来沪游历，由内山完造君发起，于本月22日在北四川路内山书店楼上开会欢迎，并约定谢六逸君演说我国新文学现状，如有请谷崎氏演说者，请向内山君接洽，谢君已允代为翻译云。

聚会前一天的早上，谷崎润一郎接到了内山完造的电话通知。不巧聚会的这一天谷崎润一郎正好要打预防针，一天不能喝酒，于是提出能否改期。不料大部分参加者都住得颇远，那时电话还没有普及，已经来不及通知更改了。结果为了谷崎润一郎，决定这一天不饮酒，并且安排了素斋，在中国，正式的素斋是不备酒的。谷崎润一郎因此心里觉得有些歉疚。

聚会的当晚，谷崎润一郎与《大阪每日新闻》驻上海的记者村田、宫崎和中国戏剧研究会的塚本、菅原一起出了门。"我走进店内时，在暖炉前坐着一个穿黑西装戴眼镜的青年，此人即为郭沫若君。圆脸，宽额，有一双柔和的大眼睛，毫不卷曲的坚硬的头发散乱地向上直竖，仿佛一根根清晰可数似的从头颅上放射出去。也许是有些弓背的缘故，从体形外貌上来看显得有些老成。"①不一会儿，谢六逸来了。谷崎润一郎描写他说："穿一套薄薄的、似是春秋季西服般的浅色的西装，上衣的里面露出了羊毛衫。这是一位脸颊丰满、大方稳重、温文尔雅的胖胖的绅士。内山氏向谢君介绍了郭君。党派不同的两位头脑借此机会互致初次见面的寒暄。然后开始了非常流畅的日语谈话。"②谢六逸告诉谷崎润一郎说，

---

① 《上海交遊記》，《谷崎润一郎全集》，第568页。
② 《上海交遊記》，《谷崎润一郎全集》，第568—569页。

在早稻田大学念书时,曾听过他的弟弟谷崎精二的课。谈话间,欧阳予倩推开门走了进来。谷崎润一郎对他的印象是:"白皙的脸上戴着眼镜的样子,到底是一位站在舞台上的人。一头乌发宛如漆色一般的闪烁着黑色的光泽,鼻梁线挺拔而轮廓分明。从耳际后面一直到脖颈上的发际间的肤色尤其白皙。"①接着进来的还有曾在日本留学十年、后又去法国攻读语言学的方光焘,毕业于日本庆应大学,新中国成立后担任了上海市文献委员会副主任的徐蔚南等人。参加晚会的中国人都清一色地穿着西服。令谷崎润一郎感到惊讶和亲切的是,这天晚上来到内山书店的人都说一口流利的东京腔的日语。1923年关东大地震后,谷崎润一郎就移居到了关西,他已经有一段时期没有参加这样都说东京话的聚会了,没想到在海外遇到了这样的场景。

最后出现的是田汉。"说实话,我要是没听到内山氏的一声'田汉君来了',实在不会想到进来的一个穿着素色洋装的汉子竟是中国人。我倒是觉得这个人大概是东京的哪一个文人,名字一下子想不起来了,当时竟是这样的一种感觉。田君的容貌风采竟与日本人如此相近,而且当时的印象是与我们这些同伙别无二致。肤色黝黑,瘦削,长脸而轮廓分明,头发长得乱蓬蓬的,眼睛里射出神经质的光芒,长着龅牙的嘴双唇紧闭略无笑意。习惯于低着头竭力控制住自己的神态,都令我们想起自己二十几岁时的模样。他脸对着桌子,眼睛往上一抬扫视了一下桌边的人,目光又默默地沉落了下来。"②田汉默默落座后,突然开口对谷崎润一郎说,以前曾在日本镰仓的海边看见他在那边拍电影,那是1920年的夏天。确实,那一段时期谷崎润一郎正投身于新兴的电影事业,当了"大正活动写真"的顾问,写了《业余俱乐部》等四个剧本,对电影的制

---

① 《上海交遊記》,《谷崎润一郎全集》,第569页。
② 《上海交遊記》,《谷崎润一郎全集》,第570页。

作发表过不少精彩的言论,从田汉日后所写的《我们的自己批判》中可以看出,谷崎润一郎的电影理论对后来从事电影业的田汉也有不小的影响。

刊载《上海交游记》的当年《女性》杂志

《上海交游记》排在《女性》杂志1926年8月号第一篇

参加聚会都是对文艺有兴趣的人,话题自然是中日两国的新文坛。谷崎润一郎从郭沫若和田汉的口中得悉,日本的新文学虽已在中国逐渐登陆,武者小路实笃和菊池宽等人的作品部分已有了中文译本,但宫崎原先对他所说的话却不免有些言过其实,以留日学生为主体的创造社的文学活动,毕竟也只是五色杂陈的上海文坛的一个方面,且当时中国的政治和社会动荡不安,疮痍满目,作为热血青年的郭沫若和田汉不仅有文学上的苦恼,现实社会的黑暗也使得他们愤懑不已。

那天聚餐会结束后,郭沫若和田汉随同谷崎润一郎来到了他下榻的位于西藏路上的"一品香"旅馆(原址现为来福士广场),"喝着绍兴酒又继续谈开了。借着醉意,两人都坦率地诉说了现今中国青年心中的苦恼。他们说,我们国家古老的文化,眼下由于西洋文化的传入而正遭到人们的遗弃。产业组织受到了改革,外国的资本流了进来,琼脂玉浆都让他们吸走了。中国被称为无穷尽的宝库,虽然新的富源正在为人们所开拓,但我们中国的国民不仅未受到一点惠益,物价反而日益攀升,我们的生活渐渐困难起来。上海虽说是个富庶的城市,但掌握财富和权力的是外国人"①。以前一般的评价是,同在1921年成立的"文学研究会",比较关注文学与社会的关联,倡导文学描写社会与人生,而创造社则倾向于文艺本身,注重文艺的形式和风格。不过事实未必如此,至少到了20世纪20年代中期,早先的创造社作家,也已非常关注社会情状,并夹杂了较为浓厚的革命情绪。1925年末和1926年初,郭沫若已发表了《新国家的创造》、《社会革命的时机》等充满了政治色彩的文章,从谷崎润一郎所记录的郭沫若等的话语,已可充分感受到这一点。与谷崎润一郎会见的第二个月,郭沫若便受广东大学校长陈公博之聘,来到南方革命的策源地广州。同年6月,国民革命军开始北伐,郭沫若投笔从戎,担任了北伐军政治部宣传科长,就是出于这样的一种政治情怀。

过了几天,欧阳予倩与郭沫若、田汉等一起策划了一场在徐家汇路新少年影片公司(今日上海电影制片厂的主体)内举行的"文艺消寒会",这既是文艺圈内人士的一次大聚会,同时也是对谷崎润一郎的欢迎会。时间安排在1月29日的下午。这是一个严寒

---

① 《上海交遊記》,《谷崎润一郎全集》,第577页。

过后阳光和煦的温暖的午后,田汉开了车到"一品香"来接他。"汽车载着我们两个人,沿着旅馆前跑马厅边的平坦的西藏路由北向南驶去。混凝土的路面犹如擦得铮亮的走廊一般熠熠发光,一闪一闪地反射着晴日的阳光。时值旧历岁末,街上一片车水马龙。骑着马的士兵冲开汽车、马车、人力车及下层劳动者的杂沓的人群,蹄声清脆地策马前行,跟在后面的是戏曲、电影、年终大甩卖等的广告队。有一列抬着花轿的迎娶队伍,吹吹打打地走过街头,艳丽夺目的花轿仿佛是龙宫里的仙女乘坐的一般。到处都是一片暖洋洋的,亮晃晃的,令人目不暇接,美不胜收,昏昏欲睡。"[①]

汽车开到了电影公司门前,两人下了车,穿过宽广的摄影棚,看到郭沫若站在阳台上挥动着帽子向他们打招呼,一旁是穿着中装、带着墨镜的欧阳予倩。谷崎润一郎被引进了一间大房间,已有二三十人聚集在那里等候,除了已见过的方光焘等人外,谷崎润一郎还见到了毕业于东京美术学校的西洋画家陈抱一,刚从欧洲游学归来的漂泊诗人王独清,当时风头正健的明星公司的电影导演任矜苹(他导演的影片《新人的家庭》其时正在卡尔登戏院上映,一时好评如潮)等。在邻旁的一间小客厅里,则如花似玉地站着十几位夫人和小姐,衣香鬓影,风姿绰约。晚宴开始时,当时红透半边天的女演员张织云也姗姗来到了会场。

谷崎润一郎可以说是第一次参加这样纯粹的中国式的聚会。令他感到新奇的是,中国人招待客人不仅敬茶,还敬烟,"在西日的照射下顿时明亮起来的房间中,香烟的烟雾升腾起来弥漫在四处。说起香烟,在中国招待客人时如同奉上茶和点心一样,也会不断地递上香烟。打开白铁罐的封口,连同铁罐一起放在桌上,手伸不到的客人面前,便连同茶水一起分上五六支烟。茶杯就是常见的那种注入开水后打开杯盖喝的那种,喝了几口后马上又给你倒

[①] 《上海交游记》,《谷崎润一郎全集》,第 583 页。

满,烟抽完后立即又给你递上来五六支。据说世界上茶喝得最多的是俄罗斯人和中国人,对我这种一年到头习惯于喝茶抽烟的人来说,这类招待方式真是再好不过了。总之,无论是进食也好,抽烟也好,中国的方式使人毫不拘谨,比西洋的程式要自由多了"①。

晚宴开始前,各路英豪表演了各自的拿手戏。年逾六十、两鬓染霜的剑术家米剑华英姿飒爽地表演了双剑术,在舞台上独领风骚的欧阳予倩手持的却是单柄剑,一招一式都可见深厚的舞台功夫。关良模仿着街头卖艺的样子演奏了小提琴。田汉不甘示弱,自告奋勇地站起来也唱了一段戏曲。接着还有古筝演奏,可惜周围声音嘈杂,谷崎润一郎无法细细欣赏,倒是北京来的张少崖拨奏着三弦演唱的北方戏曲,歌调低回涩哑,虽语言不通,其韵味他差不多都能领会。所有这一切都用摄影机拍摄了下来。如果这盘胶片现在还留存着的话,应该是非常珍贵的一段历史文献片。

晚宴开始了,田汉拿着酒杯站了起来,滔滔不绝地发表了长篇致辞,谷崎润一郎坐在一旁一点也听不懂,只是从时不时地夹入几句的"谷崎先生"中才慢慢意识到原来是在为自己致欢迎词,心头不禁一阵发热。这样的场面也让谷崎润一郎第一次见识了中国人饮酒干杯时的豪爽风采:猛地一口喝干,然后一起将酒杯朝下,以示已全部喝尽。谷崎润一郎也学着大家的模样一次次将杯口朝下。他原以为自己酒量不错,绍兴酒当不在话下,不料数杯下肚之后,不觉也有点醉意朦胧了。这时,酒席上不知谁大声说了一句:日本人也来露一手! 于是同时被邀请来的、坐在对面角落上的塚本等人唱起了大正初年在日本学生中流行的"彻令宵",一些自日本留学归来的中国人也跟着一起唱。在欧阳予倩表演了一段声调柔美的花旦戏后,郭沫若霍地跳到了椅子上,一边击掌一边高声

---

① 《上海交遊記》,《谷崎润一郎全集》,第584页。

说:现在由谷崎润一郎先生表演精彩节目。鸭子被赶上了架,谷崎润一郎只得站了起来,他抱歉说自己不会唱歌,就说一段话权作答谢。一旁的郭沫若热情地为他作了翻译:

今天中国的新文艺运动竟已如此地兴盛,并且为了邻邦一个作家的我举行如此规模空前的欢迎盛会,实在是未曾所料,真是不胜感激。而且今晚的聚会,汇聚了各位坦率真诚的青年朋友,不拘泥不讲究客套礼节,这种气氛实在是令人感到轻松而自由。我在年轻的时候,也曾数度与新进作家一起策划发起过这样的聚会,见了今晚这样的场景,不禁回想起往日的时光,真有无限的感慨。虽这么说,我还不是什么七老八十的老人(此时未及翻译就笑声四起了)。我今日在此地受到了如此盛大的欢迎,恐怕在日本的文坛中谁也不会想到。一旦回国,我要把今晚的情景作为第一号的旅途见闻告诉给他们听,我想他们一定会感到大为惊讶。在此我不仅要表示我个人的,而且要代表日本的文坛向各位表示深切的谢意。但是日本文坛也是派别林立,我斗胆地说要代表这个那个文坛也许会遭到众人的痛责,算了,就仅表示我个人的感谢吧(笑声,拍手大喝彩)。①

1926年时的谷崎润一郎,在文坛上也是一位名家了,平素也颇有绅士派头,这次却是被中国文人热腾腾的盛情和场内热烘烘的气氛所感染,不知不觉喝了很多酒,到后来则是酩酊大醉,由郭沫若扶着他坐车回到了旅馆。

谷崎润一郎在上海期间,恰逢中国的旧历新年,田汉怕他一个人寂寞,执意带了他来到欧阳予倩的家里过年。田汉本来在上海也有妻室,年前爱妻亡故,便将孩子寄养在湖南老家,自己在上海也是孑然一人。同样是湖南人的欧阳,在上海则有一个温暖的家庭,母亲和妹妹也住在一起。欧阳全家热情接待了谷崎润一郎和

---

① 《上海交游記》,《谷崎润一郎全集》,第590—591页。

田汉,大家一起吃了年夜饭。这顿充满了湖南乡情的年夜饭,使谷崎润一郎沉浸在了儿时的回忆中,使他想起了三十多年前东京日本桥的老家;头上盘着小小的发髻、穿着黑绸子上衣的欧阳母亲,则使他的脑海中浮现出了已离开他多年的慈母的身影。他虽然无法与欧阳的家人自由交谈,但他们对待他的出自内心的真诚和热情却令他非常感动。欧阳家中方桌上的叠放着的供奉菩萨和祖先的年糕,一对光影摇曳的红蜡烛,炉腔内炭火烁烁地闪着红光的铜炉,墙上挂着的条屏,这一切谷崎润一郎在很多年后仍然记忆犹新。他后来在给田汉的一封长信中,语调真切地叙述了自己在欧阳家里度过的这一个难忘的中国新年。

　　这一次的上海之行,谷崎润一郎与田汉、欧阳予倩等人结下了颇为深厚的友情。1927 年 6 月,当时在南京国民政府艺术部电影股任职的田汉去日本考察电影,事先告知了谷崎润一郎,谷崎润一郎陪他在京都、大阪一带宴游,"日饮道顿,夜宿祇园",浓情沉醉。离开日本时,谷崎润一郎又特意到神户码头去送行。"在开船前,我们坐在海风徐来的甲板上谈了好一些时候。我告诉了我的苦闷,他说我现在也不妨干一干。自然,在谷崎先生是觉得也没有什么不可以干的。"①

　　1928 年春,当时在文坛上颇为知名的陈西滢、凌叔华夫妇去日本旅行,经田汉和欧阳予倩的介绍,在京都访问了谷崎润一郎。"他问起我们的来意,我们说想看看日本的各方面,尤其是文艺界的情形。因此谈起了目下的文坛。"②在谈到 20 世纪日本的代表作家时,谷崎向他们推荐了志贺直哉等二十几位他自己喜爱的小说家和剧作家。畅谈之后,谷崎润一郎请他们去品尝了"风味绝

---

① 《我们的自己批判》,《田汉文集》第 14 卷,第 279 页。
② 陈西滢《谷崎润一郎氏》,收录于《凌淑华陈西滢散文》,中国广播电视出版社,1992 年,第 295 页。

佳"的京都料理,最后还在祇园观看了艺妓的表演。陈西滢后来在《谷崎润一郎氏》一文中写道:"在我们的印象中,这位日本文坛的骄子,完全是一个温蔼可亲而又多礼的法国风的作家,除了谈起日本文学时自然而然的在谦逊中流露出目中无人的气概外,丝毫不摆文豪的架子。"①

  日本的新文学在明治20年代(19世纪80年代)后期渐趋兴起,以后陆续经历了写实主义、浪漫主义、自然主义、耽美主义、新理智主义等各种文学思潮和实践。到了20世纪20年代初期,又崛起了无产阶级的左翼文学,可谓各流各派都已纷纷登场,新文学的形态已经相当成熟。而中国则是在经历了1919年前后的新文化运动之后,在文坛上正式树立起了新文学的大旗,大致在北京和上海形成了两大中心,无论南北,曾经留学日本的那批人成了新文学运动的中坚力量。20世纪20年代,来自日本的文人,主要以上海(间或也有北京)为舞台,有了多次的晤面、交流,语言的相通,为文人间的深入交流提供了可能。从现有的文献来看,1923年3—4月间村松梢风与田汉、郭沫若等创造社一派的作家的数度交流,大概是近现代中日文人间最早的一次规模较大的交流吧。其次,谷崎润一郎1926年1月经内山完造的介绍与中国文人的相识以及各种形式的聚会,相对而言,是影响和规模最大的一次。它对这一时期前后中国文坛对日本现代文学作品的译介,具有不可小觑的促进作用。

---

① 《谷崎润一郎》,收录于《凌淑华陈西滢散文》,第299页。

大正时期日本文人的上海印象记

大正时期的日本,在世界上经历了第一次世界大战,借着日英同盟的背景趁机赶走了山东半岛的德国势力,向袁世凯政府提出了在中国强行扩张的"二十一条";而在国内,则经历了大正民主运动,经吉野作造等一批具有民主思想的运动家的努力,最后实现了男子普选制度,同时社会主义思想进一步抬头,在日本赢得了中下阶层的欢迎。这一时期,继续有不少日本文人到中国来游历,有的来探访中国古老的传统,寻求东方文化的根源;有的来考察中国的社会变动,南北势力的互相角逐,为日本今后的对华政策寻找各种可能性。他们在中国的旅程,或者由南到北,有的自北向南,而上海,往往是他们的一个必经之地,也因此留下了各色考察记。以下举出几种,透过这些文字来考察一下在他们的视线中,这一时代的上海,展现出了怎样的一种镜像。

著名的汉学家诸桥辙次(1883—1982)于1917—1919年间数度来中国游学,访问诸多中国的饱学之士,也几乎走遍了偏远之地以外的中国,后来出版了一部《游支杂笔》。出生于新潟县山村的诸桥辙次,自幼在家乡的静修义塾受过良好的汉文教育,后来考入东京高等师范学校的国语汉文科,毕业论文为《诗经研究》,其水准之高,令当时日本的汉学界甚为惊叹。之后在东京高师附中担任教谕,继而升任高师(不久改为东京文理大学,又改为东京教育大学,即今天筑波大学的前身之一)的汉学教授。从中国游学归来后的1921年,开始担任三菱财团创建的静嘉堂文库的文库长,一直到其73岁的1955年,之后又担任都留文科大学的首任校长。因其深湛的汉学造诣而屡屡担任历代皇太子的汉学侍讲,他一生最大的功绩,便是以毕生的精力主持编纂了13卷本的《大汉和辞典》(后经修订扩充至15卷本)和4卷本的《广汉和事典》,被认为是里程碑式的伟业,另有10卷本的《诸桥辙次著作集》,因而在1965年被授予文化勋章。

诸桥辙次《游中杂笔》

大正年间,诸桥辙次到中国来游学的时候,还只是一个东京高等师范学校的汉学教授,在事业上尚未有重大的建树。除了上海、北京等少数都市之外,整个中国给他的印象便是倾欹的古塔、圮坏的城墙、破旧的房屋,"没有一点的生气,周遭的光景只是残败、荒凉、寂寥",没有国亡,却是实实在在的国破①。

他审视上海的眼光比较冷彻:

第一次到达吴淞上海,是在大正七年(1918年)的4月8日。

---

① 《遊支雜筆》,東京,目黑書店,1938年,第1页。

在旅馆里下榻之后,便出外游走,只见街上满是飞驰的人力车和汽车,汽车的数量之多,远在东京的山手一带之上。西装革履的绅士,珠光宝气的淑女,一般的人皆可操流利的英语,使用南蛮缺舌的话语。上海毕竟已不是昔日的申城了。

上海的繁华超出预想之外,但这预想之外的繁华对于中国而言,真的是吉庆之事吗?据说对外开放之初,租界建立的时候,首先对租界之地趋之若鹜的,还不是商人或其他人,而是苏州杭州一带的富豪。如果待在本地的话,财产也会遭受危险,稍有不慎,生命也会有危险,这大概是导致人们纷纷涌向租界的原因吧。这一情形至今仍未有什么变化。在英租界及其他租界内开出大商店的中国人,很多是因为安全无法得到本国的保障而到租界来寻求外国的保护。今天的上海还是一个名士的隐蔽所,因而越加繁昌。为躲避官府目光的学者,一只脚已经踏上外国轮船的流亡政治家,对于这些人来说,上海都是最佳的居住地,因而汇聚在此。想到作为东洋首屈一指的大港市,作为中国风尚流行的策源地,正在日新月异的上海的繁荣,其背后却是潜隐着中国帝国的无秩序和混乱,这一繁荣难道真的是吉庆之事吗?说不准这是令人可悲的现象呢。①

在上海,尤其是上海的中心区租界,诸桥辙次看到了真正的主宰者是外国人:

抵达上海后首先映入视线的,是肤色黝黑、个头高大、裹着红布头巾、拿着长长棍棒的印度警察。他们站在十字路口,指挥着往来的行人。他说往右你就得往右,他说往左你就得往左。他们不举起棍棒,汽车就不可动,电车也不可行驶。他们仿佛就像全市的

---

① 《遊支雜筆》,第100—101页。

统治者。无需赘言,他们还都是英国统治下的人。①

然而令日本人的诸桥辙次感到有些酸酸的是:

去年从日本派来了30名警察。可是听说这些来到了列强环视的公共租界,正满怀豪情想要大干一番的日本警察,不到一个月全都陷入了深深的失望。在工部局的9名行政委员中,英国人就占了6名,另有俄国人美国人各1名,日本人仅有1人而已。煤气公司、电灯公司,其股东和创建者多为英国人。没有国力作为背景的地方,也就没有警察的威力。因此,好不容易选拔出来被派往海外的日本警察,只得袖手旁观而已。看明了这一情形的当地的中国人,无论是车夫还是车内的售票员,乃至电话的接线员,都把日本人放在英国人之下,这是眼下公共租界的实况。当我看见站在十字路口缠着红头布的高高的印度警察时,心里真切希望在上海的各位日本同胞还要好好加油。②

诸桥辙次算是一位汉学造诣很深、对中国有特别情怀的人,当他看到在上海这一中国的土地上,英国人飞扬跋扈,甚至英国殖民地的印度人也盛气凌人的时候,心里感到非常地不爽。但他却没有想到,为何在中国的土地上,日本人也要来颐指气使呢?对中国人而言,日本人同样也是外国人,在中国的土地上指手画脚的日本人,会令中国人感到舒服么?

由上海的跑马场,诸桥辙次感到了中国人的重利:

上海的大跑马场,春秋两季的赛期,这是一个几乎让全市的人都热狂的地方。在街上行走时,可随处见到悬挂着无数的金字店招,是如何华丽地尽情体现了中国趣味,其中对我这个新来的人来说,首先强烈映入视线的,是典、当这样的当铺的招牌。日本的女

---

① 《遊支雜筆》,第101页。
② 《遊支雜筆》,第101—102页。

《游中杂笔》内页

子出嫁时,往往以陪嫁中有多少衣柜来自豪,听说中国出嫁的女子则是以拥有多少的质押权引以为荣。以此来看,由于风习多少有些不同,或许也会有特殊的情况,但从这一风俗发生的起因来看,通过典、当两字的店招,也可充分一窥他们的机心了,我这样的观察未必不当。我去看了(上海的)日本小学,校规中已经彻底废除了各类比赛的奖品。不言而喻,这是为了防止学生滋长求利的心思,很明智。①

诸桥辙次到中国来的主要目的之一,就是为了寻访中国的硕学之士。他在上海访问了王国维、沈会植、瞿鸿机诸人。日期在1918年4月9日:

---

① 《遊支雜筆》,第102—103 页。

与林教授一起去访问了教授的旧知王国维氏。将地址在地图上确认后,坐着马车前往。可是不管是往东还是往西,一直找不到他的住所。最后马车夫也没辙了,说是这样的先生没有吧。但是我们也有罗振玉的介绍函,不可能没有,于是就进一步地搜寻。于是跑到了一条不通马车的小巷内的马车夫折回来说,有,有,很小。意思是有,但屋子很小。颜回居陋巷而不改其乐,还真有这样的事。我们走进去时,王氏已在门口迎候。转过一间脏兮兮的泥地的小屋来到了另一间泥地的小屋,正在想还要去哪里呢,就听得王氏指着椅子说,请坐。一看,屋里有些书。藤椅已经很破了。我们三人的中间是王氏所用的书桌,比乡村小学的书桌还脏。端上了茶,开始谈话,看上去也没有别的屋子了。这样说来,这里就是王氏的书斋兼客厅了。宽约九尺,长约四五米。除了书之外,什么也没有。其脏污的程度,甚于宿舍里的厨房。二楼是别人的房子了。有两三个孩子在敲着钟,喧闹着。王氏完全不在意屋室之陋,一心在做学问。盖为近世好学之士。(王氏后来感慨时世,投昆明湖而死。)[①]

随后一行去访问了沈曾植。沈为晚清进士,字子培,官至总理衙门章京,又曾担任安徽巡抚,诗文、书法均佳,也是当时的硕儒,曾去日本考察教育,民国后隐居上海。

王国维与我们同往,一切都很顺利。进门之后,有一个宽广的前庭,植木都得到了精心的修整。与访问王氏时的情形大不相同。递上名刺后不久,就有人将我们引到客厅,大概有四十平米左右吧,这样的房间有相连的两间。四壁悬挂的名流的书画看着也觉得秀雅。不一会儿老先生来了。黄颜白发,看上去和蔼可亲。带着水筒的中国风的烟管和四五支用唐纸捻成的纸捻,这似乎是用来点烟的。抽一会儿就点,点了后再抽。老儒的模样令人想起了

[①] 《遊支雜筆》,第104页。

清朝的遗风。话题谈到了井井先生,呈上了他的文稿后,他只是嗯了一下,没有说话,似乎在回想过去的事情。然后他接连问道,嗣子呢?多大了?等等。最后他说道,自己见到嘉纳(嘉纳治五郎,东京高等师范学校校长,当年为中国学生留日做了不少贡献——引译者注)已是十多年前的事了,他还依然坐着校长座椅的这段时光,我国的情况已是大起大落,发生了很大变化。说着,他紧蹙双眉,一声叹息。之后话题转到了汉学的盛衰上,他说近来日本政客的汉学素养也大为不足,没有规模。中国的青年等则对汉学完全没有兴趣了。他有点激动地说,日支同文不久就要变成日英同文、支英同文了。会话持续了一个小时后告结束。顺便说及,沈氏是中国南方的耆宿,今年已69岁了。①

1921年6月,诸桥辙次回到上海后的五天内,又去访问了在上海的几位中国学者:

王国维在大通路上,寒旧一如过去,每日潜心钻研。郑孝胥在南洋路上,似乎是一位宋学家,至今仍在叙说要回复清朝王室。章炳麟在爱多亚路(今延安路)上,说话时稍稍抚摸一下脸上的胡须,有点盛气凌人,"日本学者没有学问,沈子培、康有为,虽可与其语学,却不可语道"。沈子培住在新开路上,其时恰遇其令弟突然去世,自己也几乎患病在床。康有为在万木草堂,他拿出自著的《春秋笔删大义微言考》,对各章作了说明,并说,君回日本后可为我介绍此书,并就万木草堂丛书中的奉伪诏毁版一事,向我叙述了当年的故事。②

诸桥辙次在北京也会见了诸多学者,并经历了五四运动,因已溢出了上海的范围,此处不叙。

---

① 《遊支雜筆》,第105页。
② 《遊支雜筆》,第237页。

《游中杂笔》版权页

就在诸桥辙次回日本后不久,一位著名的小说家芥川龙之介于 1921 年 3 月 31 日坐船来到了上海。芥川龙之介自幼在养父母(实际的舅父舅妈)家中长大,接触到了《西游记》《水浒传》等诸多中国小说及古典诗词,又喜欢中国的水墨画(日本一般称为"南画"),与他同时代的人相比,他在中国古典上的造诣算比较深的。1921 年,发行量很大的《大阪每日新闻》请芥川龙之介出游中国,以他的名声来拉动报纸的销量和影响力。从小在典籍和字画上对中国已有较多了解的芥川龙之介,也想借此机会来亲身体验一下现实的中国。就在芥川龙之介抵达上海的当天,《大阪每日新闻》上刊出了这样的一篇预告《中国印象记芥川龙之介氏/新人眼中看到的新的中国/今日报纸上应该可以刊登》,具体的文字是:

作为世界之谜,中国是一个最令人感兴趣的国家。在旧的中国如老树一般枝干横亘的一旁,新的中国犹如嫩草一般正欲生长出来。政治、风俗、思想等所有的领域的中国原有的文化,正在与新世界的这些领域交叠参差,这正是中国令人感兴趣的地方。新人罗素与杜威教授如今都在中国,还有本格森教授也要不远万里渡海来到这里,都是因为这些新的局面牵动了他们的心。本报社认为目前的中国很有看头,近日将在报上刊载芥川龙之介氏的《中国印象记》。芥川氏是当今文坛的第一号人物,新兴文坛的代表,与此同时,他对中国文化的浓厚兴趣,也是广为人们所知的。如今他已带了笔墨来到上海,在遍赏了江南一带的花草之后,再循着春天的踪迹北上北京,在将一路的随想寄情于自然的风物的同时,也将结交那里的新人朋友,尽可能观察把握年轻中国的新面貌。新人所看到的中国,将是怎样一个充满新容和新意的图景呢?恐怕只有在本报刊载的印象记中才可得以一窥吧。[1]

抵达上海后,根据大阪每日新闻社的安排,芥川龙之介原本计划下榻在虹口的一家名曰"东亚洋行"的日本旅馆,结果发现这里就是当年朝鲜人金玉均遭到刺杀的所在,觉得有些不吉,就临时改为同是日本人经营的"万岁馆"了。"万岁馆"开业于1904年,这幢英国文艺复兴时期风格的三层红砖建筑(顶部带有"老虎窗",里面实际有四层楼)至今仍然伫立在东长治路(以前称为熙华德路 Seward Road)街头。来中国之前,芥川龙之介的身体就已很虚弱,连日患病,到了上海的翌日,又病到了,无奈住进了距"万岁馆"不远的"里见病院"(位于密勒路 Miller Road,今峨眉路上)。幸好,这幢建筑也存在,风格与早年的万岁馆大致相同,三层的红砖建筑(顶部也有老虎窗)有两个门牌号,里见病院是今天的峨眉路108号,东北侧的110号是后来为鲁迅看病三年的须藤病院。

---

[1] 《大阪每日新闻》,1921年3月31日。

芥川龙之介被检查出了肋膜炎,不得不在此静养三个星期。出院后,在友人的陪伴下,游览了上海的旧城(即原上海县城及周边一带,也就是今天的豫园城隍庙一带),会见了居住在上海的章炳麟(1869—1936)、郑孝胥(1860—1938)和李人杰(一般称李汉俊1890—1927),听了中国的旧戏,体验了上海的西洋和日本。

《上海案内》上刊载的"里见医院"广告

尽管来中国之前,芥川龙之介已经对中国做了许多古典的想象,但在上海码头一下了轮船,他就立即意识到了自己来到了一个异域:

> 刚刚跨出码头,我们就一下子被几十个人力车夫围住了。……说起人力车夫,给日本人的形象,绝不是一种有点脏兮兮的感觉。不如说是他们的这种气势十足的劲头,会唤起人们对江户时代的怀恋。但是中国的人力车夫,差不多就是肮脏的代名词。

而且一眼望去,每个人的长相都是怪怪的。……

(我们乘坐的)马车跑了起来,来到了一条架着铁桥的河边,河面上停满了密密麻麻的木船,几乎连河水也被遮蔽了。河边快速地驶过了几辆绿色的电车。望出去,都是一些三层或四层的红砖楼房。柏油马路上,西洋人和中国人都在行色匆匆地赶路。这些来自世界各地的人群,在包着红头布的印度警察做出了指挥动作后,都停住了让马车先行。交通管理如此有秩序,不管我有多少日本人的偏见,也不得不承认,东京大阪等日本的城市是无法与此相比的。①

包含《上海游记》在内的《中国游记》的初版本封面

出于对古典中国的憧憬,芥川龙之介不喜欢洋风盛行的上海,他对上海的描述几乎都是负面的,对于老城内的城隍庙湖心亭一带,他留下了这样的文字:

---

① 《上海遊記》,《芥川龍之介全集》第11卷,岩波書店,1955年,第7—8页。

说起湖心亭,听起来似乎很像样,实际上是已经快要倾颓了,是一个极为破旧的茶馆。而且看一眼亭外的池塘,水面上浮着一片绿色的混浊物,几乎看不清池水的颜色。池的周边是用石头叠起来的、看起来也是很怪异的栏杆。我们刚刚走到这里时,看见一个穿着浅绿色棉袄、留着长辫的中国人,……正在悠然地对着池水小便。①

经报社由当地记者的安排,他在上海见了章炳麟、郑孝胥和李人杰(汉俊)三人。这差不多是没有相交线的三个人,各自的政治倾向和背景都迥然不同,如果要粗粗划分一下的话,那么章炳麟和郑孝胥是与旧日的中国密切相关,而李汉俊则代表了试图开创一个新中国的新生的年轻的力量。

芥川龙之介所感受到的章炳麟,差不多是一个有点养尊处优的老学究,满是书籍的房间内,是一些老式的红木家具,墙上不协调地挂着一个鳄鱼的标本,还有一条黎元洪敬赠的"东南朴学"的横幅。其实,章炳麟的政治立场颇为复杂,早年也是一个热血志士,在研究朴学经学的同时,关注时事,力主推翻满人的政权;1899年时曾东渡日本,与梁启超等交往频繁,后来转向革命,以日本为舞台而参与排满活动,因"苏报案"而入狱三年;后再度赴日,主编同盟会机关刊物《民报》,鼓吹革命;1907年4月与印度人等发起成立了"亚洲和亲会",与日本的左翼活动家幸德秋水、堺利彦等结为同志,主张受西方帝国主义欺压的东亚各国联合起来抵抗西方势力的进逼。民国后,仍在各种政治势力中纵横捭阖,但总体上渐趋保守,与孙中山等的革命党人逐渐拉开距离,转而与北洋军阀同调。芥川龙之介所会见的章炳麟,正是处于这样的一个时期。那天,章穿着厚毛皮的黑马褂,外面还套着一件灰色的大褂,蜡黄的肤色,稀疏的胡须,高突的额头,冷冷的微笑,对着来访的客人滔

---

① 《上海遊記》,《芥川龍之介全集》第11卷,第26页。

滔不绝地谈论着中国的社会问题。幸好有同行的《上海》周报的日本人做翻译,芥川龙之介大致领会了章炳麟讲话的要领,然而章对现实的中国虽然诸多不满,这时对于眼下的中国,也并无什么良方。他对芥川龙之介表示:"中国的国民,原本就不会趋向于极端。只要这一特性还存在,中国就不可能赤化。确实有一部分学生欢迎工农主义,但是学生并不能代表国民。即便是他们,一度赤化了之后,到了一定的时期也一定会抛弃这些主张吧。因为中国的国民性,喜欢中庸的国民性,要比短时间的激动更为强烈。"①这时章的态度,已从激进转向了平和,从革命转向保守。他此时的思想,已不能代表中国的主流,而实际上他在中国政坛的影响力,已日趋式微。芥川龙之介在自己的采访记中,没有对章炳麟的言论发表什么评论,而描述的言辞,却一直有些揶揄的笔调。

《中国游记》内封

---

① 《上海遊記》,《芥川龍之介全集》第11卷,第29页。

《上海游记》目录

芥川龙之介另外会见的一个人物是郑孝胥。1860年出生的郑孝胥,早年投身于李鸿章的幕下,1891年出使日本,先任公使馆的书记官,后升任神户等地的总领事,对明治后期的日本有三年多的体验,儿子郑垂亦曾留学日本。郑是清末立宪运动的鼓吹者和积极参与者,但他主张的是君主立宪制而非共和制,因此,辛亥革命后,他便以清末遗老自居,寓居上海,以诗文自娱,与一些遗老互相唱和,倡导读经,政治上日益保守。经大阪每日新闻社上海支局的村田孜郎等人的安排,芥川龙之介访问了居住在"海藏楼"的郑孝胥。在芥川龙之介的几位访问对象中,郑的声名他早有耳闻,郑以书法见长,芥川龙之介此前曾见过郑的墨迹,且加之郑年长芥川龙之介32岁,芥川龙之介对他多少怀有敬慕之情。见面后,芥川龙之介对郑的印象要比对章炳麟正面得多:

初见之下,郑氏气色非常好,不像一位老人。眼睛也如年轻人一般,带着明朗的目光。尤其是他挺直了胸膛的姿态、说话时频频使用手势的模样,反而比他的公子郑垂显得更为年轻。他穿着一件黑色的马褂,外套一件稍带深蓝色的浅灰大褂,真不愧是当年的才子,显得神采奕奕。在已是悠闲度日的今天,仍具有如此机智聪颖的风采,令人联想到,当年在以康有为为领袖的如戏剧一般的戊戊变法中,担当了显赫角色的郑氏,该是多么的才气焕发呀!①

　　郑孝胥对芥川龙之介等表示,在政治上,它对当今的中国已经绝望,中国倘若执着于共和,将永远陷于混乱状态;然而,如果想要恢复帝制,摆脱眼下的困境,也只有等待英雄的出现了。芥川龙之介本人,对于在中国实行共和,似乎也并无表示赞同的言辞。他注意到了郑孝胥的客厅的壁炉两边,放着两个印有黄龙图案的大花瓶。黄龙旗,是清帝国的标记。芥川龙之介与郑似乎比较投缘,后来又有第二次的访问,郑赠送了一幅自己书写的七绝诗,芥川龙之介请人裱装起来,制成了挂轴。郑孝胥在见过了芥川龙之介后的1923年,奉溥仪之命前往北京,担任了总理内务府大臣,后来一直跟随溥仪,并出任了伪满洲国的国务总理,成了历史上的一个反面人物。这是后话。

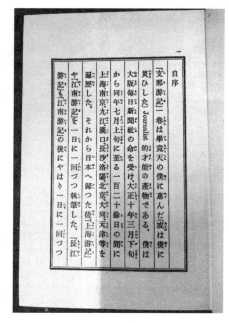

《中国游记》初版本自序

---

①　《上海遊記》,《芥川龍之介全集》第11卷,第33页。

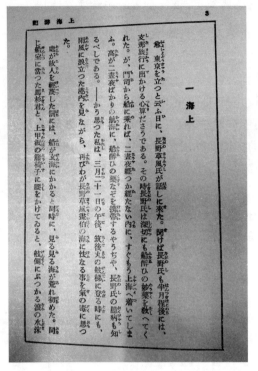

《上海游记》内页

李人杰(汉俊),是芥川龙之介在上海会见的唯一的青年人,芥川龙之介将其称为"年轻中国"的代表人物。李汉俊本名李书诗,湖北潜江人,14岁的时候由他的兄长李书诚带到日本,先在东京晓星学校上学,1918年毕业于东京帝国大学工学部并获工学学士学位,通晓日语、英语、法语和德语,学生时代就热切关心社会问题,后来受河上肇的影响,通读了许多马克思主义的著作,可以说,他是中国早期共产主义运动中最具有马克思主义理论修养的一个人。回到上海后,致力于中国的改造运动,1920年5月与陈独秀等在上海创建马克思主义研究会,1921年7月中共一大就在他兄长李书诚的家里举行,李汉俊本人是一大代表。芥川龙之介与李汉俊的会见,很可能是大阪每日新闻社驻上海的记者村田孜郎介

绍的。这也是芥川龙之介可以直接与之用日文交谈的中国人。芥川龙之介对李汉俊的印象是:

> 一位小个子的青年。头发有点长。脸庞瘦削。血色不太好。富有才气的目光。小小的手。态度颇为诚挚。这一诚挚又令人可以察觉到他敏锐的神经。刹那间的印象不坏。就仿佛触碰到了细小而强韧的时钟的发条。他的日语极为流利。……李氏云,现代的中国应该怎么办?要解决这一问题,不在于共和也不在于复辟,这一类的政治革命,不能改造中国,过去的历史已经证明了这一点。现实也证明了这一点。那么我们该努力的,就只有社会革命一条路。要掀起一场社会革命,必须要借助政治宣传。因此我们就要写文章写书。①

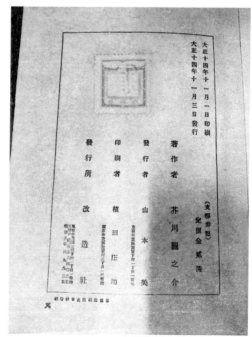

《中国游记》版权页

---

① 《上海遊記》,《芥川龍之介全集》第11卷,第45—46页。

事实上,李汉俊确实也通过《民国日报》《新青年》等报刊撰写发表了大量的文章和不少相关的译文,总计 60 余篇。1920 年 9 月,他将翻译成日文的《马克思资本论入门》(原作者是德国人马尔西,日文译者远藤无水)一书译成中文出版,这也是在中国最早出版的介绍阐释马克思《资本论》的著作之一。李汉俊后来因为意见与第三国际或是陈独秀、张国焘等人相左,在 1923 年愤然退出中国共产党,但仍投身革命运动,不幸于 1927 年底在武汉遭到桂系军阀逮捕,并被残酷枪决。当然,芥川龙之介对李汉俊的革命生涯并不太了解,他只是将其视作蓬勃兴起的中国新生力量的代表人物之一,总体对他进行了比较高的评价。不过,芥川龙之介的注意力或兴趣点还是在于中国的艺术和文学,希望中国的文学艺术也能出现蓬勃的新气象,他询问李汉俊是否有余力从事艺术活动,得到的回答是:基本上没有。

当年 7 月,芥川龙之介自沈阳(当时称为奉天)经朝鲜半岛回到日本,归国之后的 8 月 17 日,才开始在《大阪每日新闻》上发表连载的《上海游记》,至 9 月 12 日连载完毕。

昭和前期

(1926—1945)

泽村幸夫的上海人物记

泽村幸夫(1883—1942)作为大阪每日新闻社上海支局长，曾在上海生活多年，撰写了许多有关中国和上海的书籍。有关他的生平资料，似乎一直比较缺乏完整的文献，收录在《谢冰心研究》①中的《关于泽村幸夫》一文以及山室信一所著的《亚洲人的风姿》②中有关泽村幸夫的一节，是迄今笔者所看到的有关泽村幸夫的较为详尽的文献。笔者主要依据上述文献，又多方搜寻辑录，大致梳理出了如下的轮廓。

泽村幸夫1883年9月2日出生于九州的熊本市，后进入熊本商业学校学习。因西乡隆盛等的反明治政府兵变而失败的缘故，集聚了一批在野的力量，对政府主流醉心西洋文明的施政颇为不满，集聚乡党，兴办学校和报纸。以熊本为中心的九州，自19世纪80年代前后开始，酝酿了一股亚洲主义思潮。九州的一班仁人志士，对邻国朝鲜和中国产生了强烈的兴趣，甚至萌生了联手东亚诸国（主要是中国）来共同联手抗击欧美的思想和运动。当然，其最终的指归是为了扩张日本的国家利益，确立日本在东亚的盟主地位。当年熊本出身的佐佐友房(1854—1902)、荒尾精(1859—1896)和御幡雅文(1860—1911)等人可谓是这批人的代表，有些异色的、大半生支持孙中山革命的宫崎滔天(1870—1922)也是出

---

① 萩野脩二著，東京，朋友書店，2009年。
② 京都人文書院，2017年。

生在熊本,他们都试图到中国大陆去施展拳脚,九州可谓是后来诞生"大陆浪人"的温床。据泽村幸夫自己的点滴回忆,他自幼就生长在这样的环境中,对中国充满了好奇心。大概是熊本商业学校刚刚毕业,他得到日本农商务省商工局的补助,于1904年5月至1907年5月间,作为"海外实业练习生"到中国汉口进行商务实习。据竹越与三郎为泽村幸夫所著的《江浙风物志》一书所撰写的序言,泽村幸夫在明治二十九年即1896年,受湖广总督张之洞的聘请,担任了湖北官报局的参赞,后又转为汉口商务总会参赞,与黎元洪、梁鼎芬、辜鸿铭等中国要人相交往。这一叙述至少在年份上有误,1896年那年,泽村幸夫才13岁,显然不可能,时间实际应该是1904—1907年间。据日本的官报材料显示,他那时还只是一个海外实业练习生的身份,未必有与黎元洪、梁鼎芬等要员来往的资格,但年轻时的这段经历,对他了解中国尤其是一般的平民社会,应该有很大的裨益。据他后来零星的自述,他青年时代一度也曾怀抱所谓"大陆浪人"的志向,试图在中国内陆干一番事业;他后来离开武汉,溯长江继续向四川一带进发,游历了万县等地,后来所乘坐的民船遭到日清邮船的撞击而落水,为法国传教士所拯救,始知在中国浪游并非易事,于是便想投身文笔事业。他回到日本后,于1916年2月考进了大阪每日新闻社,那年他33岁。作为一名编辑局的见习员,他同时在外国通信部和政治部兼职,月薪50日元。四个月之后转正。由于他对中国事务的熟悉,1922年12月被擢升为中国课长,1928年又升任东亚通信部部长。1929年6月1日被任命为上海支局长,6月21日出发前往上海,一开始的月薪是150银洋。1932年6月14日返回日本,在上海生活了3年(顺便说及,这一年月与尾崎秀实出任《朝日新闻》上海支局长的时期基本叠合)。回国后担任报社的东亚通信部顾问,与部长同等待遇,但似乎一直未再被重用。后来的具体情形不详,在战争中的1942年离开人世。

从青年时代开始,终其一生,泽村幸夫一直对中国抱有浓厚的兴趣,自1920年5月开始,直至他去世前不久的1942年5月,他一共发表了170余篇有关中国的文章,出版了《上海人物印象记》(1930年)、《上海风土记》(1931年)、《上海人物印象记》第二集(1931年)、《中国现代妇人生活》(1932年,以上都撰写出版于泽村幸夫任大阪每日新闻社上海支局长期间)、《中国草木鱼虫记》(共五集,1934—1940年)、《江浙风物志》(1939年)、《中国民间的神祇》(1931年)等著作。其中《中国民间的神祇》一书被东京大空社于2009年复刻再版。

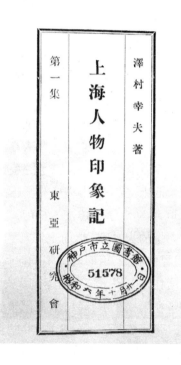

《上海人物印象记》内封

泽村幸夫出版的书籍,从标题上看,似乎话题都并不沉重,但实际上他写过不少论述中国政治、经济(尤其关于农村问题)、文化文学方面的文章,诸如《中国农村的经济生活》《中国的农民运

271

动》《中国最近的新文艺》等。就其政治立场,自然并未乖离日本的主流社会和主流舆论,却大抵也保持了自己的思考和态度。比如他在1938年3月这样写道:

要了解(中国的)民众生活,就必须要触及到其内部的结构,必须要探究和理解其经济、生产乃至思想。此外,关于民众的内容,即便农民占了(中国人口的)百分之八十以上,但也必须注意到所占比率很低的、西洋文明已经深深浸入的开放的港口城市及其周边城市的工人、手工业者的存在。民众是由多元人群构成的,是多姿多彩的,既有乡党式的群体和帮派,也有具有了自觉的国家意识的人。①

根据本书的主题,这里仅就他的《上海人物印象记》第一集、第二集和《上海风土记》展开论述。前者出版于1930—1931年,正是泽村幸夫在担任大阪每日新闻社上海支局长的时候,出于记者的职业特点,又凭借他较高的中文能力,他在上海广交朋友,参加当地的各种社交活动,并与有些人在私下保持了较为密切的关系。1929—1930年间,北伐大业算是完成了,东北已易帜,国民党的政权已大抵稳定,中共中央机关虽还在上海,但主力已移至江西一带。1930年的5月至10月,在中原爆发了蒋介石与阎锡山、冯玉祥军事力量的大冲突,然而上海却远离战场,又距首都南京不远,且有租界的庇护,因而具有不同时代色彩的各类政治、文化人物更愿意居住在上海。这就为泽村幸夫接触各界中国人提供了良好的条件。在第一集中,泽村幸夫记录的人物有章炳麟、胡适、蔡元培、居正、张元济、王一亭、张群、叶楚伧、郁达夫、杨度、张资平、蒋方震(百里)、萨镇冰、叶恭绰等,可谓都是在中国近现代史上熠熠生辉的人物。泽村幸夫从一个日本人的视角,颇为生动地描述

---

① 澤村幸夫《支那論を豊富にせよ》,载《支那》,第29卷第3号。

了他视线中的这些中国人,书名是印象记,自然不是深刻的人物分析,有时信息也有讹误,却也不乏鞭辟入里的敏锐观察。

泽村幸夫与章炳麟(右)

泽村幸夫将章炳麟和胡适(1891—1962)放在同一篇里,恐怕一是为了要表明这两个人在中国文化界都是举足轻重的领袖级人物,二是要凸显这两个人在性格表现上的鲜明对比。"新与旧、东洋的与泰西的、保守和进步。这两位即使出生于不同的时代,也是对峙性的人物。"①不过文中对于胡适的介绍有些讹误,比如说他毕业于震旦大学,不实,胡适并未在震旦接受过教育,而是毕业于澄衷学堂和中国公学。

在激烈的、俄国式的、善于实践的陈独秀被赶到南方去以后,胡适氏就继承了北京大学文科学长的位置,是所谓的北京大学派的新人,是轰轰烈烈的文学革命运动的先驱,自己尝试做白话文、白话诗来向世人鼓吹,最终开创了一代的风潮,这些都是不到十年前的事。而章氏则是在清末的时候,从史学的见地出发,倡导种族革命和民本主义,树立起了与孙中山、黄兴等不一样的革命党,是

---

① 《上海人物印象記》,東亞研究会,1930年,第1页。

所谓的"革命三尊"之一。①

据泽村幸夫所述,这两人虽然每日访客盈门,但对他的到来,却是从来没有一次白眼。"胡氏是美国作风,轻松随和,给你点烟倒茶,说话语气平和明快。章氏则表现出了出乎意料的亲切,有时还打开干果的盒子让我品尝,然后开始尖刻地骂人了。但,我都会不知不觉地坐上很久。"②对于章炳麟,他又作了这样的描述:

满架的古书,写到一半的废弃的纸,挂在墙上的大大小小的笔,章氏的书斋兼客厅,表现出了典型的贫穷儒者的模样。说起主人的风采,蓄着几根数得清的黑白胡子,眼镜里面是一双不安的有些奔拉的眼睛,怎么看都让人觉得,宏硕壮伟的中国学,恐怕到了这代人其流脉也就要断绝了吧。但实际上章氏仍是一个精力、雄辩力、攻击力旺盛的人,瞬间就可凌驾于壮者之上。我在去年中秋后五天的夜晚,在西摩路(今陕西北路——引译者注)某官员的宅邸,看到他对着裁剪好的十五张或二十张的纸,站着书写,连续挥毫,一鼓作气,毫无颓色。特别是谈及时务的话题,瞬间就变成了一个血气方刚的人。这样的情形,我曾屡屡目睹。③

论及当时正打得热火朝天的中原大战,章炳麟又是一番慷慨激昂的言论,对蒋介石一番严厉的痛斥,依然还是清末时一个毫不妥协的战士。而胡适与他,却形成了一个鲜明的对比:

至于胡氏,从文学革命这一革命的词语往往使人联想到给人一种阴险的、尖锐的、厉害的感觉,但实际上却完全不是这样。他是一个随和明快的、没有一点拘泥拘谨感觉的、真的是一个令人感

---

① 《上海人物印象记》,第2页。
② 《上海人物印象记》,第3—4页。
③ 《上海人物印象记》,第4页。

到和蔼可亲的学者。他会乘兴以一种带有一点安徽腔的北京话滔滔大论。语言不足于表达时，就会拿起一支铅笔，"对于外国文化的接受，第一期是全盘接受时期，第二期是批判性的接受时期，第三期是……"。仿佛就像是站在讲坛上讲课时那样，对我们一一论说。但这绝不是一本正经拿腔拿调的样子。与他交往越深，就越感到他是一个天真无邪、率直淳朴的人。①

居正肖像

在居正(1876—1951)的部分，他特别写到了1929年12月居正被蒋介石拘禁并软禁的情形。居正这一人物，现在已多为人们所遗忘，早年却是中国同盟会的核心成员之一，湖北武穴人，1905年至1908年去日本留学，曾在法政大学中国留学生预备部和日本大学本科学习，是辛亥革命的组织者之一；中华民国成立时，曾任内政部次长，1924年在国民党一大上，当选中央执行委员，以后在南京国民政府中出任司法院长，是西山会议派的中心人物，蒋介石掌权后他一度闲居在上海，并积极参与反蒋运动，蒋介石因而指示熊式辉将其抓捕，软禁了将近两年。泽村幸夫1929年6月来上海

---

① 《上海人物印象记》，第5—6页。

之前，就早已耳闻居正的大名，知晓他是辛亥革命的发动者和组织者之一，是国民党的元老，因而在到达不久的7月11日下午，特意去居正在虹口的居所访问了他。居正一生不蓄财，生活相对清廉，而此时的居所却是一所大房子，据说按行情租金当在200银两，广东人房东仰其大名，仅以半价租给他。

连出门一步都会感到不安全，于是在夏日炎热而漫长的白昼，招来一些友伴打麻将消遣。正在这个时候，我事先都没有通告，贸然造访了他。剃得短短的黑白相间的头发，今天似乎也没有好好刮胡子，一张留着痘痕的脸上，看上去就显得更加有点脏兮兮了。而且，还穿着一件洗得旧旧的蓝布汗衫，就仿佛像是一个乡下的老爷爷。那天我也没有跟他谈论时事，只是聊聊一次革命（即辛亥革命）时他的一些老同志的往事和现状，恳切希望他保重身体，然后告辞，分手时，他用不太流利的日语对我说："什么时候，我们再弄出一点事情吧。"①

此后，泽村幸夫每月必去居正那里一两次。12月22日的下午，他突然接到电话，说是居正被警备司令部抓去了，叫他去一下。那天地上还残留着前一天下的雪，他匆匆赶到居正家里，在二楼的一个房间里，居正夫人正与一对夫妇，还有居正的同志陈中孚围着炉火，满脸焦忧地在谈论着什么。原来昨天夜晚，居正与许崇智等在法租界商议反蒋的事情时，被第五师师长兼警备司令的熊式辉用软硬兼施的方式幽禁起来。"为了驱寒，居正夫人请我们吃热的肉馒头。她一点也看不出慌张凌乱的样子，就凭这，我们体察到了夫人的胸襟。从二楼下来时，我一再安慰夫人。我与中国人的交往也算很广了，见过的人也不少，但那样的场面还是第一次遇见。"②

---

① 《上海人物印象记》，第12—13页。
② 《上海人物印象记》，第14—15页。

将近两年之后,居中又重新复出,依然出任国民政府的司法院长。晚年虔诚信佛,热心教育事业,避居台湾没几年,在家中洗脚时溘然谢世,时年75岁。

泽村幸夫在书中的《张群》一篇中,同时叙述到了当时上海特别市政府的建筑和内部风貌,留存了较为珍贵的记录。1927年7月7日,国民政府设立上海特别市,在此之前上海没有市制。第一任市长是留日的黄郛。1929年4月1日,日本陆军士官学校毕业的张群(1889—1990)出任上海市长;1930年7月1日,上海特别市改称上海市,张群仍为市长,至1932年1月卸任。泽村幸夫任上海支局长的时候,市长一直是张群。

上海特别市政府在法租界祁齐路(今岳阳路)往南的地方,无论从租界的角度,还是从(上海老)城内的角度看,都算是上海的边缘地带了。这是一幢模拟西洋风格的两层楼房,进入里面后,建筑内部的施工粗糙和房间内物品的廉价,都让人大为惊讶。即便是市长的会客室,面积也不足二十平方米,除了桌子椅子之外,就是日本印制的中国全图、特别市政府1928年度的施政大纲表、大上海计划图等很大的图表挂在左右的墙壁上,极为简朴。民国十八年7月22日,市长张群在与我阔别了8年之后,就在这间房间里,露出镶金的牙齿堆起笑容接受了我的访问。人比以前长胖了不少,看上去魁伟结实,俨然已成了国民政府的要人了。①

泽村幸夫此前对张群的生平知之甚详,他是张群在上海办《中华新报》的时候认识的。

张市长指着墙上的地图,兴致勃勃地向我讲述了上海的形势和将来计划扩大的大上海市的蓝图。他说话时的神情,充满着相当的热情。我也被他的话语激发了起来,不觉说了几句有些大胆

---

① 《上海人物印象记》,第22—23页。

的话:"我觉得你做一辈子的市长也是很有意义的呢。你现在在上海和南京之间来来往往,世人难免会说你是政界要人了。我觉得你完成大上海的计划,其意义绝不在南京政府要人的事业之下。"然而张市长却没有生气,极为诚恳地听我讲完后,这样回答我说:"我希望至少能给我五年或十年的时间,让我担任现职,能让我按照自己的意愿实施市政。可是,无奈没有钱呀,没有办法来推进我的想法。"①

张群后来转任湖北省政府主席,吴铁城接任市长,大上海计划在一定程度上得到了实施,今天在上海的江湾地区还残留了部分当年新政的建筑。不幸的是,不久上海就遭遇了日本的两次军事侵略,1937年初冬,国民政府完全退出了上海市,大上海计划最终还是流产了。

对于报人出身、后来担任过国民党中宣部长的叶楚伧(1887—1946),泽村幸夫只是见过一面,他的一篇印象记,也真的只是一点印象的记录了,然而却颇为传神:

有些肥胖硕大的身体,一张与此相适应的有些扁平的油腻腻的脸上,戴着一副黑框眼镜,当他用带着苏州口音的不高的声调说话时,你不会想到这是一个新闻记者,一个思想家,而是会联想到钱庄的老板,或是传统服装店的大掌柜这样的类型。但是,这位叶楚伧氏,是中国新闻界的前辈,还是国民政府的宣传部长。

我已久闻他的声名,只是未曾面会。民国十八年十月十九日的晚上,我应上海特别市市长张群氏的邀请,去香港路上的银行公会赴宴,席上张氏向我介绍了他。以前我曾听中国的一位朋友说:"蒋介石有两个强势。一是拥有浙江财阀的支持,二是养了一批诸如邵力子、叶楚伧这样的新闻记者。"我听了以后,内心觉得很

---

① 《上海人物印象記》,第24页。

有道理。那天晚上,在精美的佳肴——上桌的同时,与桌子对面的叶楚伧说话。宴半,叶氏像是预先准备好似的,蓦地站了起来开始讲话,就宛如是演讲似的。话的旨意大概是这样的:"我们国民党,是经过了连续奋斗而成长起来的党派。不管遭遇怎样的困难,国民党是不会丧失自己的精神的。"我想了一下,难道张氏邀请的目的,和叶氏出席的理由,是为了要我们这些日本记者来听他的演讲么?后来问了一下别人,回答说,怎么可能!如今的国民政府还需要来做宣传吗?不必用耳朵,多用用鼻子吧。但是这样的一番讲话,却是使宴会扫兴不少。①

作为一个媒体人,泽村幸夫的内心对叶楚伧其实是颇为不满的:

叶氏在民国元年时是《民立报》的记者,民国五年时做了《民国日报》的总编辑,与张市长都是同时代的记者,如今张氏也变了,叶氏也变了。叶氏在武汉政府的时代,在鲍罗廷下面热衷于做最左派的宣传,可是当了中央宣传部长之后,尤其是近期一两年来,尽管他自己做记者的时候曾遭受过官宪的压迫,可如今却是对中国的报纸、外文的报纸施加极为毒辣的威吓和高压,这又是为什么呢?②

叶楚伧肖像

---

① 《上海人物印象記》,第28—29页。
② 《上海人物印象記》,第30页。

叶楚伧当年也是西山会议派的核心人物之一,后来又曾担任江苏省政府主席,有文才,理政能力却是一般般。

那一时期,郁达夫也时常在上海,对于郁达夫的文名,泽村幸夫也早有所闻。一日,在内山书店里邂逅了他:

我与郁达夫相识,是在去年(1929年)11月2日的下午,完全偶然的一个机会。那天我去北四川路电车终点的内山书店,询问书店老板,是否有有关中国历史、地理和经济的参考新书。但老板没有直接回答我,转过身来望着站在旁边的一位中国青年。那位青年在我进书店的时候,正架着梯子,在大概有三四米高的书架上一个劲儿地寻找什么书籍,这时正从梯子上走下来。于是那位青年就用非常流利的日语对我说,历史的新书,某某的新著大概不错的,原来是用作师范学校的教科书,相当不错。跟我说话的就是郁达夫,两三天前从新近就职的安徽大学的任上回上海。但他后来好像没有再去任职的学校,他其实去了安徽没多久,是不久就被辞了呢,还是他自己辞了以后回上海的呢?(郁达夫曾在安徽大学中文系任教授四个月——引译者注)我所见到的郁达夫氏,丝毫不脱书生意气。一个小小的有点扁塌的鼻子是他的特征,是一个不怎么有风采的无产阶级的文学青年。已经是秋末的有些寒意的黄昏了,穿着一件有些宽大的皱巴巴的长衫。但是,当我说到胡适的新中国文学论的时候,他立即回答说:"美国留学回来的人大抵都是这样说的。"语气尖锐。不愧为中国新文艺阵营中的一员骁将。①

第一集中还有一篇《杨度》。1930年2月24日,一位朋友介绍他去了杨度在霞飞路(今淮海路)荣业里的寓所:

一张脸有点长,没有蓄须,一种老派的读书人模样,一双鞋有

---

① 《上海人物印象记》,第34—35页。

点大。主人杨度(1875—1931)慢吞吞地从房间里走出来迎接我。炉子里没有火。怕冷的我,就这样不礼貌地穿着大衣与他对坐。他平素住在苏州的家里,有时也到上海来住住,于是就租借了这处房子。……在袁世凯的全盛时代,他作为参议院的参政,是筹安会的中坚分子,一时也曾名声大噪。在此之前民国还未成立的清末,作为新学派的一员,被认为是少壮的政治家。来的路上,我在车上偷偷地想,眼下他算是失意了,日子有点落寞,但身上还藏着霸气吧。见面之后,完全出乎意料。无论是言行还是举止,毫无霸气的迹象,倒是更像一个前清的官僚。说话语调安稳沉静,不时把一些近作的书画和照片拿出来给我看,画风有点模仿八大山人、大痴等,我当然不懂其优劣。书法,在这次的十天之后,在日本俱乐部里举行的松冈映丘、平福百穗的欢迎晚会上,杨度写了大字的七字对联,确实很有功力。已经看不出他对政治还有什么野心了,但也不是一个想要与世隔绝的人,有机会总会表示想到日本去。日后他来看我的时候,赠我一册自著《虎禅师论佛杂文》(虎禅师是他的法名),其中有一篇写道:"予犹坚持君主立宪主义不变。一败于前清,再败于洪宪,三败于复辟洪宪之役。"在经历了各种人生后,入庐山悟道了。①

泽村幸夫在文章中没有谈及杨度早年曾到日本留学过,他当然也不知道,杨度在政治环境险恶的1929年秘密加入了中国共产党。

印象记的第一集中还有一篇《叶恭绰》。1930年2月3日,旧历大年初四,中日艺术协会在素菜馆"觉林"招待即将前往意大利的日本画家横山大观,泽村幸夫与叶恭绰作为委员参加了这次晚餐会。当日,认识许多文人的三井洋行的王沧浪向叶恭绰

---

① 《上海人物印象记》,第39—40页。

杨度肖像

(1881—1968)介绍了泽村幸夫。其实,两人早先曾经认识的,泽村幸夫心想叶恭绰大概已经忘记了他,不料叶氏说,我记得的:

他向我伸出了瘦小的手,这令我稍稍有些意外。那张苍白的脸,突出的前额,甚至令人感到比十年前还要年轻一些。不过,悠然沉稳的态度,与亲切和蔼的神情,过去官僚时代的叶氏是没有的。那天的晚餐会,大观夫妇是主宾,除了王一亭、狄楚青两位之外,我与叶氏对面而坐,这是为了我们两人相隔十年之后的重逢而安排的。王、狄两位已经禁绝酒肉,这是我以前就知道的,而叶氏也只吃蔬菜了,这是此次才知道。这是出于健康的原因呢,还是因为亲近佛书了呢?未及详询,大概,两者兼有吧。这次以后,又曾见过几次叶氏,我发现,如今的叶氏,已经看不出当年曾任交通总长及旧交通系的领袖模样了。不过,叶氏在放弃了政治的同时,他选择了最有意义的、且是带有恒久性意义的事业。4月要由商务印书馆出版的《清朝学者像传》,就是叶氏的事业之一。

叶氏的家,就在距我国文化事业的研究所(指日本使用庚子赔款的一部分,于1930年最初建成的上海自然科学研究所,位于今天的岳阳路320号——引译者注)附近的祁齐路走过去一百来米的地方。从外观来看似乎并不怎么起眼,内部却是虹口一带的住家所见不到的。居住在此的主人,他的个人趣味也在室内装饰上表现出来了。今年3月我去造访时,被带到一间像是书斋兼客厅的房间,室内的壁炉虽然没有在用,但两边的壁龛上放满了大大小小的佛像和各色的古玩、古书,地毯边上大花瓶内,插着盛开的大枝的腊梅。闲谈之后,我告诉他说,陶庵公(指日本近代政治家、元老西园寺公望——引译者注)近来非常喜欢阅读中国的书籍,我受大谷光瑞(净土真宗的僧人,曾在1902—1914年间三次带队到中国及中亚去做佛教发现的探险——引译者注)的委托,正在搜集这些书籍。叶氏听罢,就拿出一部《蛰葊诗集》和一部《文道先生诗遗》,恭敬地写上"西园寺上公惠存,叶恭绰"的字样,请我赠送给在兴津避寒的老公。这两册书都是叶氏自己所出版的恩师的诗集,我立即交给了大谷光瑞氏。①

叶恭绰肖像

叶恭绰出生于广东番禺的书香门第,家学渊源,1912年31岁时即出任北洋政府的交通部路政司长兼全国铁路总局局长,后又

---

① 《上海人物印象记》,第56—57页。

数度出任交通部长、邮政总局局长等,精于诗词书画,曾是近现代中国叱咤风云的人物。新中国成立后,自香港回到北京,1955年出任中国画院的首任院长,生前将其毕生所搜藏的珍贵书画、典籍、文物悉数捐赠国家。泽村幸夫的这段记述,留下了另外一个视角的珍贵的历史画面。

泽村幸夫在书里述及郁达夫、张资平等一些新文学家,与居住在上海的鲁迅自然不会没有交往,但令人稍稍有些不解的是,第一、第二两集印象记中都没有单独的鲁迅篇。事实上,泽村幸夫后来是写过鲁迅的,1933年他在《政界往来》杂志上发表了《上海交友录——鲁迅、胡适、关紫兰》,1936年在《同仁》杂志上发表过《怀念鲁迅君》,1942年在《满蒙》杂志上发表过《怀鲁迅》,不过1930—1931年间出版的两集印象记中,尚无有关鲁迅的单独篇章。查阅《鲁迅日记》,1929年9月28日中有:"泽村幸夫来,未见。"同年10月9日中有:"泽村幸夫来,未见。""未见"应该是没有见到,鲁迅日记中还有"三弟来,未见"的记录,三弟是周建人,与鲁迅关系一直很好,不可能是不见的意思。1929年11月3日日记中有:"上午泽村幸夫赠《每日年鉴》一部。"[①]应该是泽村幸夫来访鲁迅,赠书一部,有见到的。鲁迅日记,对于人物和事件,一般都没有评价性的文字,亦不悉鲁迅对于泽村幸夫的感觉。

不过在第二集中有一篇《周建人》,却是通篇都是写鲁迅的,只字未提周建人,也许是周树人之误吧。文中明确记述了他与鲁迅亲切交谈的日期:

我与鲁迅得以亲切交谈,是在去年(1930年)8月8日欧阳予倩相隔颇久自广东回到上海、在素斋的功德林为他举行欢迎晚宴的时候。在气氛过于热闹的晚宴之后,大家一起移步到了别的房

[①] 《鲁迅全集》第14卷,人民文学出版社,1981年。

间,那里设置了一个很大的佛坛,在本尊前,放置了钲、鼓、木鱼等。原先在朋友间就颇有孩子气的田汉,走到最前面叮叮咚咚地敲击了起来,立即渲染出了欢快的气氛。这时突然看到当时年已五十的鲁迅先生,一脸正经地"笃笃笃"地敲起了木鱼。原先就一直很崇拜鲁迅的曙天女士,曾在印象记中写过这样一段话:"我第一次知晓了鲁迅先生喜欢说笑话。不过,先生在说笑话的时候,自己却一点也不笑。"眼下的这一场景,让我想起了这段话。只是,鲁迅氏不是一个俏皮刻毒的人。而且,也绝不是一个反社会的人。参加那天晚会的人,有郁达夫氏、郑伯奇氏,日本人有山崎百治、神田喜一郎氏等。神田氏与我跟鲁迅谈论的话题,多有关许多在中国已经消亡而在日本还有留存的古小说、古传奇等。也谈到了新近由商务印书馆出版的郑振铎的《中国文学史》。他肯定了郑氏的努力,但对于其见识,似乎并未表现出佩服的样子。①

《上海人物印象记》第二集

《上海人物印象记》第二集也写了 16 个人物,其中有清末民初在中国发生重大影响的政界财界人物王正廷、孙宝琦、张公权、

---

① 《上海人物印象记》第二集,東亞研究会,1931 年,第 11—12 页。

《上海人物印象记》第二集内容页

宋子文(左一)

唐绍仪等,也有文艺界的(黄)白薇、关紫兰等新女性。限于篇幅,除鲁迅之外,这里仅选取《宋子文》一篇,稍作论述。

泽村幸夫已从上海的银行家和洋行的大班那里听到很多宋子文的传闻,宋之所以能够在当时的中国财政界叱咤风云,除了孙中山、蒋介石的姻亲背景、浙江财阀的支持之外,他个人的识见和理财手腕也是主要的因素:

与宋氏实际见了面交谈之后,觉得他是一个很随和的人。不仅没有旧官僚的架子,而且具有一种受过美国教育的人会有的通性,开朗,明快,平易近人。我与他面对面第一次的交谈,是在(1930年)8月1日上午11点,在从大阪过来的同事的陪伴下,去黄浦滩的中央银行(原来的华俄道胜银行)访问他的时候。在三楼的一间房间里,屋里的桌椅、物品似乎都是当年沙俄时代留下来的,厚重结实,雕着各种纹饰。墙上挂着民国十三年八月已故的孙中山任命他为中央银行行长的委任书、广东的师长陈济棠的照片等,似乎也不是特意要炫耀出来。穿着的绢纺衬衫敞开着领子,也不系领带,宋行长以开放式的服装来迎接我们,其态度,也是开放式的。

他坦承地、条理清晰地对我们说:"当然,国民政府的财政目前很困难,我的处境也很困难。但是,北方的军阀,就是冯玉祥、阎锡山,他们就更为艰难了。就经济力量而言,我们有信心说南方胜于北方。兵力上也是这样。在上海的民间,一度曾有要求停战的和平声浪,现在已经消失了。因为人们明白,如果国民政府不取得胜利的话,事态就会没完没了。在这样的状态下,任何的进步都无法指望。最大限度的希望,就是维持现状。"……在第一次革命(辛亥革命)之后,曾见过跟随着孙中山的他的父亲。在九州的八幡开往福冈的火车上,接到了孙氏的先夫人在东京受伤的紧急电报,当时孙夫人的父亲非常惊慌失措,孙中山就言辞严厉地指责她的父亲,要他不要如此失态。这一幕场景我还记得。不管怎么说,宋嘉树(耀如)氏养育了优秀的儿女。

《上海人物印象记》第二集版权页

宋子文肤色白皙，不蓄须，说是41岁，但看起来更年轻。说一口外国人听起来很难懂的中国语。①

在1931年出版的《上海风土记》中，也有一些人物印象记，尤其提到了上海的西洋画家，有些人物后世依然铮铮作响，有些虽然甚有成就，只是由于各种原因而被湮没了。泽村幸夫的书里，提到了李岸（李叔同）、江新、陈抱一、王道源、汪亚尘和刘海粟、周勤豪、张聿光，并把他们划成两大派，前者是留日派，后者是留法派。而留日派，主要是指20世纪初期的十来年中毕业于东京美术专科学校的一批人。

日本的西洋美术教育起始于19世纪80年代，1887年在原先

---

① 《上海人物印象记》第二集，第71—73页。

东京大学工部大学校内的美术部的基础上，创办了东京美术学校，首任校长即是赫赫有名的冈仓天心（后来曾担任波士顿美术馆东方部主任，撰写了大量的英文著作）。最早正式考入该学校西洋画选科的是书中述及的李岸（李叔同）和曾孝谷，时在1906年，这两个人也是第一批自东京美术学校毕业的中国人，他们俩也是中国现代话剧的创始人，曾在东京组织了春柳社并上演了《茶花女》《黑奴吁天录》等。1893年出生于上海的陈抱一，1913年东渡日本，后考入东京美术学校学习西洋画，1921年回上海，在艺术专科师范学校教授油画，撰写了《油画法之研究》《人物画研究》等著作，1942年在上海去世。王道源1896年出生于湖南常德，1914年官费留日，考入东京美术学校，毕业后回国在上海东方艺术专科学校等任教，后创办中华艺术大学，抗战时期参与对日谍报工作，后在中南美术专科学校任教授，20世纪50年代先后被划为"右派分子"和"历史反革命"，1960年底死于湖北沙洋劳改农场。1894年出生于杭州的汪亚尘，1912年来到上海，在刘海粟等创办的上海图画美术院（后演变为上海美术专科学校）里担任教师，1916年赴日本，翌年考入东京美术学校，毕业后于1921年回到上海，在上海美术专科学校教授西画和绘画理论等，1926年又去法国留学，

《上海风土记》封面

1931年底回到上海,翌年与徐悲鸿等创办中国画会,1933年入新华艺术专科学校任教务长,不久又到日本考察美术教育;抗战胜利后前往美国,在耶鲁大学、哈佛大学的暑期绘画班讲授中国花鸟画;20世纪70年代移居台湾,1980年回到上海,1983年终老于上海,如今在上海的重庆南路建有汪亚尘艺术馆。

《上海风土记》内封

《上海风土记》目录

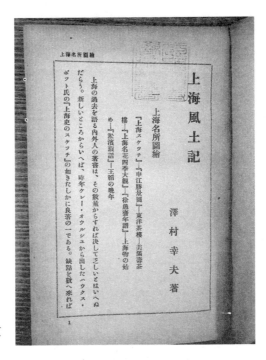

《上海风土记》内页

泽村幸夫在《中国洋画家群》一文中写道：

中国现在的洋画界，大体有从传自日本和传自法国的两个潮流。姑且称之为日本派的前者，从我国东京美术学校毕业的人，在数量上占多数，也取得了业绩。……就我所知，东京美术学校毕业的人，以明治四十三年(1910年)的毕业生李岸氏(叔同，直隶人)为最早。在留学时代就组织了春柳剧社，也学习了音乐，归国后一度在杭州师范学校任教，后失去了资产和爱妻，皈依佛门，也称为弘一律主、一音、论主等，遁世后以法名著有《四分律比丘戒相表记》等专业著作。此人现在自然已不是画坛中的人了，但在论述中国洋画的时候，是一位不可忘却的大前辈。江新氏，字小鹣，父亲是翰林院学士，天生就具有艺术家的血脉，是上海历史最悠久的洋画家团体"天马会"的核心人物。现在除洋画之外，还在从事雕

291

刻。天马会主要是上海美术专科学校教授们的组织,约有会员30人,11年来,每年举行展览会。江氏也是(与李叔同)同期的日本留学生。……大正八、九年(1919—20年)从日本美术学校毕业的,还有陈抱一、王道源、汪亚尘、严知开等。陈氏祖籍广东,出生于上海,归国后在神州女校教课,弟子中涌现出了诸如关紫兰、翁元春、唐蕴玉等才媛。关紫兰氏,借用中川纪元氏的话来说,是一位"应以牡丹来形容的稀世丽人"。她的艺术"自由独特、新锐直截",在我国文化学院学习了两年多,入选二科(二科会,1914年成立的与官方保持距离的著名的美术团体,每年秋季举办展览会,一直延续至今——引译者注)。唐女士与关氏一样,也在东京留学,受到石井柏亭(日本近现代杰出的洋画家、帝国美术院院士、日本艺术院院士——引译者注)氏的指导,现在法国。①

文中还论述了具有法国留学背景的一批西画家,限于篇幅,此处割爱了。泽村幸夫大概是最早关注中国西画界的动向和成就的日本人之一,作为日本人,他特别强调了东京美术学校的教育背景对于以上海为首的中国西洋美术界的影响。

《上海风土记》内页

---

① 《上海風土記》,上海日報社,1931年,第126—128页。

《上海风土记》主要不是写人物,更多的是描述上海的风物,有一篇写鲥鱼的,很有内行食客的素养:

> 鲥鱼的体形扁长,色如银。肉中细刺颇多(苏东坡曾有恨鲥鱼多刺的诗句),富含脂肪,这些与我国的鲦鱼甚相似。但鲥鱼大的有三尺之长,味道与鲭鱼相似,但滋味更浓郁,要好吃得多。时令季节在春天的四五月份,《养鱼经》里说,四月最盛,鳞白如银;《月令广义》中说,五月富春江上,鲥鱼最盛。富春江在浙江钱塘江上游的富阳县,出自此地的鲥鱼被认为最为鲜美,而产于宁波海上的鲥鱼个头最大,细刺如箭镞。宁波府志上也曾名箭鱼。……在福建,旧历正月之后就可捕到鲥鱼,直至八九月。上海有一说法,说是鲥鱼产于福建,而洄游于扬子江,在扬子江大约溯游至镇江一带。其烹制法,以加入火腿、香菇、笋片、酒蒸煮的"清蒸"为第一,若炒和煎,则会破坏鲥鱼原本的鲜味。也不可油炸。时鲜季节,两尺长的一尾,价格在四五元,在中国,没有比鲥鱼更贵族的了。①

泽村幸夫也算是战前的中国通之一了。战前的所谓中国通大概有这样几类,一类是从文化上认同日本与中国的深刻关联,在一定程度上能突破日本民族主义或国家主义的狭隘立场,关注中国的目光充满了一定的温情,其行为和言论带有相当的暖意,比如宫崎滔天和稍稍有些不同的后藤朝太郎等;另一类是具有亚洲主义倾向的,在一定程度上主张与中国联手或联盟的,但实际上对中国多少都表现出居高临下的姿态,一旦遇到中国与日本的利益冲突,都会自觉不自觉地站在日本的一侧,比如荒尾精、内藤湖南、佐藤春夫等;还有就是了解中国的目的,在根本上是为了在中国扩张日本的利益,比如土肥原贤二等。另外有些人,比如像井上红梅等,

---

① 《上海風土記》,第97—99页。

《上海风土记》版权页

也曾在中国尤其是江南一带待了十几年，或许未必有坚定的国家主义立场，但趣味比较低，看待中国的目光，缺乏内在的温情和理解，其所撰写的文字，猎奇、夸张大于事实的描述，其向一般日本人传递出来的中国图像，自然会失真。当然也有少数左翼的日本人，更多地注重阶级和政党的立场，比如尾崎秀实等。

至于泽村幸夫，似乎很难纳入其中的任何一类。无疑他是日本人，但他与战前以官方意识形态为主导的日本主流社会保持了一定的距离，作为一份大报的编辑和记者，纵观他的大部分文字，几乎没有与官方的内外政策主动呼应的表现。因受熊本的特殊氛围的影响，他自幼对中国抱有浓厚的兴趣，熊本商业学校毕业后，他立即申请去中国实习，在武汉待了几年，广泛接触各界中国人，并力图去长江上游一带踏访调查，他并不负有诸如荒尾精、宗方小太郎那样的官方使命,他只是试图多多了解中国。在大阪每日新闻社担任中国课长的时候,他积极参与了与孙中山等革命派的联系接触,担任上海支局长后,在两年左右的时间里积极地与各界人士交往,观察上海社会的众生相、中国人的民间信仰,甚至中国自然界的草木虫鱼。用他自己的话来说,就是:"我深切地感到,我要留在中国,与中国人之间没有隔阂地交往,心情愉快地在那里生活,然后再进一步。若要达成我的志向的话,将那一块土地等风土、风俗、人情、信仰等都弄清楚的话,就必须对中国怀抱善意。"于是他把自己的所闻所见所感所得写成了文字,传达给一般的日本读者,以加深日本人对中国实像的了解,端正一般日本人对中国的认知,从而建立起健康的日中关系。他的文字,竭力避开当时险恶的日中政治关系,尽可能不涉及日中之间的军事冲突。从上述我译述的文字来看,确实能让人感到他的这一初衷。从另一个角度来看,对于近现代中国和上海而言,这些文字也保留了不少有价值的史料。

"老上海"内山完造描绘的上海市井风俗画

在中国,内山完造(1885—1959)主要是以鲁迅的友人、内山书店的老板、致力于中日友好的活动家而为人们所知晓的,这些当然都是确凿的一面,但是完全小学尚未毕业的内山完造,曾经撰写了《活中国的姿态》(学艺书院1935年)、《关于中国的民情习俗》(日本文化协会1938年)、《上海漫语》(改造社1938年)、《上海夜话》(改造社1940年)、《上海风语》(改造社1941年)、《上海霖语》(大日本雄辩会讲谈社1942年)、《上海汗语》(上海·华中铁道弘报社1944年)、《中国四十年》(羽田书店1949年)、《上海下海——上海生活三十五年》(岩波书店1949年)、《两边倒》(乾元社1953年)、《平均有钱》(同文馆1955年)等十几本著作,去世以后编集出版的还有《花甲录》(岩波书店1960年)、《中国人的生活风景》(东方书店1979年)、《鲁迅的回忆》(社会思想社1979年)。以此而言,内山完造也可谓是一位著作家了,甚至是一位中国问题研究家。有一点值得注意的是,他有关中国尤其是上海的主要著作,撰写和出版于日本占领中国的年代。

从照片和他人的描述中,一般人感知到的内山完造的形象是一个憨态可掬、和颜悦色的小老头,他的夫人美喜更是一位面色慈祥的良家妇女。但实际上内山完造早年却是一个桀骜不驯、极富个性的少年,12岁时即穿着草鞋离开了家乡孤身一人来到神户、大阪一带在商号里当学徒,尝遍了人生的酸甜辛苦。其夫人美喜幼小时家庭破产,与妹妹一起被送到了京都祇园学当艺妓,结果美

《活中国的姿态》封面

喜未能习得艺妓的基本技能，只能以卖笑谋生，后来与一个药剂师生了个男孩，不久男孩夭折，她就成了某个店主的小妾，不久接触到了基督教，逃离该店主，寄身在一个牧师家里，经牧师介绍与投身于基督教门内的内山完造相识，结成连理。1916年与已在中国打拼了数年的内山完造一起来到了上海。内山完造少年时即在外闯荡，经历了各种人生的跌宕起伏，早年在中国，内山也是以上海为据点，深入长江流域的九江、汉口、长沙等地兜售眼药水，风餐露宿，跋山涉水，与三教九流多有接触，实际的生活，将他锻炼成了非常练达的生意人，同时正直的性格加上基督教的洗礼（《圣经》和日本基督教思想家内村鉴三的《圣经研究》是他行囊中的必携物），使他们夫妇俩一直行走至积德行善的人生终点。

内山完造后来虽然经营书店，本人却不算读过很多书，他最初来中国，早年的动机只是为了谋生，受当时日本舆论的影响，他对中国甚至还有些偏见，以为当时日本已在中国之上，自己虽然不才，在低于日本的中国，或许还能做出一点事业。他对中国的文

《上海漫语》封面

目　次

上　海　漫　語（一—九）

國共合作への私見

西安の一幕

空襲下の上海を脱れて

詩　の　對　話

魯迅先生と版畫

臨終の魯迅先生

魯迅先生の思ひ出話から

丙　子　漫　語

骨董品、骨董屋

當然のことだ

《上海漫语》目录

《上海漫语》内页

史,早年并无学养,对中国和上海的了解,主要基于他在中国丰富的阅历。1916年他携带新婚妻子来到上海,先借居在吴淞路义丰里164号的一户日本人家里的二楼,不久移居至北四川路魏盛里(上海人称之为弄堂的小巷)的一处独立住房。为了谋生,1917年在家门口开了一个小书店,销售与基督教有关的书籍,最初的内山书店由此诞生。1924年,又在魏盛里住处的对面购买了一处空房子,以此独立经营书店,业务日渐繁盛。1929年,内山书店迁移至北四川路施高塔路(今山阴路)11号的街面上,以后,本店一直在此。1941年底,日军攻入上海租界,1942年将位于南京路160号上的美国书业机构——中美图书公司强行接收。海军当局将这家图书公司的管理和经营权移交给了内山书店,于是内山书店开出了南京路分店,规模远远大于北四川路上的内山书店本店,书业的营销额也因此有了较大的增长。一直到抗战胜利后的1947年12月,内山完造被国民党政府强行遣返日本,除去几次战乱曾短暂回到日本之外,他在上海生活了30年以上,可谓是在上海生活了最久的日本人之一。对于上海,内山完造积累了极其丰富的人生体验,在一定程度上,可谓完全融入了上海本土的生活,完全称得上是一位"老上海"。而在另一方面,他也始终保持了一个日本人的外来眼,他曾经写道:"当然,我对中国的政治和军事没有言说的资格,因为我没有任何研究。我所关注的只是民众的生活而已。"[1]它的视线,似乎一直朝向上海乃至中国普通的民众。在他的众多著述中,描绘出了一幅极具风情和风味的上海市井图。1937年6月,内山完造开始在《改造》杂志上连载《上海漫语》,不久爆发了卢沟桥事变。但是,从日本侵华战争的全面爆发直到日本战败,内山完造对中国、中国人的姿态几乎都没有变化。在《上海漫语》的第二篇中,他写道:

  有不少日本人对中国人的认识就是,中国人这些家伙,无知,自私自利,说谎,毫不知耻地偷盗,残酷地杀人。当然,对于那些想去上海等地的中国去看看的日本人来说,不会有那种愚蠢的想法,但如果问他昆明是哪里的省城,一般都回答不出来。恐怕这些就是大多数日本人有关中国的常识了吧。[2]

  在这篇文章里,内山完造絮絮叨叨地讲述了一件事,目的是为了发表他文末的一段感想,叙述有点长,这里就不原文翻译了,将大意转述一下。

  某年春日的一天。内山完造要去看东亚同文书院的赛艇活动,坐了黄包车来到江边渡船码头,急匆匆地想要赶上一艘即将起

---

[1] 《上海漫語》,東京,改造社,1938年,第59页。
[2] 《上海漫語》,第9页。

航的渡船,突然被黄包车夫拽住了衣袖,说是你刚才给我的四角银洋是民国十一年的,而民国十一年出的银洋品质比较低劣,要换一下。内山完造仔细回想,自己出门时特别小心地准备了十几枚民国八九年铸造的银元,手头不可能有民国十一年的银币,经反复说明,车夫依然不允,执意要调换。这时周边围起了一群诸如黄包车夫、做小买卖的人,在一旁看热闹。此时内山完造就从怀里掏出一枚一元的银币,对车夫说,你也有良心,我也有良心,你摸摸自己的良心,如果我真的给你的是民国十一年的银币,你就把这块银元拿走。车夫脸上显出了尴尬的神情,并不拿走,只是说你给我调换。内山完造又拿出一块银元,把两块银元放在掌心上说,凭天地良心,如果你说的是真的,就把这两块银元拿走。四周看热闹的人一片静寂。这时车夫一步一步往后退,内山完造就一步一步向前逼近,车夫说了一句日本人是坏家伙,赶紧逃离现场,快步走向停放着的黄包车。

我手掌中摊放着两块银元,依然站在人群中。人群喧腾起来,纷纷用手指戳着车夫的背影,说那个车夫是个坏东西。然后对我说,他是个坏家伙,东洋先生你赶紧去乘坐渡轮吧,轮渡就要开了。然后人群散开了。……在黑压压的人群中,日本人就我一个。没有人从我手里拿走银元。这到底是为什么呢?如果他们真的是无知无识、自私自利、说谎吹牛、偷盗杀人的话,情形会是这样的么?当然,那个车夫是说了谎,但说了谎之后就遭到了那么多人的指责,且他说了一次谎就没有再说第二次,拿走这两块银元,更没有做盗贼。即便像苦力、黄包车夫那样的中国人,他们也是有良知、通解真理的人。当然也总会有个别的例外,我并不否定这一点。不过大多数人都是有良识的,这不过是一例而已。①

《上海漫语》中还有一篇《中国人的气质》,也是以黄包车夫作

---

① 《上海漫語》,第12—13页。

为描述对象,一开始写了乘客与车夫为了车资的多寡发生了争执,内山完造用了上海话"哇啦哇啦"来表示,意为吵架。继而发展为"相骂","猪猡","饭桶"这样的骂人话也出来了。内山完造由此感慨道:"在日本,车夫对于乘客绝对是要使用敬语的,但是中国没有这样的敬语。日语中很多名词前面都冠以'御'这个词,以表示对说话对象的尊敬。但是中国语中一般没有这样的用法。"①正在两人争持不下的时候,照例又围上来许多看热闹的人。不过中国人看热闹与日本人看热闹又不一样:"他们实际上是扮演着现状监视人和陪审员的角色,他们中间一定会有一个调停者出来。就在冲突升级的时刻,调停者出现了,而且通过这个调停者,问题十有八九都会获得解决。我常常看到新闻报道(尤其是日本的报纸报道)说,这时候围过来看热闹的人,都是些毫无头脑瞎起哄瞎捣乱的人,实际的情况却绝不是这样。"②

接着内山评论说:

当(日本人)说到中国时,实际上并没有意识到这是一个茫无际涯的大国,而中国人也是超出了我们想象的四亿人口,而且四亿中国人这一集体是一个拥有四五千年悠久历史、一直存续至今的民族。想一下,即便是很短的时间,我们的集体生活如果没有了秩序,能生活下去吗?我认为是不可能的。一定会有某种自发性的,或命令性的,或有意识或无意识的秩序在起作用。更何况这是在一个拥有数千年悠久历史的民族集体生活中,没有秩序、没有规矩是不可能的。只是(日中之间)彼此的习性不一样罢了。只是秩序的形式不一样罢了。但是很多日本人并没有这样的意识。他们只是胡乱地使用自己的习惯来评判中国人,这实在是令人感叹的。有很多日本人会有这样错误的想法,其罪责在于处于领导地位的

---

① 《上海漫語》,第26页。
② 《上海漫語》,第27页。

(日本)人。对于邻国人民的生活方式、具有民族特性的秩序等未能加以认真地研究,很遗憾,这是我们日本人的一个很大的缺点。之所以使(日本)人们产生了中国是一个尚未开化的国家这样的错觉,最大的责任在于处于领导地位的(日本)人。①

且记得,内山完造写这些文字时,卢沟桥事变也就是日本全面侵华战争刚刚爆发。

这是内山完造对待中国人的基本态度,即便在日军占领了上海和中国大片的土地之后。以日本内阁和军部为背景,《朝日新闻》进行业务协助,1939年1月在上海创办了日文《大陆新报》,在当局的鼓动下,内山完造在该报以及后来创刊的日文杂志《上海文学》上发表了一百多篇随笔,但他的文章几乎没有一篇触及所谓大东亚战争的时事,他依然延续此前的漫语风格,以一如既往的诚挚口吻谈论着上海和中国与日本。

卢沟桥事变爆发时,内山书店已经迁到了现在的山阴路四川北路口。于是沿街出现了上海市民拖家带口慌忙逃难的情景。满

《上海夜话》封面

---

① 《上海漫語》,第27—28页。

街都是络绎不绝的搬场公司的卡车、各种货车、大小汽车、黄包车、独轮车、"老虎车"和步行的人群,人们自北向南,试图越过苏州河进入原来的英租界(英租界在与美租界合并成立公共租界之后,名义上已经消亡,实际上人们依然将其原来的地域称为英租界)和法租界。虽然八一三抗战还没有开始,但此时上海的气氛已经很紧张了,人们纷纷逃入租界,以寻求安全。此时,临街的内山书店便在店门口设立一个临时茶摊,供来往的逃难者小憩。内山完造在《上海漫语》中,记述了如下的一个场景:

每日连续不断的中国人的搬家,到了7月28日达到了顶峰。卡车、汽车、黄包车、老虎车还有小车,形成了一个长长的行列。有带了一家人和席子的乡村的农民,有提着中国包的人,有提着空罐的人,有提着马桶的人。这时有一个父亲挑着一付担子,一边装满了老旧的桌椅和凳子及手桶、脸盆(上海人叫面盆),另一头是米袋等,随着人流急匆匆地朝着租界的方向行走。

这时随行的母亲想在店前的茶摊边歇歇脚喝口茶,怀抱着一个吃奶的孩子,拖着三个最大十岁的孩子。他们显然已经走了很长的一段路,又渴又累。不巧,此时茶正好被喝得一滴也不剩了。我至今都清晰地记得他们提着空罐的难以言说的悲哀神情。我立即对他们说,请稍等一下。他们对我这个日本人所说的话,丝毫没有怀疑和反抗。只是极其真诚地提着空罐来到店门口,耐心地等在那里。我提着很大的装满了大麦茶的茶壶过来,他马上递上了空罐。我把所有的大麦茶灌满了空罐,并提醒他说,这是大麦茶。大人小孩都连声说谢谢、谢谢,大口大口地喝着茶。喝够了大麦茶后,他们就仿佛像起死回生般的,脸色也好看了。①

内山完造询问他们从哪里来,往哪里去,答说从蕴藻浜那里

---

① 《上海漫語》,第53—54页。

来，往租界那里去，有保安队来通知说夜里三点就要和日本人打仗了，于是赶紧逃难。此时，各种车辆都已一车难求，连平时主动揽客的黄包车夫也对客人爱理不理，因为拉逃难者，价钱要高得多。

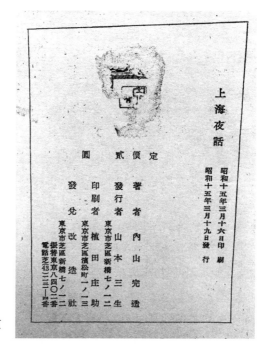

《上海夜话》版权页

说起黄包车夫，恐怕是内山完造平时打交道最多的中国人之一。一是他自己出行基本上是坐黄包车，二是书店门口设了个茶摊，常有黄包车夫过来歇脚喝茶，内山完造常常与他们聊天，从而了解了生活在上海底层的黄包车夫的日常生活状况，也是一种田野调查。他获知，黄包车夫大抵都是同乡人带出来的，租借黄包车必须要有保人，先到上海的同乡往往就充任保人的角色，然后要新来的同乡跟着他的车跑，熟悉上海的道路和大致的车资，然后两个人租一辆车，每人跑半天，最后达到自己一个人承租。一天24小时跑下来，大约每天有五千铜钱(实际上是500枚铜板，10个铜钱为1枚),大约相当于当时日元的1.5元。个人吃饭三五百钱,一般四口之家,吃饭开销大致1500铜钱,一天约有银元5角钱的盈余。自然黄包车夫阶级的生活是相当辛苦的。

书店门前设了个茶摊,每天就常常会有黄包车夫和各种路人过来歇脚,于是售卖大饼、油条、粽子、方糖糕的小贩也每每会聚拢来做生意。

正在津津有味地喝着热茶的黄包车夫面前,走来了一个卖粽子的小贩。一个木桶内放着许多粽子,桶上面放着两个用了很久的饭碗、搪瓷都有些脱落的小小的搪瓷茶杯、五六个长长的有些脏兮兮的竹勺。上面盖着跟抹布差不多的脏兮兮的毛巾。另外还有个用马口铁做的茶壶,外面包着旧旧的棉花和旧棉布,以防止茶的冷却。尽管是一个破旧的茶壶,主人却是对它很当心。小贩怕跑丢了眼前的客人,就挡在他面前,问他要不要来三四个?

喝了热茶的车夫,缓缓地把身子探向木桶内,好像在寻找着什么,不时地用手指用力戳一下,又换了一个。卖粽子的递给他两个碗。车夫拿了两个粽子交给卖粽子的小孩。小孩用很熟练的动作解开了系粽子的绳子,然后又剥下了长长的粽叶,把粽子熟练地放在了碗里。然后又剥开了一个。孩子又拿起了一个,说还要一个吗?车夫又把头探向了木桶,拿了一个给孩子。孩子又熟练地剥开放到了碗里。车夫用长长的竹筷,从一个香烟空罐内掏出一点像黄豆粉一样的砂糖,撒在粽子上,然后把竹勺放在茶桶上,拿起筷子夹起粽子猛地咬了一口吃起来,狼吞虎咽,很快把两个粽子吃完了。孩子从包裹着棉布的茶壶把茶倒入了搪瓷的茶杯里,不料,车夫连看也不看,站起来拿起了竹勺从我的大茶桶内舀了一满勺茶,呼呼地吹着热气开始喝起来。①

---

① 《上海漫語》,第71—72页。

《上海霖语》封面

这绝对不是一个什么重大的场景，却是描画出了上海街头下层民众日常生活的一幅极为平凡却又很有滋味的风俗画。看上去仿佛是旁观者的冷彻的观察和描述，笔端却是充满了人间的温情，一种富有烟火气的市井画面生动地展现出来了。

我们现在阅读民国书籍或是观看民国电影，也就是要了解民国的社会生活，常常会为那一时代的货币种类和价值所困惑，昔日名中医陈存仁曾出版过《银元时代生活史》（广西师范大学出版社2000年版），以自己的实际体验为素材，很有兴味地描述了那一时代以银元为基本货币的社会生活百态。内山完造1913年来到中国，作为一名眼药水销售员广泛活动在长江中下游流域，1917年在上海定居，直至1947年年末离开上海，作为一名商人，他对于金钱或者货币是十分敏感的，自然也十分熟悉。他在《上海漫语》中对通行于上海的货币（早期中国的币制还比较混乱），有过较为详尽的叙写，译录于此，也可给今人一个参考。

中国人到今天(1937年)为止,即使是同样的货币也有三种。一种是大洋,是一种含银量七钱二分的银币。纸币是按照这种大洋的币值来印制的。这种大洋称作一元(日本的一元标准)。大洋分为一元、一角、一分,十进制算法。绅士绅商和外国人都是按照这一币值来生活的,也就是说,这是一种上层阶级的货币。其次还有一种小洋的银币,分为一角和两角两种,于是就有小洋一元、小洋一角、小洋一分这样十进制的算法,小洋与大洋相比,如今的币值,大约要低两成多一点(每天汇率都在变化,没有定价,这是一种常态。小洋一角的银币十个加起来,要比大洋一元银币七钱二分的含银量要轻,大概是六钱九分左右。小洋两角的银币五个加起来,也只有六钱九分。这两分之差,是每天兑换行情的基本,市面上银币的多少会影响到市值的高低)。这种称为小洋的银币,是中层阶级持有的货币,在上层阶级中,不过是零花钱的数值,而对于下层阶级而言,差不多就像是大洋的感觉了。下层生活者所使用的货币,就是一个一分的铜板(也称为铜子儿、铜角子,有些地方也有两分的铜板,四川省以前有写着两百文的两分铜钱),在一厘钱的单位已经消失的今天,是最小单位的钱币。一角小洋可以兑换二十五个铜板,两角小洋是五十个,小洋一元换二百五十个(这个数值是去年币制改革以后的行情)。大洋一角相当于铜板三十个,大洋一元是三百个,所以大洋一分是铜板三个。因此,今天体力劳动者经常吃的点心是三个铜板,也就是大洋一分。……前年(1935年)秋天中国推行币制改革,想把这三种货币改为单一的十进制的大洋算价,但是由于种种原因,即便在上海,也未能得到完全的实施。我是这三种货币都使用。对于各个阶层都很自然地分别使用不同的三种货币在生活,觉得非常有意思,也很有中国人的特色。①

---

① 《上海漫語》,第222—224页。

在上海生活了20年以后，内山完造很有感慨地说，中国人的生活镜像，大抵分为两类，一类是文章的中国，诗文中的中国；另一类是实际的生活，油炸的点心香味与粪桶散发的臭味交杂的真实生活。"以我所见，日本的中国研究家，似乎大部分（不管是左派还是右派）都是文章文化的研究家，不是生活文化的研究家。或

《上海霖语》版权页

许是我寡闻，后者似乎还没有诞生。文献资料，当然应该尊重相信，但他们往往没有用自己的眼睛来实际考察中国人的生活。"①于是，内山完造决定要写出一般文章文化研究家写不出的市井的上海、平民的中国。

---

① 《上海夜話》，東京，改造社，1940年，第51—52页。

昔日在上海小弄小巷响起的"削刀磨剪刀"的吆喝声：

传来了削刀磨剪刀的声音。这是日本磨剪刀、菜刀、剃刀的行当。小孩拿出两把剪刀、一把削刀，问磨一下多少钱？回答说两角。孩子说一百文铜钱（三分钱）。磨刀的冷笑了起来。王先生走了出来，跟他谈价说钱，两百文怎么样？但是磨剪刀的不肯降价。于是双方开始了一问一答。磨刀的问对方你是哪里人？王先生回答说宁波人。什么？你是宁波人啊？我也是宁波人，同乡人应该相帮一下嘛。你在这家东洋人家里吃饭啊。我也想从东洋人那里赚点钱，你不是应该帮帮我嘛。说着说着，王先生刚才的锐气就烟消云散了，最后说好好好，说定剪刀两把、削刀一把，磨一下三百文铜钱。

同乡人这句话具有惊人的力量。这句话在任何情况下都管用，而且会迅速推进事情的办妥。在城市里同乡人这一词语的具体体现，就是什么什么会所、什么什么公所等。而且在这些公然且恒久的组织之外，存在着一个随时可以团结起来、随时可以解散、没有严格的会则或规定的集团。这样的集团拥有惊人的力量。这样的集团总称就叫什么什么帮。正是这样的帮，才是中国社会的核心，构成了社会组织的基础。这样的帮，在相当的程度上起到了群体内互相帮助的作用，成了保持中国社会连带性的不成文的法律。①

内山完造一开始的描述或许不一定准确，因为以前在上海磨剪刀的很少有宁波人，多为苏北人，但他对同乡人意识的理解、对某某帮作用的理解却是很准确的。

在解读上海的市井生活时，内山完造的立场总是在下层社会，或许这与他自己的穷苦出身也有关系。《上海夜话》里有一段这

---

① 《上海漫語》，第52—53页。

样的记述:

上海的街上有很多种车辆在来来往往。光是我在店前的观察,就有大概六十余种。从诸葛亮时代的独轮车到今天的汽车,呈现出了各个时代的色彩,交杂在一起在马路上来来往往。

有一个时髦的女子,从车上跌落下来,没有人上去搀扶,像黄包车夫、苦力等反而会在一旁拍手叫好。今天的人也许会认为这种态度是野蛮人的表现,但我不这么认为。在拍手叫好的表现中,他们自己感觉到了一种轻微的复仇性的痛快。简而言之,无产者、没有权力势力的苦力和黄包车夫,对于有产者、有权有势者,总是抱着一种反感的态度。这种反感,出于他们一种简单的想法,即我们之所以无权无势、贫穷,是因为有了你们这些人的存在。这并不是受现代思想的影响,而是多年以来的人生经验使他们产生了这样的想法。……

有个(日本)中国通说,日本人与中国人的区别是,如果在日本丢了钱,散落一地,这些钱会一分不少地回到失主手里;如果在中国,会有一部分钱回来,也一定会有一部分钱失去。不过我要补充一句,这个时候丢钱的人,不会是体力劳动者和苦力,一定是有产者、有权有势的人(此外日本人也好西洋人也好。这些外国人在他们的眼中也是有产者,如果是外国人丢了钱,当然也是一样的情形)。①

内山完造还把笔端伸向了日本人极少涉足的上海南市。内山完造解释说,有南市必有北市,以上海老城为中心,北市一带后来成了租界,南市却是一个中国气味极为浓郁的地方。

这里有许多帆船运过来的木材和竹材,造成了南市木材业和

---

① 《上海漫语》,第 64—65 页。

竹材业的繁荣。从早到晚，那里大都可听到青筋毕露的苦力们的叫唤声。

这里有生猪市场。生猪在竹笼和小院子里拱着鼻子，挤在一起。有蔬菜的批发市场，有咸鱼的批发市场，有鲜鱼的批发市场，有大米批发市场，有杂谷的批发市场，有药材的批发市场，各种批发市场云集，大口的交易都在这里进行，是上海无法动摇的大市场。各种物品散发出来的臭气混杂在一起，是一般日本人怎么也无法忍受的。

这一带称为南市的十六铺。这个地名，是源于此前有十六家批发商呢，还是有十六家店铺，具体不详，总是源于某一个说法吧。

十六铺在小东门。当然是老城的八门之一（中国的城门，一般都有东西南北四大城门，随着城市的扩展，就再建造四个门，前面加一个小字，曰小东门、小西门、小南门、小北门。城再大一点的话，往往还有水门，较多的是八门）。这里有很多的客栈和茶馆，许多穿着宽大的皱巴巴衣服的船老大、船夫、小工、苦力等的劳动者，以及小商小贩等，不同行业的人分别在不同的客栈里住宿，或者是喝茶聊谈。以这些人为客人的卖春妇就从自己的住处来到这里，于是就把这些人称为小东门。至今小东门依然是卖春妇的别名。这本是个专门停泊帆船的码头，如今也吹进了现代风，大达轮船公司（南通州的王者张謇兄弟创办的来往于崇明、海门、通州、扬州方面的轮船公司）、宁绍轮船公司（宁波帮创办经营的公司，开始时只是来往于上海和宁波之间的两千吨的轮船，约十年前开辟了上海到汉口的航线，有助于扩大宁波帮的势力）、招商局（大清时代的大富豪盛宣怀创办经营的遗业，是中国最大的航运公司，最初经营杨子江上的航线，如今南北沿海的城市航线也已开辟，现在已是国营公司，计划将来要大发展，但是与我日本的邮船商船那

《上海风语》封面

样的大公司还是无法相比)都在十六铺辟建了码头和仓库。①

十六铺一带的场景不仅与1862年"千岁丸"一行初到上海时的景象已经迥然不同,且与清末时期日本人对这一带的记述也大相径庭了。然而,走进上海老城,几乎还是1862年时的风景:

> 从大东门走进城里,街两边有各色商店,帽子店、鞋店、化妆品店、扇庄、玻璃器皿店、洋杂货店、算盘店、笔墨庄、纸张店、吴服店、药店、毛皮店、珠宝店以及烟草店、线香店、卖中国乐器的乐器店等等。
>
> 在乐器店门前,晾晒着一尺以上的锦蛇皮,贴在木板上,蛇皮的纹样清晰鲜亮,胆子小的日本妇女见到之后一定会掩面而逃吧。店里有贴上了蛇皮的胡琴、月琴、琵琶……。有豆腐店、鸭蛋行(这是卖鸭蛋的店家,出售的鸭蛋一般分为咸蛋和皮蛋两种。咸

---

① 《上海漫語》,第70—73页。

蛋是用把鸭蛋放入用赭土和盐、水搅拌在一起的浆状液体中,让盐分透过蛋壳渗入里面,一个月左右以后就可取出煮熟食用,每户每家都会用它来喝粥喝稀饭,坐船、坐火车等的旅行者也会带上用作途中的下饭菜,实在是一种很有意思的制法,又独具风味。皮蛋我想是把鸭蛋放入用谷糠、石灰和水、泥土拌匀后的浆状液体中制成的,这是我的想象,大概是这样的吧。让鸭蛋一个一个裹上浆状的稠泥,几个月之后蛋白就会成为稍稍带有茶色的透明体,就像琼脂一样,蛋黄则成青黑色,像煮过的蛋一样,这是中国料理的四冷盘之一,蘸一点酱油和芥末,下酒最佳)。①

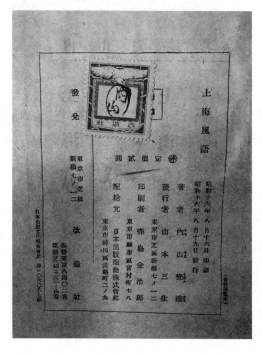

《上海风语》版权页

---

① 《上海漫語》,第72—74页。

以下还有许多有关上海老城的记述,都写得相当有意思,限于篇幅,只能割爱了。内山完造为何要不厌其烦地介绍咸蛋和皮蛋呢？因为日本没有,一般日本人也不知道如何食用,迄今仍然如此(中餐馆内有皮蛋供应)。日本没有家鸭的饲养,自然也没有鸭蛋,只有野鸭,野鸭肉有时会在日本料理中出现。我在其他日本人描写上海的文字中几乎没有看到咸蛋和皮蛋的叙述,或许一般日本人都不识此为何物。撰写此文时,内山完造已在上海生活或浸润了25年,对于中国的食物,不仅习惯,且甚为欣赏,显然也颇为钟爱咸蛋和皮蛋,而这确实是极具上海风味的食物,且是一般民众的佐餐佳品。

　　内山完造长期居住在庶民气很浓的虹口四川路上,平素接触的,除了中日文化人之外,最多的还是普通的庶民,因而对于庶民的食物,一直也情有独钟。以下的一段引文,有些长,但兴味浓郁:

　　虽说是盛夏的8月,上海的天亮时分还是颇为凉爽的。

　　东边的曙光尚未露出来时,卖蔬菜的小贩已经挑着担子发出铿锵有力的嗨哟嗨哟声,鱼贯走向菜市场。不一会儿,鸟儿开始歌唱,夏蝉开始鸣叫,充满活力的早晨来到了,这时,从远方传来了叫卖声:

　　方糕——白糖糕——。

　　一个不太干净的男人,肩上背着一个一尺见方的三层的木箱,垂挂在胸前,走了过来。有点脏兮兮的木箱内,布巾上排放着用米粉制作的带甜味的方形或长方形的白色或浅褐色的软软的点心。是很有风味的看上去味道很不错的食品。一块三个铜板。吃四块的话,就是一顿替代面包的充分的早餐了。在中国人中,这也算是一种高级的点心,也是先生、老板的食物。

　　卖花——卖花——。

　　带着菖蒲、大丽花等各色花卉的卖花姑娘来了。开出的价格往往很高,因此可以狠狠地杀价。卖花女面带笑容地说好好,把价

格大大降低。去银行等上班的人们站在电车、巴士的车站上等车,这时就有卖报者叫唤着:

卖报卖报——申报——时报——新闻报——。

脚步快捷地穿行在等车的人群中。过了上班时间,时钟毫无顾忌地过了十点、十一点。太阳越来越炎热了,柏油路面上留下了路人的鞋印。把裤子卷到了大腿上的上身赤裸的两个孩子,一人一头提着沉重的蒲包叫唤道:

冰哦——卖冰哦——冰哦——卖冰哦——。

这是在卖天然的冰,顾客大抵是劳动者和小孩。对面有一个人挑着堆得满满的黄橙橙的瓜叫道:

甜瓜——黄金瓜——。

一个人挑了一个大的问道:多少钱呀?卖瓜的答说:八个铜板。六个铜板好吗?买瓜的在杀价。好好。卖瓜的爽快地答应了。右手拿着削皮刀,左手拿着瓜,问客人要削皮吗?对方说好好后,卖瓜的就开始削皮,从自己一方向对面削,恰好跟日本人相反。削完皮后用一把小菜刀把瓜纵向切成四块递给客人。客人则用右手递出六个铜板,左手接过瓜吃了起来。像是很甜的。当日本此时传来了懒洋洋的

金鱼啊——卖金鱼——

的声音时,上海则传来了高亢的叫卖声:

冷面——。

这是一种在日本都没有见过的汤煮面,细细的,用花生油拌一下不使其粘连,再浇上酱油、醋、辣椒油等的调味汁,吃凉的。其滋味实在是好。我想,若果把它推广到东京去,装在黑漆的多重盒子内,加上各色葱姜等,调上复杂的调味去售卖,一定会受到东京人的喜欢吧。

这是又传来了一声:

——豆腐花——。

一个木桶内装着嫩豆腐般的水水软软的豆腐。用一个金属勺子舀上薄薄的一层盛入一个钵里,浇上用酱油等调配的调味汁,再放上少量的切碎的四川榨菜(一种类似腌制的京都酸萝卜的蔬菜,用盐和辣椒腌制)和虾皮,加上一小勺辣油递给你。这也非常好吃,我很喜欢。①

不能再译述了,差不多也够了。光这些文字,一幅幅上海市井生活的图像就已非常生动鲜活地呈现在了读者的眼前。说实在的,在内山完造之前或之后,我再也没有看到过一个外国人如此真切、真实、灵动地描写上海市井的文字。倘若没有沉入在上海庶民中多年的实际体验、仔细观察和留意,还有,那份对于上海、中国的热爱,是无法写出上述充满烟火气的场景的。内山完造虽然小学也没有毕业,由于几十年的书店业的经营,耳濡目染,也锤炼出了相当不错的文字功夫,描述平实、朴素却栩栩如生。从上述对于榨菜的介绍中可看出,那个时代,榨菜在日本还是陌生物,如今在日本的中餐馆内几乎已是必备品了,就像日本的渍物(酱菜)一样。

忍不住,再译述一点内山完造描述上海大闸蟹的文字。

每年与凉风一起流淌在街头的卖蟹的叫卖声,今年似乎还没有听到。蟹哎——大石蟹哎(现在一般写作"大闸蟹",在上海话中,"石"与"闸"的发音完全一样,内山完造想必是按照上海话的发音记录的,在内山完造文章中的中国人对话的汉字旁加的注音假名,念出来都是上海话的发音——引译者注)——。在上海居住的二十余年间,几乎年年都听到卖蟹的声音。还有卖银杏果的声音及伴随而来的在铁锅内炒银杏果的嚓啦嚓啦的声音,差不多是装点秋天景象的双璧。

秋虫忙的鸣叫声越来越响亮了。我独自在口中轻轻地叫着:

---

① 《上海漫語》,第142—144页。

蟹哎——大石蟹哎——。嚓啦嚓啦,嚓啦嚓啦。

烫手来热白果(即银杏果,上海话称作白果——引译者注),一个铜板买三个。两个铜板买七个,嚓啦嚓啦,嚓啦嚓啦。……

大石蟹,既不是蟹的名称,也不是蟹的产地。蟹的壳和脚像石头一样硬的时候,蟹的膏黄才会饱满起来。因此买的时候,必定会用手指去掐一下蟹壳和蟹脚,个头大的、蟹壳蟹脚坚硬的叫作大石蟹,食客就以此作为选购的标准。长江蟹指的是长江边芜湖一带出产的蟹,也比较有名。清水蟹指的是在水质比较清冽的地方出产的蟹,主要是指阳澄湖和澄湖一带出产的蟹。捕上来以后放在竹笼子里,用湿的蒲包包起来,然后挑担在街上叫卖。也有的在小巷口和弄堂口设一个小摊,挂上写着大蟹或是阳澄湖(原文的汉字是羊澄湖——引译者注)蟹或是清水蟹这样的牌子,或是装在金属笼子里,或是竹笼子里,大声叫卖着。

有人站立下来问道:

蟹卖什么价钱呀?

顶大的一元钱六个。

十个好吗?

不行不行,七个。

不要不要。

八个好吗?

不要不要。

客人走了两三步又停下来了。卖蟹的老头也是精明人,低下头默不作声,装作没看见。停下脚步的客人回过头来看了一下,卖蟹的依然不出声,装作没看见。

那么九个好吗?

不行呐。

一句话弹回去了。客人也死了心,开步走了。这次是卖蟹的老头开口了:来来来。(经过一番讨价还价,以一元九个成交,卖蟹人帮客人一个个扎好)客人提着一串蟹,悠然回去了。上海的秋天。

有些昏暗的酒馆的院子里,桌子上放着锡制的酒壶和小小的酒杯。一个客人从柜台那里拿来一个装在小盘内的蟹。他坐在椅子上喝了一杯花雕酒,紧贴在桌子上咂着嘴对着蟹出声地吮了一口。他刚才拿来的,是把活蟹用酒、盐(一般还要放酱油和糖等——引译者注)腌渍过的醉蟹。

从蟹的腹部揭开蟹壳,用嘴舔干净双手后,用一双长长的筷子将蟹壳中的东西夹出来送入嘴中。不时喝干了酒杯再斟满酒,再用筷子往蟹壳里夹着什么。用筷子夹不出来时,就用右手的食指往蟹壳里边抠,抠完后再用嘴吮吸着手指。蟹壳已完全吃干净了。然后折下一个蟹脚,从根部用力吮吸,再折下短的一节,继续吮吸。再把里边的蟹肉完全吃干净,然后把蟹脚的外壳放入蟹壳中。不时地喝一口酒,咂咂嘴。……一个醉蟹吃完了,装满一斤绍兴酒的酒壶也见底了。……春日的鳜鱼,夏季的鲥鱼,还有秋天的蟹,这是最能激起我们味觉的。但实际上,蟹的料理品种不太多。

蟹粉包子,一种将剔出来蟹肉搅碎后与肉馅包在一起的包子。

蟹粉,将活蟹蒸熟后剔出蟹肉,经调味后做成的佳肴。

醉蟹,上文已经叙述了,将活蟹与盐等调料再加上酒浸渍的蟹,下酒最佳。

桂花蟹,将蟹肉与鸡蛋一起炒成菜籽的模样,有些俗。

应该还有其他不少做法,但我不知道了。啊,关于秋天蟹的话题就说到这里吧,我已满口生津,忍不住了。[1]

能把上海大闸蟹的美味解析到这一程度的外国人,内山完造即使不是第一,也是屈指可数的几个之一了。关键还是在上海的

---

[1] 《上海漫語》,第 223—229 页。

长期深入体验,以及怀着一种热爱的仔细观察与体味。还是一如既往的市井话题,一如既往的外国人的观察眼,因而能把中国人忽略的细节也叙述得如此有滋有味。

  当然,这是在战争时期,是日本占据上海的非常时期,内山完造不时对国民政府的抗日行动也略有微词,在触及中日政治关系时,他会不自觉地靠近日本的立场。但他本人,从来也没有对这场战争表示过支持或赞扬。他是一位颇为虔诚的基督徒,他对战争从内心觉得反感,对于战争给民众带来的灾难,深感痛惜,这一态度,在他是一以贯之的。内山完造作为鲁迅的亲密友人,已有很多叙述和研究,他有关鲁迅的文字,大抵也都翻译了出来,这里就不再赘述了。

结　语

在 1853—1854 年美国海军准将佩里的舰队打开日本国门之前，日本人几乎不知道上海，由于两百多年的江户锁国，日本人甚至对明末以来的中国实况也不大了解。当然，几乎整个江户时代（1603—1867），由于朝鲜通信使的传播，以朱子学为主体的的儒学成了江户幕府的官方意识形态。中国的古典依然具有广泛而深入的影响。不过通过江户初年传入的利玛窦等绘制的《坤舆万国全图》，以及后来通过荷兰商馆传入的西方近代的地理书籍等，日本的知识阶层对世界的整体已经具有了相当的知识，知晓了中国并非天下的中心，了解到了英国和俄国正在成为世界上具有实力的大国，中国在鸦片战争中战败的消息在19世纪40年代传入日本后，日本人对中国的崇敬心理开始发生动摇，也因此开始闻悉了上海这一地名，1858年日本与西方各主要列强签署了通商条约、英法美俄等势力正式进入日本以后，日本对当时的外部世界，逐渐积累起了一定的知识，也通过西方人，了解到了上海正在中国逐渐崛起的新局势。

于是有了 1862 年官船"千岁丸"向上海的派遣。这不仅是近代日本人第一次正式接触上海，也是第一次正式踏入中国的土地，也由此塑造了近代日本人的上海观乃至中国观。这一上海观及中国观的主基调是，虽然依旧可以感觉到日本与中国之间的文化渊源和基于文化的亲近感，但明显地，中国正在急剧走向衰弱，内乱与外患并起，上层颓败，下层混沌，长期以来对中国的崇敬心理不仅动摇,且几乎轰毁。同时,"千岁丸"一行在上海看到了西洋文明带来的昌盛和先进,也看到了洋人在上海趾高气扬甚至飞扬跋扈的情景,也由此刺激了不少中下层武士对于西洋诸国的抗拒心理,自上海回国后的高杉晋作等组织了奇兵队抗击西方四国舰队对长州藩的进攻,就是典型的一例。

此后日本进入明治时代,进一步学习和仿效西方,对西方的抗拒渐渐演变成了对西方的仰慕和钦羡,因而这一时期来到上海的日本人,对于上海租界的新气象,每每大加赞扬,其对于上海的书写,几乎一大半集中于租界,似乎租界已经成了新上海的代名词,或者说,上海已经成了近代日本人看西方的一个窗口。偶尔也会写到老城,写到中国人社区,但肮脏、混乱、喧嚣几乎是大部分行文表述中国的主色调。

1890年前后,横滨与上海之间的定期航线早已开通,借此来到上海的日本人日趋增多。此时,主张与中国等联手的亚洲主义思潮及运动在日本也有相当程度的势头,与中国展开贸易来壮大日本也成了相当一部分日本人的共识,于是通过官方和民间两种渠道,有不少日本人来到中国,交通和地理位置上占优势的上海是日本人进入中国的主要上岸地。于是继最早的东洋学馆(后改为亚细亚学馆)在上海的开设之后,荒尾精、根津一等人于1890年在上海开设了日清贸易研究所,在培育通晓中国现状、掌握汉语、了解世界新知识的人才的同时,在此前的田野调查的基础上继续推进以上海为据点的实地调查,编纂出版了卷帙浩繁的《清国通商综览》,对上海本地的城市概况及贸易环境、市民生活都有详实的叙述。1901年设立于上海的东亚同文书院,延承了日清贸易研究所的传统,在实施日常的课程教育的同时,花费近十年的功夫,先后出版了多卷本的《中国经济全书》,虽然不是研究上海的专门书,对上海的叙述却占了相当大的篇幅,从中一方面可窥察当时日本人对上海的认识,另一方面也为研究那一时代的上海留下了宝贵的文献资料。

随着上海地位的渐趋提升及其重要性的日益突出，日本人对上海的书写也明显增多，终于在1907年诞生了第一部以上海为书名的专门著作，在明治末年和大正时期，各色"上海案内"的书刊陆续问世，进一步促进了日本人来上海旅行、做贸易乃至长期居住的趋势，这些书籍，不仅对上海的各个阶层有诸多生活形态的描写和经济上的分析，并且花费了较大的笔墨来叙述上海的日本人社会。大正时期来中国旅行的日本各高等学校的师生，虽然他们对上海或是中国的记述还是停留在比较肤浅的印象，却也显出了这一时代日本青年学生对上海和中国的直观认识，从中可明显地察觉出大正时代的日本人对中国的居高临下的蔑视姿态。而进入20世纪20年代以后，日本的文人在上海与中国的新文学界开始有了接触和交流，文学家加入了上海书写的行列，村松梢风和谷崎润一郎是重要的代表。

日本人关注上海的态势在昭和前期继续得到了延续。1932年1月底，在上海爆发了中日之间的第一次军事冲突，即"一·二八事变"，日文称之为"第一次上海事变"，日本的媒体及出版机构派出了特派员来上海第一线采访报道，1937年的淞沪抗战（日文称为"第二次上海事变"）时也是如此，这些文字在本书中没有体现，因为这是特殊时期的报道，日本立场一边倒是其基本倾向，且其关注的重点，主要在于战争的形势演变和中国当时的抗日政策，上海的区域空间和特点未能得到充分的体现。1937年11月以后直至日本战败的1945年8月，上海一直处于日军的占领之下，虽然名义上有所谓的"维新政府"和汪伪政府的统治。

昭和前期，本书只选取了泽村幸夫和内山完造有关上海的书写，前者是对当时生活在上海的中国近现代的重要政治、文化人物的记述，这些人物基本位于社会的中上层，在一定程度上引领着中国的前程；后者是上海中下层市民的日常市井生活图，较多的是日常营生的细节描绘。其共同点,是以日本人的立场和视角,对包括上海在内的中国所怀抱的温情,尤其是内山完造的文字,其时中日两国实际上已处于战争的对立状态,但他的文字,不仅洗去了呛人的战争硝烟味,反而是流荡着庶民生计的烟火气。正如内山完造所强调的,他不是从文章诗文来研究中国,而是着眼于庶民的实际生活来观察和记录中国。

透过上述粗略的纵观,大抵可知近代以来一般日本人通过上海这一场域所表现出来的对于中国的认知的形成和演变,其主轴是居高临下的姿态的养成,这造成了近代日本出于所谓改造中国的目的而一步步实施扩张乃至侵略的行为。但通过对于这一时代日本人有关上海书写的译述和分析,人们也可知那一时代日本人对中国的认知,也并非齐整的、单色的、统一的,因人因时,会呈现出多元的、多色谱的、温度不一的视线和表述。通过日本人的上海书写,来考察近代日本人的上海观和中国观,是笔者的主要目的。但同时,这些当年的文字,尤其是基于广泛甚至是比较深入的田野调查,为近现代各个进程中的上海这座都市,刻画出了十分生动、清晰、鲜活甚至是准确的貌相,留下了诸多详实可靠的数据、文献和资料,尤其是各阶层的收入、物价、关税、汇率等。此外,明治后期以来的这类书籍,不仅对于租界和中国社会,且对于上海的日本侨民状态和生活实相,也有实际详尽的记录。有关上述这些领域的研究,尚需进一步深入展开,史料文献等也有待进一步的开掘和整理,本书只是做了一个初步且粗略的尝试。